Annual Development Report
on China's Cultural Tourism 2022–2023

中国文化旅游发展报告
2022-2023

编著/ 中国旅游研究院文化旅游研究基地
　　　河南文化旅游研究院
指导单位/ 中国旅游研究院
　　　　　河南省文化和旅游厅

中国旅游出版社

《中国文化旅游发展报告 2022—2023》编辑委员会

顾　　问：戴　斌　黄东升　季　波
主任委员：程遂营　李延庆　桓占伟
编　　委：李仲广　唐晓云　宋子千　马仪亮　杨宏浩
　　　　　吴　普　吴丰林　何琼峰　杨劲松　王向杰
　　　　　张　飞　钱　锋　孙　彪　黄寒秋　陈建立
　　　　　王亚斐　于　洁　陈高峰　翟传鸣　王培根
　　　　　底鲜平　王九位　范一言　石长高　孙　毅
　　　　　孔　涛　李竞艳　刘英钦　王东峰　张召鹏

《中国文化旅游发展报告 2022—2023》编写组

主　　编：程遂营
执行主编：肖建勇
副 主 编：张　野
参与编写人员（按拼音排序）：
　　　　　常建霞　常卫锋　陈东丽　程遂营　楚小龙
　　　　　高春留　郭婷婷　郭玉龙　贺晓蓉　贾若词
　　　　　李　蝶　李　昊　李静静　刘燕格　潘曼佳
　　　　　彭恒礼　谌天雅　王春燕　王　欢　王景盼
　　　　　王书丽　王　伟　王笑天　肖建勇　杨淑雅
　　　　　张　瑞　张　野　张英俊　张希燕　张晓峰
　　　　　郑　鹏　周　密

序：为旅游赋能思想　为文化培育市场

坚持以文塑旅、以旅彰文，推进文化和旅游深度融合发展，是党的二十大作出的战略部署，也是学术共同体必须回答而且必须要回答好的时代之问。每一位旅游业界的学者都要真正谋"国之大者"和"民之关切"，着力构建以人民为中心的当代旅游发展理论体系。

第一，从大众旅游的人民性、智慧旅游的现代化、绿色旅游的未来感和文明旅游的世界观出发，系统研究文化和旅游深度融合为什么、做什么和怎么做等重大现实课题，努力构建中国特色的旅游学科体系、学术体系和话语体系。

20 世纪 80 年代，我国开始发展入境为主、创汇导向的旅游业。市场是现成的，欧美日韩等发达国家、港澳台地区和华人华侨要来中国大陆、中国内地看一看的愿望是如此强烈，几乎可以坐享开放的红利。中央下达发展旅游的战略决心，旅游系统主要负责贯彻落实。邓小平同志于 1978 年会见泛美航空董事长西威尔先生，次年对民航、旅游部门的负责同志们说：旅游事业大有文章可做，要突出地搞，加快地搞。[①] 1979 年 7 月，邓小平同志在黄山，发表了著名的"黄山谈话"。可以说，旅游业发展一起步，就是与国家战略紧密相连。在上述背景下，中国社会科学院的孙尚清先生牵头，集中了学术界和政府部门的力量，高质量完成了旅游领域首个国家社科基金课题，提出了"政府主导、适度超前"的发展战略。1989 年旅游业第一次显现了其脆弱性，后面虽然有所恢复，但是"黄金十年"已经过去了。1998 年，"亚洲金融危机"对入境旅游造成重创。随之远去的还有传统的理论研究范式：中央定下发展的基调，理论界谋划路线图和时间表，通过文件转化为国家意志，政府

---

① 中共中央文献研究室、国家旅游局：《邓小平论旅游》，中央文献出版社 2000 年版，第 5 页。

动员社会力量加以落实。1999年10月,"国庆黄金周"标志着国民消费为基础的大众旅游时代拉开了历史帷幕,过去二十年都处于这个时代的初级阶段。这个阶段从实践的意义上看,有两个特征:一个是需求的视角,就是大基数、稳增长、低消费,2019年的国内旅游市场规模超过了60亿人次,但是人均每次的旅游消费还不到1000元,人均旅游时间还不到8天;另一个是供给的视角,中央、地方、集体、民营和外资"五个一起上",加上这些年的"大众创业、万众创新",旅游市场主体规模空前扩大,仅注册的旅行社就有43800家,执证导游70多万名。总体而言,企业的竞争力、创新力,特别是抗风险和可持续发展的能力还很弱。搞得不好,我们很可能就会落入"大众旅游初级阶段陷阱"。

2018年3月,随着文化和旅游部的组建,"诗和远方"在一起了,文化和旅游融合发展一时成为网络热词,媒体、专家、学者和社会各界纷纷发表观点和意见。注意是"观点和意见",而不是"理论",比如"诗与远方为什么要在一起""如何在一起""在一起要做什么"等学理性问题并没有得到深入探讨。似乎就是看了《美女与野兽》《青蛙王子》之类童话剧,以"从此王子和公主过上了幸福生活"为结语。可是经济不是童话啊!回头看过去这五年,网上文字更多是网络写手和行业专家的声音,而学者呢?有意无意中缺席了。"有意"是指学术研究与现实热点要保持必要的距离,学者可以借助大众传媒传播观点,但是不能都奔着网红去。"无意"则是学术界以发表论文为导向,自我精英化,与政商两界既缺乏对话的渠道,也缺乏理论建构的资源和互动对话的底气。一段时间以来,意见代替了观点,观点代替了命题,命题代替了理论,写手成了专家,专家则以学者和理论家的身份向业界言说。规范严谨的理论建设成了舆论主导的名利场,不管是传统媒体还是自媒体,有热点了,就一哄而上,新的热点来了,又一哄而去。

事情正在起变化,理论终究要回到与实践互动的应有轨道上去。2018年春季,中国旅游研究院组织专门力量写了三份特别报告《美好生活是文化建设和旅游发展的共同目标》《市场主体是文化和旅游融合发展的突破口》《大数据是文化和旅游融合发展的底层器件》,初步回答了文化和旅游融合发展"为什么、依靠谁、做什么"等基本理论问题。沿着这个方向,过去两年又通过《旅游内参》(含特别报告)、《中国文化和旅游大数据》等内刊、《中国旅游评论》和微信公众号、服务号等平台以及专项课题、演讲、会议、采访等渠道,回答了融合发展过程中的一些现实问题,也取得了一些研究成果。现在看来,还不够系统、不够深入,特别是贯彻落实党的二十大精神，坚持以文塑旅、以旅彰文，推进文化和旅游深度融合，还理解得不深、贯彻得不够。在讲好文化和旅游融合发展的中国故事所需要的学理、哲理、道理方面，在国际旅游交流合作中，如何更好地践行全球文明倡议，推动世界旅游共同体建设方面，还要下更多的功夫。

第二，强化理论建设和实践指导能力，理论掌握群众，推动旅游业创新发展的同时，也要自觉接受实践的检验。

中国旅游研究院和学术共同体这些年之所以能够取得旅游经济运行分析与预警、游客满意度调查、夜间旅游、研学旅行、避暑旅游、冰雪旅游等系统、地方和行业所认可的研究成果，从根本上讲就在于坚持做大众旅游时代的思想者、旅游产业的同行者和旅游发展理论的建构者，在原国家旅游局、文化和旅游部党组的领导下，努力成为推动国家旅游业发展和国际交流合作的独立力量。这是一条值得走，但是并不容易走，更不容易走成功的道路。

理论建设者应当，也可以成为高水平的旅游研究团队，既要出规范的学术成果，也要有高水平的思想产出。传统的旅游学术成果多以专著、论文、教材为载体，以解释世界为导向，学者和研究人员是要成名成家的。旅游理论研究和智库建设则是以内参、专报、数据、内部研讨和公开演讲为表现形式，以促进国民旅游权利的实现和产业高质量发展为导向。在这个体系中，学者和研究人员可能会出名，但是更多时候需要藏名，为旅游赋能思想，为文化培育市场。这是繁荣和发展新时代哲学社会科学的必然要求，也是旅游学科体系、学术体系和话语体系建设的价值取向，不可不察也。

理论建设者应当，也可以成为高素质的旅游宣传团队，既要向同行传播，也要向业界宣传文化和旅游融合发展的理论成果。一些相对成熟的阶段性成果，要有意识地发表和传播，自觉接受理论和实践两个方面的检验，不断地丰富和完善。在发表阵地和平台的选择上，不能自我封闭在传统学术的小圈子里。规范严谨的学术论文，可以投稿给《旅游学刊》《旅游科学》，也可以投给《经济研究》《文艺研究》等学术刊物。有些有创见的理论文章也可以投给《人民论坛》《学术前沿》《前线》等党内理论刊物和面向旅游业界的《中国旅游评论》。其他的研究报告，则可以通过《旅游内参》《旅游内参·特别报告》《中国文化和旅游大数据》向决策机关和应用机构报送。

理论建设者应当，也可以成为高质量的旅游工作团队，既要落实党组的工作部署，也要独立开展面向未来的创新项目。哲学社会科学领域高水平的理论成果从来就不是关在书斋里苦思冥想出来，而是从市场一线和生产实践中干出来的。创造出来的理论成果水平高不高，也不完全是提交结项报告后由同行评出来的，而是通过实践检验加以证明，经由历史积淀而留存下来的。"两弹一星"的功勋科学家、"杂交水稻之父"袁隆平、青蒿素发明者屠呦呦，还有第一位获得"中国绿卡"的阳早、寒春夫妇，无不是把论文写在祖国的大地上、把科研成果应用于社会主义现代化建设的进程中的。旅游领域的学术研究和理论建设，从一开始就不是，将来也不可能是为了个人的成名成家，而是用集体攻关的科研组织方式重点解决国家旅游发展进程中的重大课题和难点问题，否则难有大的境界和成就。

理论建设和生产实践当然是有所分工的两个领域，有分工就有专业化，这是自然而然的事情。随着社会分工和专业分工的深化，让科研和理论工作可以在越来越细分的领域深化认识、生产理论并溢出知识。但这不是我们"躲进小楼成一统，管他冬夏与春秋"的借口，不能动不动就把"从理论上说如何如何"挂在嘴边，更不能把理论简化为西方学者发表在学术期刊上的研究成果，而是首先把自己看作实践一线的工作者。2015年，中国旅游研究院启动了"旅游思想者"项目，为什么要面向企业家？为什么用文言文写颁奖词？是因为我们想以国字号的研究平台，以庄重典雅的文字，为那些愿意并能够为国家旅游权利而奋斗的企业家树碑立传，让千千万万的旅游从业者享有职业的尊严。

第三，积极探索政府认可、学界认同、行业满意的新时期哲学社会科学研究新范式以及旅游智库建设新模式。

党和国家高度重视哲学社会科学研究和智库建设工作。2014年11月30日，中共中央办公厅、国务院办公厅印发《关于加强中国特色新型智库建设的意见》。2015年11月9日，中央全面深化改革领导小组第十八次会议通过《国家高端智库建设试点工作方案》。2020年2月14日，习近平总书记主持召开中央全面深化改革委员会第十二次会议，审议通过《关于深入推进国家高端智库建设试点工作的意见》，强调：建设中国特色新型智库是党中央立足党和国家事业全局作出的重要部署，要精益求精、注重科学、讲求质量，切实提高服务决策的能力水平。中国特色的新型智库不同于西方国家为特定利益群体的代言者，也不是封建社会为帝王将相谋权术的策士，更不是什么师爷和门客，而是要在党的领导下，坚持以人民为中心，服务两个一百年的中国梦，提供高水平的资政建言成果。同时要有效引导舆论，开启民智，讲好新时期的中国故事。

理论工作者要系统学习习近平新时代中国特色社会主义思想，深刻领会习近平总书记关于文化事业、文化产业和旅游业的重要论述，贯彻落实习近平总书记关于文化和旅游工作的批示指示精神。哲学社会科学研究离不开立场、观点和方法的支撑，旅游理论同样如此。我们必须坚持党对哲学社会科学研究的绝对领导，而不是想研究什么就研究什么，想怎么发表就怎么发表，甚至主要以海外学术期刊发表为导向。我们必须坚持以促进全体人民的文化权益和旅游权利为导向，而不是为了局部的、阶段性的目标为导向，更不能为特定利益集团所捕获，为了获得其经费资助就背离以人民为中心的宗旨。旅游理论工作者要围绕文化和旅游部门、各级党委和政府的中心工作，服务文化和旅游深度融合和高质量发展的大局，做旅游产业发展的坚定促进者，而不能为了博取个人名利去带节奏，更不能为了流量而语不惊人死不休。我们必须坚持理论联系实践，从实践中来，到实践中去，想人民群众之所想，急广大业者之所急，而不能动不动就"掉书袋"，动不动就抬出西方某个学者怎么说的，某个国家怎么做的，一知半解、装腔作势、吓唬业者。我们还要坚持科学原理和数据支撑，强调有理有据、行稳致远，而不是张口就来，更不能为了迎合一人一事的需要而说些经不起实践的观点。在文化和旅游深度融合研究展开的过程中，要以习近平新时代中国特色社会主义思想为指导，把文化和旅游融合发展、高质量发展、改革与创新共同构成的当代旅游发展理论体系建立在科学的基石上，这样才能有高度的理论自觉和学术自觉，否则就可能偏离正确的方向。

理论建设者要到市场一线去，到产业一线去，倡导并践行"灵活机动的调查，深入细致的研究"。要下决心改造我们的学风、文风和作风。不要一谈文化，就是戏剧场的舞台艺术，就是博物馆、美术馆的陈列作品，就是诗歌、散文、小说、广播、电影、电视、曲艺。这些当然是文化的表现形式，也是文化工作的重要领域，但更要看到"以文化人"的价值追求和历史传统。2020年5月11日，习近平总书记视察山西大同时指出：发展旅游要以保护为前提，不能过度商业化，让旅游成为人们感悟中华文化、增强文化自信的过程。[①] 读万卷书、行万里路，是中华民族的传统，是增强国家认同，活化历史记忆的有效途径，而不仅是看看异国他乡的风景民俗这么简单。过去这些年，旅游业在市场化的道路上走得很远，取得了不少令人

---

① 《习近平在山西考察时强调：全面建成小康社会　乘势而上书写新时代中国特色社会主义新篇章》，《人民日报》2020年5月13日。

自豪的商业成就,而游客的不文明行为、市场宣传和商业实践中的"三俗"倾向也需要加以重视和反思。从社会主义核心价值观和国民素质提升的角度,再来看"以文塑旅,以旅彰文"的提法,我们对文化和旅游融合发展的指导思想会有全新的理解。有了理论的自信,才会有行动的自觉,才可能把上网冲浪、休闲旅游、会议交流、走动和聊天等日常活动都看作企业访谈一样的调查研究,而且随机的调查和日常的研究更能够帮助我们找到理论建设的突破口。一旦有了想法,就要敢于、善于行动,在行动中研究,在研究中行动,从而实现"行动、研究、再行动、再研究,直至完善"的预期目标。

理论建设者要加强与国际国内旅游、文化、经济、社会、科技等领域,与学界、业界和政界的广泛交流。与同行交流,要有理论自信,还要有数据支撑。体制机制创新是为了促进文化和旅游融合高质量发展,也就是通过新机制、新动能让文化和旅游融合从较高水平走向更高层次。这就需要我们从质性和量化两个方面了解融合的现状是什么样子,广大游客、市场主体和行政主体对未来融合的核心诉求是什么。要以更加开放的姿态,更加宽广的视野,与国际国内学术界、实业界和政府管理部门的同人深入交流,以更加广泛的共识推进文化和旅游深度融合。当且仅当旅游学术共同体以独立的力量登上文化和旅游融合发展的时代舞台,为旅游赋能思想,为文化培育市场,才可以在走进历史的那一天告诉后人:我们有幸与大众旅游时代同行,为了人民的文化权益和旅游权利付出了所有的才情和努力,留下的论著及其承载的思想,请党和人民检阅!

2023 年 12 月

目 录

总　论 ··· 程遂营　肖建勇　1
　　第一节　释放 ·· 1
　　第二节　回归 ·· 3
　　第三节　分化 ·· 3

产业篇

第一章　旅游演艺发展分析与展望 ···························· 张　野　李　蝶　刘燕格　9
　　第一节　旅游演艺发展现状 ·· 9
　　第二节　旅游演艺发展特征 ·· 17
　　第三节　旅游演艺发展趋势 ·· 19
　　第四节　旅游演艺发展案例 ·· 22

第二章　主题公园发展分析与展望 ································· 常建霞　贺晓蓉　26
　　第一节　主题公园发展现状 ·· 26

第二节　主题公园发展特征 ……………………………………………… 31
　　第三节　主题公园发展趋势 ……………………………………………… 34
　　第四节　主题公园发展案例 ……………………………………………… 38

第三章　博物馆旅游发展分析与展望 ………………………… 常卫锋　42
　　第一节　博物馆旅游发展现状 …………………………………………… 42
　　第二节　博物馆旅游发展趋势 …………………………………………… 55
　　第三节　博物馆旅游发展案例 …………………………………………… 60

第四章　非物质文化遗产旅游发展分析与展望 ………… 彭恒礼　李静静　70
　　第一节　非遗旅游发展环境 ……………………………………………… 70
　　第二节　非遗与旅游融合发展的实践路径 ……………………………… 74
　　第三节　非遗旅游发展存在的问题 ……………………………………… 83
　　第四节　非遗旅游发展展望 ……………………………………………… 85

第五章　世界文化遗产旅游发展分析与展望 …………… 王　欢　谌天雅　88
　　第一节　世界文化遗产旅游发展现状 …………………………………… 88
　　第二节　世界文化遗产旅游发展存在的问题 …………………………… 96
　　第三节　世界文化遗产旅游发展趋势 …………………………………… 98
　　第四节　世界文化遗产旅游典型案例 …………………………………… 102

第六章　乡村文化旅游发展分析与展望 ………………… 李　昊　张希燕　107
　　第一节　乡村文化旅游发展现状 ………………………………………… 107
　　第二节　乡村文化旅游发展存在的问题 ………………………………… 113
　　第三节　乡村文化旅游发展趋势 ………………………………………… 115
　　第四节　乡村文化旅游发展案例 ………………………………………… 117

第七章　旅游文创发展分析与展望 ……………………………… 高春留　121
第一节　旅游文创发展状况及其特征 ……………………………………… 121
第二节　旅游文创发展困境 ………………………………………………… 127
第三节　旅游文创发展趋势 ………………………………………………… 131

第八章　文旅小镇发展分析与展望 ……………………………… 张晓峰　134
第一节　文旅小镇发展现状 ………………………………………………… 134
第二节　文旅小镇发展存在的问题 ………………………………………… 141
第三节　文旅小镇发展趋势 ………………………………………………… 145
第四节　文旅小镇发展案例 ………………………………………………… 150

第九章　旅游街区发展分析与展望 ………………… 陈东丽　郭婷婷　潘曼佳　157
第一节　旅游街区发展状况及其特征 ……………………………………… 157
第二节　旅游街区发展困境 ………………………………………………… 164
第三节　旅游街区发展趋势 ………………………………………………… 166
第四节　旅游街区发展案例 ………………………………………………… 170

市场篇

第十章　节庆活动发展分析与展望 ………………………… 王景盼　贾若词　175
第一节　节庆活动发展现状 ………………………………………………… 175
第二节　节庆活动发展存在的问题 ………………………………………… 180
第三节　节庆活动发展趋势 ………………………………………………… 183
第四节　节庆活动发展案例 ………………………………………………… 185

第十一章　研学旅行发展分析与展望 …… 杨淑雅　189

　第一节　研学旅行发展现状 …… 189
　第二节　研学旅行发展存在的问题 …… 197
　第三节　研学旅行发展趋势 …… 199
　第四节　研学旅行发展案例 …… 202

第十二章　夜间旅游发展分析与展望 …… 张英俊　郭玉龙　206

　第一节　夜间旅游发展现状 …… 206
　第二节　夜间旅游发展趋势 …… 222
　第三节　夜间旅游发展案例 …… 228

第十三章　文化旅游数字化营销发展分析与展望 …… 周密　王春燕　231

　第一节　文化旅游数字化营销的发展框架与模式 …… 231
　第二节　文化旅游数字化营销发展现状 …… 234
　第三节　文化旅游数字化营销发展趋势 …… 243
　第四节　文化旅游数字化营销典型案例 …… 247

第十四章　文化旅游服务发展分析与展望 …… 王书丽　张野　252

　第一节　文化旅游服务发展现状 …… 252
　第二节　文化旅游服务存在的问题 …… 258
　第三节　文化旅游服务发展趋势 …… 260
　第四节　文化旅游服务典型案例 …… 262

专题篇

第十五章 黄河国家文化公园重点建设区现状分析
——以河南重点建设区为例 …………………… 王笑天 271

第一节 河南黄河国家文化公园重点建设区建设进展 …………… 272
第二节 河南黄河国家文化公园重点建设区发展条件分析 ………… 276
第三节 河南建设黄河国家文化公园的典型案例 ………………… 283
第四节 河南黄河国家文化公园重点建设区建设经验 …………… 286

第十六章 黄河国家文化公园（开封段）建设保护规划分析
… 张 野 楚小龙 郑 鹏 张 瑞 王 伟 李 昊 王笑天 289

第一节 总体定位与空间布局 …………………………………… 289
第二节 四大主体功能区 ………………………………………… 291
第三节 七大重点工程 …………………………………………… 295
第四节 打造"悬河摞城"文化地标 ……………………………… 298

后 记 ………………………………………………………………… 301

总　论

程遂营　肖建勇

20世纪90年代，央视曾经热播以《辘轳·女人和井》为代表的"农村三部曲"，展示了那个时代生活在农村的人们于大变革中认识自己、改变自己、超越自己、战胜自己这样一个意蕴深邃的人生命题。《辘轳·女人和井》的片尾曲《不能这样活》有歌词唱道："一路上的好景色没仔细琢磨，回到家里还照样推碾子拉磨。闭上眼睛就睡呀，张开嘴巴就喝。迷迷瞪瞪上山，稀里糊涂过河。再也不能这样活，再也不能那样过。"2022年12月26日，中华人民共和国国家卫生健康委员会发布《关于对新型冠状病毒感染实施"乙类乙管"的总体方案》（以下简称《总体方案》）。《总体方案》明确指出，2023年1月8日起，对新型冠状病毒感染实施"乙类乙管"。由此，文化产业和旅游产业终于迎来全面、有序、强劲复苏，人们再也不想像疫情期间那样活，再也不愿像疫情期间那样过。可以简单用"释放""回归""分化"来概括、回顾和展望疫情之后中国的文旅产业。

第一节　释放

2023年，最先出圈的是"淄博烧烤"，山东大学生为赴一年前的烧烤之约，重返淄博，开启"进淄赶烤"的热潮。淄博政府因势利导，主动作为，开出烧烤专列、烧烤公交专线，发布烧烤地图。淄博《致全市人民的一封信》写得既接地气又饱含真情，一经发布就得到了全国人民的一致好评。譬如"最是一城好风景，半缘烟火半缘君""投我以木桃，报之以琼瑶"等诗文用得恰到好处，并以一件件感人事件号召全市人民共创一个意趣盎然烟火繁华的城，而不是冰冷无情了无生趣的城，稳稳接住了疫情之后的第一拨泼天富贵。同时，城市美誉度、知名度、影响力大幅提升，"人好物美心齐"的城市形象深入人心。网友戏称："上一次淄博这么火，还是在齐国。"在这场现象级的事件当中,"小作文"大显神通,"情绪价值"充分释放,"双向奔赴"成为网络流行语。有诗云:"千里驱车觅远春,淄博借酒敬乡邻。浮生难得谋心醉,此刻谁还敛性真。今夜瀛寰千梦好,明朝华夏一家亲。非因烤串香天下,缘为齐风暖世人。"三年疫情,让久困樊笼里的人们对自由生活、美好生活的向往,对人性天然回归的渴望,一发不可收,在淄博烧烤中得到了充分的释放和燃烧。有网友评价说:"淄博,你努力的样子,感动到让人哭泣!"还有网友说:"不需要那些华而不实的精致与优雅,我们只想有个地方,在烟火蒸腾里把自己所有的痛苦和负担暂时遗忘。"其实大家奔赴淄博已不是为了撸串,只是在世态炎凉中突然发现有一群温暖的人和一座温暖的城,他们的善良和好客暖了大家的心。否则,你无法想象是什么样的力量,能让那么多年轻人边吃烧烤边开"演唱会",哭着笑,又笑着哭。此刻回望,幸得有淄博,幸好有淄博。淄博烧烤的爆火,很多人从不同角度给出了无数的理由,但"政通人和"可能是最重要的一条。有网友表示:"这哪是烧烤带火了淄博,明明是淄博带火了烧烤。"

淄博烧烤之后,洛阳汉服、贵州"村 BA"、天津大爷跳水、尔滨现象等纷纷出圈,演唱会、音乐会、焰火晚会,一个高潮接一个高潮。2023 年的中国文旅实在太精彩,甚至对整个国民经济提振和国民素质提升都产生了深刻而广泛的影响。2023 年年底"尔滨"的火爆,又让各地网友们坐不住了,纷纷喊话各自的文旅局,文旅局长们不得不又一次赤膊上阵,纷纷出招应对。"线上喊话、线下安排"好不热闹,河南省文化和旅游厅官方视频号一时涨粉上百万,武鸣沃柑等特色农产品一炮走红,胖东来成为新晋旅游打卡地,各路 NPC(非玩家角色)开始集结登场。这一年的文旅着实与以往不一样,包括特种兵旅游、古墓旅游、平替旅游、寺庙旅游、City Walk(城市漫步)、围炉煮茶、野外露营、夜宿古墓等,新玩法、新花样层出不穷,文旅产业完全进入了一个由游客主导的时代,传统景区突然不香了,无限的需求弹性让人难以预测。有的产品一夜间爆红、一夜间衰落,就像"天津大爷跳水"一样突然就不玩了。有的产品更是离谱,譬如南京的"网红猴"已经持续红了大半年。

第二节 回归

走过激情释放的2023年，文旅产业在未来还是要"回归"的。那么，初步可以从游客需求、产品供给和生活方式三个方面来进行简单阐述。

一是将回归到"旅游者"。"旅游者定义旅游业"的时代已经全面到来，旅游者用脚投票给自己喜欢的目的地和城市，目的地文旅产业发展越来越围绕"以旅游者为中心"进行布局，"线上做流量、线下做留量"成为不二选择，运动式的"宠游客"不如真心实意地分享美好日常，让旅游者切身感受到城市的温暖，发自内心地喜欢上一座城。

二是将回归到"产品"。在房地产经济没有得到根本逆转的情况下，"地产反哺"模式将淡出市场，虚假的繁荣结束了，文旅产业不得不回归依靠自身产品实现赢利的"内生增长"模式，大量异化的地产类文旅项目将背负越来越大的运营压力，存量资产盘活成为艰巨任务。

三是将回归到"生活"。无论是在理论意义上还是实践意义上生活世界都至关重要，人类所有的思想和文化都来自于此。文旅是生活世界不可或缺的重要组成部分，相对于日常生活，文旅既有回归也有超越，当"尔滨"家里的冻梨摆盘、人造月亮、飞马踏冰、逃学企鹅、驯鹿表演、热气球、交响乐团纷纷走上街头、走上车站、走向游客时，本地市民直呼"尔滨，你让我陌生"。文化旅游其实就是对日常生活的再造，这种再造的手段可以是创意设计、内容生产，也可以是科技赋能、数字表达和艺术呈现等。回归生活、发现生活、再造生活，努力创造中华民族现代文明，是"坚持以文塑旅、以旅彰文，推进文化和旅游深度融合发展"的应有之义。

第三节 分化

自2018年以来，各级各地政府都在按照党中央、国务院的部署，努力推进文化和旅游深度融合发展，河南更是把文旅文创融合作为现代化河南建设的"十大战略"之一强力实施。"中国节日"奇妙游系列节目、只有河南·戏剧幻城以及河南博物院的考古盲盒纷纷出圈，唐宫夜宴、龙门金刚等一系列 IP 迅速爆火，率先蹚出了一条"创意驱动、美学引领、艺术点亮、科技赋能、跨界融合"的新路子。但在具体的行政和产业实践中，大范围、深层次、高质量的文化和旅游深度融合还有待推进，期待在融合中产生更多的分化。譬如在消费层次上，贵的愈贵，便宜的愈便宜，低端市场一卷再卷，甚至是无利可图。在全国范围内，虽然有老君山、望仙谷、只有河南·戏剧幻城、《长恨歌》、《大宋·东京梦华》等精品文旅项目实现收入翻番，超级文和友、"这有山"、胖东来等流量型文商旅综合体也得到市场追捧，但很多景区、街区、度假区则门可罗雀。文旅产业的"K 型分化"消费形态已然形成。"不变革就灭亡"，市场就是这么残酷，已经难有"皇帝的女儿不愁嫁"这种事情。在与黄山旅游集团的座谈调研中，发现旅游企业越来越分化为"旅行服务公司"和"旅游目的地公司"，黄山旅游集团内部也逐渐分化为"资源公司"和"产品公司"，"以资源为中心"的理念逐步转变为"以产品为中心"的理念。举目四望，中国的消费市场已经变得越来越复杂、越来越多元，消费升级、消费降级不如说是消费分级，地区差异、代际差异不如说是社群差异。小众产品完全可以通过互联网实现破圈变身为大众产品，"不是羽绒服买不起，而是军大衣更有性价比""不是欧洲去不起，而是哈尔滨更有性价比"。未来的市场瞬息万变，不变的唯有创新和更有弹性能力的供给，就像成都欢乐谷里的唐僧 NPC 一样，不仅要有深厚的功底和经典的造型，还要有适应不同场景的应变创新能力。在对郑州市金水区"郑州记忆·油化厂创意园"的调研过程中，可以切身感受到"场景+消费"的活力，不论是园区投资方还是各类消费业态的投资者，3 年左右的投资回收预期让人对未来充满希望。

分化也是一种深化。随着沉浸式文旅的兴起，更深层次的场景理论开始走进人们的视野。最早的场景理论起源于戏剧、电影和文学，是一种重要的叙述表达方式，主要指的是故事情节发展的过程中，人物在特定的时间和空间所发生的行为，或者因人物关系构成的具体画面，并由此构成了剧情，这些剧情相互链接又形成了一个完整的故事。场景不同，意义体验大不相同。场景化叙事的特点是还原真实的风貌，带给观众身临其境的体验，使故事更动人、人物更丰富、情感更真切。场景化叙事运用得好，就能够达到"此时此刻此情此景"，激发一种按捺不住的情绪体验和深度体验。场景叙事的三要素是时间、空间和环境，既要有空间建构的"场"的形态，又要有特定"场"融入的"景"，"景"则包含自然存在、生活方式、价值观、符号等，以"景"唤起人们的情感，达到"情景交融"的目的。场景理论出现后，被广泛应用到社区、商业、互联网、数字化等各个领域，有人认为"场景"赋能的本质是"以场景连接万物"，重塑人与空间、事、物的相互关系与作用机理。海尔张瑞敏甚至大胆预测："在万物互联时代，只有场景，没有产品；只有生态，没有行业"。既然场景可以连接万物，那么文旅领域自然概莫能外。在旅游研究领域，麦肯奈尔（MacCannell）在借用戈夫曼（Goffman）拟剧理论的基础上，提出了"舞台真实"（staged authenticity），从而把场景理论引入文旅研究。当然，场景理论与布尔迪厄（Bourdieu）的场域理论也是近亲，但内涵有显著不同。在圆满完成全面建成小康社会的目标以后，我国的文旅消费越来越倾向于符号消费和意义消费，场景经济开始登上舞台，沉浸式业态大行其道，各种COS（角色扮演）、NPC层出不穷，而且基于生成式人工智能（AIGC）的数字人和数字影像也参与其中，共同诠释着文旅领域场景时代的到来。

与此同时，2024年的文旅已经全面进入一个存量博弈的阶段，"内卷"已经成为人们经常挂在嘴边的词汇。江南春曾经有个观点，认为："在一个存量博弈的逆周期时代，创业者的新增量来自四个方面：新品引爆、场景触发、渠道助攻、优质内容的打造。"面对瞬息万变、越来越不可捉摸的市场，我们所有的希望可能都来自对未来的定力，要相信自己所相信的。中国旅游研究院戴斌院长强调：我们应关注的是价值、是实力、是坚硬的河床，而非浪花和泡沫，因为在绝对的实力面前，任何技巧与花式都不堪一击。可以肯定的是，未来的文旅一定会与各种风险挑战并存，与狼共舞最重要的是要强壮自己，才能抵御风险。

（作者简介：程遂营，中国旅游研究院文化旅游研究基地主任、首席专家；肖建勇，中国旅游研究院文化旅游研究基地副主任、研究员）

产业篇

第一章　旅游演艺发展分析与展望

张　野　李　蝶　刘燕格

旅游演艺是文化创造性转化与创新性发展的重要形式，也是最具活力的文化旅游业态之一。在2022—2023年报告期内，我国新冠疫情发生了转折性变化，旅游演艺也在此期间呈现出特殊的变化。在2022年新冠疫情期间，旅游演艺行业受到巨大的冲击。相关统计显示，2022年我国旅游演艺有7.46万场，同比减少50.40%；票房收入32.23亿元，同比减少47.41%。而在2023年新冠疫情防控转段以来，旅游演艺逐渐复苏，显示出较大的市场活力，成为最具潜力的文化旅游领域之一。从整体上看，旅游演艺积极调整优化，谋求创新，提质升级，呈现良好发展态势。

第一节　旅游演艺发展现状

（一）旅游演艺政策利好

国家和地方相关部门出台了一系列关于旅游演艺发展的政策，对规范旅游演艺市场和促进旅游演艺产业发展起到了积极作用。《"十四五"旅游业发展规划》提出，促进旅游演艺提质升级，支持各级各类文艺表演团体、演出经纪机构、演出场所经营单位参与旅游演艺发展，创新合作模式，提升创作质量，推广一批具有示范意义和积极社会效应的旅游演艺项目；推动交互式沉浸式旅游演艺等技术研发与应用示范，重点推进夜间旅游装备、游乐游艺设施设备等自主创新及高端制造；充分结合文化遗产、主题娱乐、精品演艺等，打造核心度假产品和精品演艺项目。《"十四五"文化发展规划》指出：推动文化和旅游业态融合、产品融合、市场融合。提升旅游演艺品质，支持建设集文化创意、旅游休闲等于一体的文化和旅游综合体。《关于实施旅游促进各民族交往交流交融计划的意见》提出，培育新主体，推动民族地区旅游演艺等传统商业综合体转型升级，成为涵盖"食、住、行、游、购、娱"的文体商旅综合体。《"十四五"新型城镇化实施方案》提出，推动文化旅游融合发展，发展红色旅游、文化遗产旅游和旅游演艺。

《关于恢复和扩大消费措施的通知》《关于释放旅游消费潜力推动旅游业高质量发展的若干措施》等政策强调推进文化和旅游深度融合发展，引导戏剧节、音乐节、艺术节、演唱会等业态健康发展。《元宇宙产业创新发展三年行动计划（2023—2025年）》《关于加强5G+智慧旅游协同创新发展的通知》《关于推进实施国家文化数字化战略的意见》等政策中提出利用数字信息技术打造数字化演艺场景。元宇宙演艺、5G+VR/AR沉浸式演艺场景、5G全景演艺直播等，成为旅游演艺发展新业态。

各省市也出台了关于旅游演艺发展的政策。例如，北京和上海坚持打造"演艺之都"，引领演艺领域创新和发展，构建沉浸互动式、科技赋能式的演艺新空间。《北京市建设"演艺之都"三年行动实施方案（2023—2025年）》提出，聚焦演艺精品、主体、市场、空间、品牌、传播、生态7个方面，全面推动北京建设"演艺之都"。河南、陕西、湖南、江苏等省份将依托特色文化品牌，重点打造旅游演艺精品项目。

（二）旅游演艺复苏发展

新冠疫情防控转段以来，随着旅游业的整体复苏，旅游演艺也复苏增长。相关统计显示，2023年前三季度，全国营业性演出场次34.2万场、票房收入315.4亿元、观演人数1.11亿人次，比2019年同期分别增长121.0%、84.2%、188.5%。2023年暑期全国演出市场（不含娱乐场所演出）场次11.02万场，较2022年同期增长301.53%；演出票房收入102.77亿元，较2022年同期增长792.41%；观演人数3256.19万人次，较2022年同期增长806.70%。其中，旅游演艺场次3.89万场，票房收入37.29亿元，观演人数1742.81万人次。

众多旅游演艺在疫情停演期间不断打磨，实现了内容和形式的调整提升，进一步提高了演艺质量。在内容上，众多旅游演艺注重深入挖掘民族传统文化，传承和展现独特的文化元素，提升了演艺的内涵。例如，升级后的《孔雀》融入了更多的东方美学色彩；《花重锦官城》融入了更多的川剧元素，新增了变脸、吐火等川剧特技表演；《极乐之宴》新增了胡商和飞天舞女角色，带来了充满异域风情的"胡旋舞""羯鼓"等表演；《大明屯堡》增加了八大碗的餐秀、中国风的舞蹈，再现了安顺屯堡文化的魅力。

在形式上，旅游演艺更加注重舞台设计、声光效果等升级改造，运用高科技机械手段实现数字追踪、虚实双生等，如改版后的《玩宠归来》《盛世唐城之大唐倚梦》《上海千古情》《大唐茶市奇妙夜》等演艺具有这样的特点。改版升级后的旅游演艺热度不减，如全新改版的《西安千古情》火速出圈，"五一"小长假共演出32场，场场爆满，成为西安"五一"出游热门打卡地（见表1-1）。

表1-1　2022—2023年城市群改版旅游演艺剧目

城市群	改版旅游演艺名称
长三角城市群	《盐渎往事》《上海千古情》
京津冀城市群	《玩宠归来》《梦回太行》
成渝城市群	《花重锦官城》
关中平原城市群	《西安千古情》《极乐之宴》《岳飞枪挑小梁王》《延安十三年》
黔中城市群	《娄山关大捷》《大明屯堡》
山西中部城市群	《如梦晋阳》
长江中游城市群	《盛世唐城之大唐倚梦》《大唐茶市奇妙夜》
中原城市群	《宏村·阿菊》
山东半岛城市群	《沂蒙·这片热土》

资料来源：根据网络公开资料整理。

（三）旅游演艺加速增长

据不完全统计，2022—2023年报告期内国内新增大、中、小型旅游演艺共计102台，在场景、内容与形式上都呈现出新的变化。从场景上看，街区、博物馆演艺层出不穷，国家一级博物馆和国家级夜间文化和旅游消费集聚区内新增旅游演艺分别为8个和19个，旅游演艺在不同场景中迅速发展。大型山水实景演艺有所增加，代表性演艺项目有《重庆　重庆》《丝路神灯》《遇见威远》等。从内容上看，以非物质文化遗产、中国风、民族风为主题的旅游演艺成为新兴热点，代表性演艺项目有《江山竞秀》《守望》《平塘新颜》《大明屯堡》《月上·梅花洲》等。从形式上看，行进式演艺、沉浸式演艺、元宇宙旅游演艺成为旅游演艺新热点，代表性演艺项目有《寻迹洛神赋》《盛世唐城之大唐倚梦》《大唐茶市奇妙夜》《最忆船政》等。

此外，还有一批旅游演艺项目正在规划建设中。例如，《宋城·三峡千古情》计划投资 20 亿元，将打造成"主题公园＋文化演艺"乐园；兴义市《欢乐万峰林》计划投资 3.26 亿元，将填补黔西南州大型实景演出的空白；红安县实景演艺《大别山风雷》计划投资 1.05 亿元，力争打造成在全国具有独特风格的红色大型实景演艺（见表 1-2）。

表 1-2　2022—2023 年城市群新增旅游演艺剧目

城市群	新增旅游演艺名称
京津冀城市群	《韩信·背水一战》《梦回太行》《盛世欢歌》《只有红楼梦·戏剧幻城》《君临热河》《盖世英雄》《玩宠归来》《太空·盒子》《进入雪景寒林之境》《哈姆雷特》
山西中部城市群	《琴韵流芳》《梦回天桥》《玉堂春》《如梦晋阳》《遇见秀容》《遇见娘子关》
呼包鄂榆城市群	《昭君和亲》《古城回想》
辽中南城市群	《沈水之阳》《梦回摇篮》《玉阙幻彩》
哈长城市群	《守林大熊》
长三角城市群	《江山竞秀》《牡丹亭》《新月·志摩》《剧院魅影》《纳西索斯》《东坡》《上海千古情》《我们的梅园往事》《半园·珍珠塔》《极夜》《盐渎往事》《大运扬州·琴鹤同鸣》《终于失去了你》《银河奥特英雄之父与子》《蓼莪》《月上·梅花洲》《魔境之旅》《海上光启》《51号兵站》《好八连》
黔中城市群	《阴阳悟道》《娄山关大捷》《大明屯堡》《平塘新颜》《守望》
山东半岛城市群	《爱情绽放》《鲸豚争锋》《鲸喜夜宴》《金色奇妙夜》《烽火家园》《追梦长歌》《大染坊》《画皮》《沂蒙·这片热土》
中原城市群	《寻迹洛神赋》《无字梵行》《印象·函谷关》《岳飞枪挑小梁王》《宅兹中国——文字之都豫华章》《宏村·阿菊》
长江中游城市群	《柳叶船说》《千年洪商》《忠义镖局》
北部湾城市群	《遇见邕城》

续表

城市群	新增旅游演艺名称
成渝城市群	《重庆 重庆》《巴国传奇》《花重锦官城》《丝路神灯》《遇见威远》《重逢三星堆》《重逢上元奇幻夜》《重逢街1958》《望江犹记锦官城》《苏东坡》文博版
关中平原城市群	《西安千古情》《极乐之宴》《易俗社·梨园夜》《长安百艺》《大秦关山》《宋韵·南风歌》《大唐曲艺》《琵琶行》《长相思》《万邦来朝》《簪花仕女》《延安十三年》
兰西城市群	《再现貂蝉》《舞马丹霞》《遇见牡丹》
宁夏沿黄城市群	《看见贺兰》《贺兰山盛典》《梦回灵州》
海峡西岸城市群	《寻梦闽都》《最忆船政》《天涯共此楼》《黄河两岸是俺家》《雀起无声》《遗失的第24个白键》

资料来源：根据网络公开资料整理。

（四）旅游演艺集中城市群

从整体上看，2022—2023年报告期内新增旅游演艺主要集中在长三角城市群、关中平原城市群、京津冀城市群和成渝城市群。长三角城市群总体增量最多，上海势头强劲，新布局了《江山竞秀》《东坡》《上海千古情》《新月·志摩》《剧院魅影》《纳西索斯》《海上光启》《51号兵站》《好八连》等众多演艺项目，致力打造"亚洲演艺之都"。关中平原城市群虽然总体增量位于第二位，但是西安市的增量位于全国城市首位，是名副其实的旅游演艺之都。

从区域上看，2022—2023年报告期内新增旅游演艺主要集中在剧院、实景和主题公园内。但不同城市群呈现出不同的空间分布。在关中平原城市群中，新增旅游演艺多集聚在街区和博物馆内；在京津冀城市群中，新增旅游演艺多集中在剧院与主题公园内；在成渝城市群中，新增旅游演艺多集中在大型山水实景和剧院内；在长三角城市群中，新增旅游演艺多集中在剧院与园林等实景地（见图1-1）。

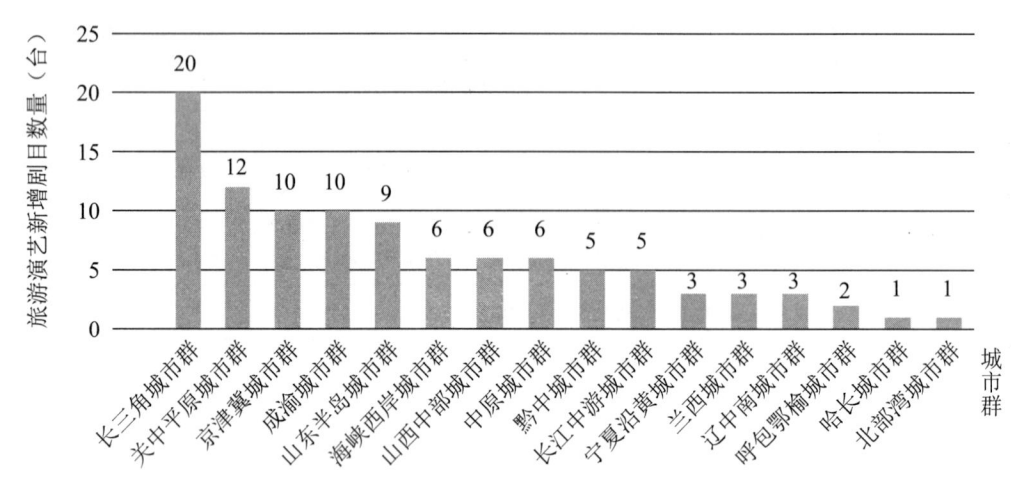

图 1-1 2022—2023 年城市群新增旅游演艺数量分布

（五）旅游演艺精品呈现

目前，旅游演艺已形成了一大批精品项目，它们坚持正确导向，深入挖掘文化内涵，提升项目品牌价值，在创作生产、业态模式、运营管理、文化传播等方面不断提升，形成了良好的社会效益和经济效益，并发挥出了良好的示范带动作用。

2023 年 9 月，文化和旅游部产业发展司公布了《全国旅游演艺精品名录》，全国共有 40 个项目入选。这 40 个旅游演艺精品项目涵盖了实景类、剧场类、主题公园类、中小型特色类等不同类型，既是知名的旅游品牌，也是地域的文化名片，体现了我国精品旅游演艺项目的高水准（见表 1-3）。

表 1-3 《全国旅游演艺精品名录》

序号	项目所在地		项目名称	申报单位
1	北京市	延庆区	北京世园公园草莓音乐节	北京摩登天空文化发展有限公司
2		朝阳区	《偷心晚宴》	北京开心麻花演艺经纪有限公司
3	河北省	秦皇岛市	阿那亚演艺	阿那亚国际文化发展有限公司
4		承德市	《鼎盛王朝·康熙大典》	承德鼎盛文化产业投资有限公司
5	山西省	晋中市	《又见平遥》	平遥县印象文化旅游发展有限公司

续表

序号	项目所在地		项目名称	申报单位
6	黑龙江省	哈尔滨市	冰秀演艺	黑龙江省杂技团有限公司
7	上海市	黄浦区	亚洲大厦·星空间演艺	上海亚华湖剧院经营发展股份有限公司
8		静安区	《不眠之夜》	上海尚演文化投资管理有限公司
9		静安区	《时空之旅》	上海时空之旅文化发展有限公司
10	江苏省	无锡市	《拈花一笑》	无锡拈花湾文化投资发展有限公司
11		盐城市	《天仙缘》	东台市董永七仙女文化发展有限公司
12		苏州市	《游园惊梦》	江苏省苏州昆剧院
13	浙江省	杭州市	《宋城千古情》	杭州宋城演艺谷科技文化发展有限公司
14		杭州市	《最忆是杭州》	杭州印象西湖文化发展有限公司
15	安徽省	安庆市	再芬黄梅公馆精品戏曲演出	安徽再芬黄梅文化艺术股份有限公司
16	福建省	南平市	《印象大红袍》	印象大红袍股份有限公司
17	山东省	济宁市	《金声玉振》	曲阜尼山文化旅游投资发展有限公司
18	河南省	郑州市	《穿越德化街》	河南建业华谊兄弟文化旅游产业有限公司
19		开封市	《大宋·东京梦华》	开封清明上河园股份有限公司
20		郑州市	《只有河南·戏剧幻城》	河南建业实景演出文化发展有限公司
21		郑州市	《禅宗少林·音乐大典》	郑州市天人文化旅游有限责任公司
22	湖北省	襄阳市	《寻梦大汉·汉颂》	湖北大汉文化产业投资有限公司
23		武汉市	《知音号》	武汉朝宗文化旅游有限公司
24		荆州市	《屈原》	华强方特(荆州)旅游发展有限公司

续表

序号	项目所在地		项目名称	申报单位
25	湖南省	张家界市	《魅力湘西》	魅力文旅发展有限公司
26		常德市	《桃花源记》	常德市桃花源盛典演艺发展有限公司
27		湘西土家族苗族自治州	《花开芙蓉·毕兹卡的狂欢》	湘西芙蓉镇文化旅游开发有限公司
28	广东省	广州市	《长隆国际大马戏——魔幻传奇Ⅱ》	广东长隆集团有限公司
29	广西壮族自治区	桂林市	《印象·刘三姐》	桂林广维文华旅游文化产业有限公司
30		柳州市	《坐妹三江》	广西旅游发展集团有限公司
31	海南省	三亚市	《三亚千古情》	三亚千古情旅游演艺有限公司
32	四川省	成都市	《蜀风雅韵》	成都蜀风雅韵文化旅游发展有限公司
33	贵州省	遵义市	《天酿》	仁怀国酒文化演艺有限公司
34	云南省	丽江市	《印象·丽江》	丽江玉龙雪山印象旅游文化产业有限公司
35		昆明市	《云南映象》	云南杨丽萍文化传播股份有限公司
36	西藏自治区	拉萨市	《文成公主》	域上和美文化旅游股份有限公司
37	陕西省	西安市	《长恨歌》	陕西长恨歌演艺文化有限公司
38		西安市	《驼铃传奇》	华夏文化旅游集团西安演艺有限公司
39		延安市	《延安保育院》	延安唐乐宫文化餐饮有限公司
40	新疆维吾尔自治区	乌鲁木齐市	《昆仑之约》	乌鲁木齐昆仑之约文化旅游投资有限公司

资料来源：文化和旅游部官网。

第二节　旅游演艺发展特征

（一）沉浸式演艺成主流

据不完全统计，在2022—2023年报告期内新增的旅游演艺项目中，有近70%的旅游演艺项目为沉浸式旅游演艺。沉浸式旅游演艺更关注"演出空间"的设置，不再区分"舞台"和"观众席"，打破了传统观演模式中的"第四堵墙"，让观众全方位沉浸在剧情中，甚至被赋予了剧中角色。例如，话剧《极夜》全程由主演与观众合作完成，观众既是故事的参与者也是推动者。沉浸式演艺更注重游戏性、体验性、互动性和参与性，通常以奇趣精妙的方式和"Z世代"喜闻乐见的表现手法呈现，深受年轻群体的喜爱。例如，北京欢乐谷推出天光夜谭PLUS三大重磅作品，即《盖世英雄》城市空间互娱装置体验秀、《玩宠归来》万千星光狂欢幻影秀和《太空·盒子》"策展型"社交玩味消费空间。

（二）云演艺持续发力

在国家数字化战略下，"云演艺"逐渐成为大众关注的焦点。"云演艺"不仅意味着演出场景的变化，也意味着新的业态和新的运营思维，使传统舞台演出在新一轮产业变革中从线下走向线上，从演出走向演播。

当前，直播间正成为旅游演艺的第二舞台。以抖音为例，根据《2022抖音直播数据报告》显示，过去一年内，演艺类直播超过3200万场，平均每场观众人数超过3900人次。不仅如此，戏曲、舞蹈、话剧等艺术表演也在抖音直播中蓬勃发展。一些濒临失传的非物质文化遗产通过直播等新媒体平台再次引起广泛关注。相关统计显示，抖音非物质文化遗产类直播每日平均有1617场，打赏收入同比增长了533%。同时，抖音推出了一系列扶持计划，如"DOU有好戏"和"DOU有国乐"，通过共创节目和流量扶持等方式，助力演艺行业实现数字化转型升级。值得注意的是，2022年，原计划线下演出的中国舞蹈最高奖"荷花奖"获奖剧目《醒·狮》因疫情原因，紧急改为1元票价的线上直播，吸引了超过340万人次观众付费观看。

另外，在北京人民艺术剧院 70 周年院庆纪念活动中，话剧《茶馆》采用 8K 录制并进行在线直播，吸引了高达 5000 万人次观看，充分利用了直播的即时互动特性，为观众创造了一种共同在现场观赏的体验，掀起了线上话剧观赏的热潮。这一系列案例显示了直播平台在演艺行业中的潜力，为演艺业带来了全新的发展机遇。

（三）演艺新空间不断呈现

演艺新空间不拘泥于传统演出形式，打破了剧场演出空间的限制，逐渐成为演艺市场的新顶流。演艺新空间大多在文化街区、文化产业园区、商圈、博物馆等内部，通过特装搭建与舞美设计向大众呈现互动性、沉浸式演艺。

随着城市闲置空间的增多，演艺新空间的选择越来越广泛，部分庭院、隧道、工厂等空间正在转化为演艺新空间，更加注重场景与演艺内容的完美契合。例如，青岛首部实景音乐剧《爱情绽放》亮相于定位"爱情艺术博物馆"的安娜别墅，实现了场地与艺术活动的相辅相成。青岛首个多维沉浸式演艺夜游《金色奇妙夜》以音乐剧为核心，以青啤博物馆实景场馆作为演出场景，带领游客一起探寻梦幻的啤酒世界。全国首个隧洞沉浸式大型实景演出《寻梦闽都》立足闽都文化，将数字科技与国风艺术融合，将实景山水与剧目内容完美结合。此外，还打造了全国首个隧洞沉浸式古风商业街区——"寻梦集"，游客在观赏演出后可体验茉莉花茶、汉服等特色产品。

旅游演艺在突破传统演出场景的同时，也模糊了文化产品与其他业态的界限，充分利用了文化资源在线下场景中的引流作用，逐渐成长为文旅商结合的线下消费新场景。

（四）演艺融合化发展

旅游演艺融合化发展体现在两个方面：一方面是融合多种艺术门类打造旅游演艺产品；另一方面是演艺与其他产业的融合发展。据不完全统计，在 2022—2023 年报告期内新增的旅游演艺中，有 10 余部旅游演艺将魔术、戏剧、杂技、舞蹈、马戏、武术、话剧等多种艺术门类进行结合，以实现演艺内容的多而精。例如，《重逢三星堆》通过歌舞、话剧、戏曲、威亚、杂技、武术等 18 种艺术形态，生动地将灿烂的三星堆、战斗英雄黄继光、超级可爱的大熊猫、三线精神等难忘的戏剧瞬间呈现在观众面前。

"演艺+"的步伐从未停止，且日趋多样化。"演艺+剧本杀""演艺+游船""演艺+夜游""演艺+遗产"等频频出现，不断扩大旅游演艺的边界。例如，《望江犹记锦官城》采用"剧游+游船"新玩法，推出"寻味锦江""西行锦江""烟火锦江""乐游锦江"4条精品线路，再现了"门泊东吴万里船"的场景。

（五）"国潮"崛起正当时

党的二十大报告提出："增强中华文明传播力影响力。坚守中华文化立场，提炼展示中华文明的精神标识和文化精髓，加快构建中国话语和中国叙事体系，讲好中国故事、传播好中国声音，展现可信、可爱、可敬的中国形象。"旅游演艺是弘扬中国传统文化的重要阵地，正在不断融入"国风""国潮"元素，彰显东方文化之美。例如，北京欢乐谷对《齐天大圣》经典神话故事进行形象化重塑，融合武侠精神、中国功夫、盛世鼓韵、国潮舞韵、敦煌飞天、潮流街舞、跑酷杂技等10余种表演艺术，打造了一场国风武侠大秀——《盖世英雄》，呈现了一个具有北京味、时尚潮、国际范儿的"欢乐齐天"IP新形象。梅花洲景区推出国风夜游演艺《月上·梅花洲》，让游客沉浸式体验千年古镇背后的历史文化和动人故事。

非物质文化遗产作为中国传统文化的重要组成部分，与旅游演艺紧密结合，形成了一系列文艺精品。例如，《江山竞秀》凭非遗乐器之姿，将一幅描绘祖国青山绿水的视听画卷徐徐展开，描摹了中华传统文脉。《守望》以黔东南众多的国家级非物质文化遗产为主要内容，展现了以一系列国家级非物质文化遗产为代表的黔东南少数民族文化艺术的独特魅力。

第三节　旅游演艺发展趋势

（一）旅游演艺元宇宙化

当前，元宇宙使文化呈现形式更加年轻化、新颖化、多元化，成为文旅发展的新方向。元宇宙与演艺产业的结合是科学与艺术的交融，主要体现在以下三个方面：一是构建虚拟演艺世界，以 VR 等形式打造纯虚拟演出；二是在现实世界中构建数字孪生空间，实现从现实走向虚拟；三是构建虚实融合的现实世界，实现从虚拟走向现实。

《元宇宙产业创新发展三年行动计划（2023—2025年）》提出要开拓元宇宙应用场景，打造数字演艺、"云旅游"等新业态，构建数智文旅沉浸式体验空间。例如，紫云仙境溶洞将元宇宙与演艺相结合，将 3D 投影、MR（混合现实）、声光雾电场景元素等技术运用于溶洞奇观异景，实现了人景交互，将影像投射到溶洞景观上，创造出了巨石剑阵、仙宫奇境等动态内容，以多维立体的方式呈现沉浸式东方美学。未来，元宇宙将继续赋能演艺空间，为观众带来全新的生产和消费模式，提升高品质数字文化和旅游消费新体验。

（二）行浸式演艺深入化

行浸式旅游演艺凭借其特有的互动场景和观赏体验，深受年轻人喜爱。行浸式演艺具有以下三个特点：一是注重场景化的场所设置。这是行浸式演艺体验的基础环境，在这种演艺形式中，演艺的背景、主题环境以及故事情节都在技术手段的支持下被高度场景化呈现；二是建立了交互式的观演关系。演员与观众之间建立了空间、剧情甚至情感上的联系；三是强调情景化的参与体验。观众被赋予了主体性的角色，可以在演艺中扮演特定的角色，借助游走式和行浸式的观演动线，参与到演艺情节中，创造出富于变化的沉浸式剧情体验。

在处处有故事、景景皆剧场、人人是主角的行浸式演艺中，没有固定的舞台和座位，观众完全是身临其境，移步换景地感受现场。观众行走式观看整场演艺，犹如进行一场"时空穿梭"，可以沉浸在特殊的文化氛围之中。例如，《南洋往事》观演过程中，观众身着故事发生年代的服装，手持报纸，在民国风大街上穿梭。这种亲身经历使观众能够更好地感受到南洋华人的勇气和坚韧，形成一定的情感共鸣。未来，行浸式演艺将继续满足不断增长的市场需求，成为文化娱乐领域不可忽视的重要力量。

（三）生活圈微演艺化

目前，各地积极鼓励发展中小型、特色类、定制类旅游演艺项目，以形成多元化供给体系。在快节奏时代背景下，以短小、精练、生动见长的微演艺逐渐受到青睐。微演艺是当下旅游演艺发展的重要方向。微演艺充分利用室外广场、老厂房、产业园区等现有场地，为观众提供独特的文化体验。微演艺通过其独特的形式，可以更好地展现中华优秀传统文化。例如，河北沧州打造的全球首座创新型巡游沉浸式文旅项目——"V5区"（V是virtually，即沉浸式；5是下班后5小时）以小而美、小而精、小而活的演艺形式呈现，能够在小空间内讲好大文化，在短时间内讲述好故事。未来，微演艺将为演艺市场带来更多新活力与新选择。

以大型演艺消费集聚区为中心，打造1公里微演艺生活圈，越来越适应现代旅游休闲者的生活方式。《关于恢复和扩大消费措施的通知》提出推动夜间文旅消费创新发展，支持构建"24小时生活圈"来满足大众文旅消费需求。

（四）演艺营销多样化

旅游演艺营销手段日趋多样化。国务院办公厅印发的《关于进一步释放消费潜力促进消费持续恢复的意见》提出，鼓励城市群、都市圈等开发跨区域的文化和旅游年票、联票等进行线下销售，鼓励"互联网+"消费新业态。在政策的引领下，多地多采取线上+线下的方式进行旅游演艺营销，致力把酒店、景区、餐厅、出租司机、交通车以及旅行社在内的各种渠道全部变成营销通道，做成全渠道、全民营销。

《关于进一步释放消费潜力促进消费持续恢复的意见》提出要持续拓展文化和旅游消费。全国多地陆续抛出文旅"大礼包"，探索新型文旅营销方式。例如，云南省文化和旅游厅通过游云南、携程、美团、同程四家线上平台发放2022年云南省第五批次文旅消费券，主要涵盖景区、旅游住宿、旅游演艺休闲、旅游交通、旅游线路产品等文旅消费领域，以此来促进大众消费。未来，旅游演艺将更加注重植入文旅整体营销，尤其是加强新媒体和数字化营销，日益呈现多样化的营销方式。

第四节 旅游演艺发展案例

(一)《黄帝千古情》

《黄帝千古情》是由新郑市人民政府、河南竹桂园旅游集团、宋城演艺联合打造的旅游演艺项目。2020年9月19日,《黄帝千古情》在郑州新郑黄帝千古情景区正式首演。《黄帝千古情》以黄帝为主题,分为《龙的传人》《轩辕与嫘》《大战蚩尤》《郑风国韵》《老家河南》5个篇章。《黄帝千古情》拥有可容纳3286人的室内剧院,利用3000吨水展示了"黄河之水天上来"的场景,设置有上万套舞台机械和设备,通过精美的舞台布景和声光电效果,为观众呈现了黄帝文化的盛宴。

自正式公演以来,《黄帝千古情》累计上演1460场,景区综合收入22030万元。2022年6月以来,随着河南省文旅产业复工复产,黄帝千古情景区重新开园,吸引了113万人次观众前来体验黄帝文化。《黄帝千古情》具有显著的优势和特色,有以下几个方面值得借鉴:

第一,生动展现黄帝文化。《黄帝千古情》将科技的幻影秀与真实的传统表演相结合,以生动的形式展现了黄帝文化,诠释了轩辕黄帝自强不息、开拓进取、以和为贵、天下大同的精神。黄帝千古情景区董事长高峰说:"对于河南,对于郑州来说,其文化基因就是'中岳、中原、中国梦,黄河、黄帝、黄皮肤'。黄河是中华民族的根,黄帝是华夏民族的魂,根文化和魂文化就是中华民族生生不息、薪火相传的力量源泉。"《黄帝千古情》抓住了凝聚炎黄子孙的精神纽带——黄帝文化,生动展示中华民族的根脉文化——黄帝文化,着力讲好黄帝故事、黄河故事、中国故事。

第二,构建丰富的演艺秀体系。景区除了《黄帝千古情》,还有全息秀《幻影》《穿越快闪秀》《文姬飞天》《奇幻泡泡秀》《锅庄狂欢》《抛绣球》《梦舞梨园》等精彩演艺秀,并且融入了实景演艺、灯光秀、VR投影、AR科技、幻影成像技术,构成了丰富的演艺秀体系。另外,景区还有电音泼水节、潮玩"花痴"节、花样女神踏青季等主题活动,吸引了年轻人在此释放激情。

第三,拓展丰富的研学活动。《黄帝千古情》提出:"传承黄帝文化,从娃娃抓起。"黄帝千古情景区建立了研学基地，着力开展黄帝文化、汉服文化、非遗文化研学。这里有图腾大道、仓颉造字文化建筑、黄帝塑像，有实景豫剧、木版年画、传统剪纸、民间泥塑等非遗项目，有美食、服装、玩具、文具，有国风、国韵、国漫，黄河文化在此焕发新的活力，打造出中华优秀传统文化教育的黄帝千古情样本。

第四，加强新媒体营销宣传。在疫情期间，景区着力加强新媒体营销宣传，官方新媒体平台"云端"晒美景，预售惠民门票，让"跟着短视频去旅行，线上'种草'、线下'拔草'"成为疫情防控之下黄帝千古情的新玩法。针对近郊游、自驾游等出游团体，景区推出新业态和新产品，促进了文旅消费。

《黄帝千古情》是中原地区首个引进的千古情系列演艺，也是全国首个深度展现黄帝文化的旅游演艺。《黄帝千古情》既有时尚与经典交相辉映，也有科技与文明相融共生，是"行走河南，读懂中国"的重要文化品牌。

（二）《寻迹洛神赋》

《寻迹洛神赋》是由导演王志欧领导的黑弓团队创作的创新型演艺项目，代表了中国数字行浸式演艺的发展趋势。《寻迹洛神赋》是中国首个融合数字行浸式演艺、沉浸式博物馆和多维度数字演艺的全域行浸式剧场项目。自2023年5月在洛阳大河荟开演以来，《寻迹洛神赋》票房数据呈现逐渐攀升的趋势。《寻迹洛神赋》以"洛阳神韵"为精神符号，以河洛文化为主线，将古典与现实相融合，通过不同的演艺形态，讲述洛阳的丰富故事。项目包括5个主要篇章，分别是"河图洛书""洛神赋""龙门世遗""翰墨流觞"和"古今共鸣"。《寻迹洛神赋》不仅为观众提供了娱乐和文化体验，还获得了第七届中国品牌博鳌峰会行业新锐品牌奖荣誉称号，是河南省文旅文创发展大会推荐的演艺项目，成为河南省文旅行业的标杆。

《寻迹洛神赋》演艺的独特之处主要体现在以下两个方面：

第一，行浸式观演体验。该项目采用了行进式观演的独特方式，摒弃了传统观众坐在座位上的方式，而是让观众全程自由行走，360°近距离观赏演出。观众与演艺互动的设计使每位观众都成为演出的一部分，仿佛置身于故事情节之中。观众可以跟随演员穿越不同的时间和空间，与AI虚拟形象和汉唐时期的人物一同感受洛阳的壮丽景观，沉浸在洛阳历代故事之中。这种行浸式观演方式通过穿越古今，带领观众探寻洛阳千年的古韵，提供了深刻的文化体验。

第二，数字科技的再现。该项目充分利用数字科技，如 VR、AR、裸眼 3D 技术、水景特效以及多感官设计等，赋能演艺表演，为观众创造与演出互动的全沉浸效果。观众能够在演出中体验到层层叠进的视觉刺激和多感官体验，实现"移步异景"的震撼效果。通过数字科技，元宇宙再现了洛阳神韵的繁华盛景，让观众参与一场千年的寻迹之旅。此外，在沉浸式展览项目中，数字化文博展览形式打破了时空界限，使沉睡的文物焕发新生。光影秀《河洛掌灯》则基于洛神赋和二十四节气文化以科技美学的方式，呈现千年之美，使观众能够穿越时光，感受中国传统文化的深厚底蕴。

《寻迹洛神赋》不仅是一场演出，更是一次穿越时空的旅行。在奇幻、光影、历史、艺术交融中，带领观众享受一场视听盛宴。

（三）只有红楼梦·戏剧幻城

"只有红楼梦·戏剧幻城"是导演王潮歌的"只有"系列的第四部作品，由中建一局承建，历时 8 年，于 2023 年 7 月 23 日首演。这一大型实景体验式文化旅游项目位于中国河北省廊坊市，总投资接近 50 亿元，总占地面积达到 228 亩。整个"戏剧幻城"包括 4 个大型室内剧场、8 个小型室内剧场以及 108 个情景空间和室外剧场，以总时长超过 800 分钟的剧目来讲述《红楼梦》故事。

自开城以来，"只有红楼梦·戏剧幻城"吸引了近 20 万名游客。特别是在 2023 年的中秋国庆假期，它迎来了超过 5 万人次的游客，观剧人数超过 12 万人次，总共上演了 520 余场演出。此外，这一演出还入围了携程全国五大热门演出，在抖音同城榜单上获得第二名的成绩。

博大精深的中华文明是中华民族独特的精神标识，是文艺创作的根基与宝藏。"只有红楼梦·戏剧幻城"以中国四大名著之一《红楼梦》为创作基础，以沉浸式戏剧艺术为手法，展现了一个融合了现代与古典元素的园林美景。"只有红楼梦·戏剧幻城"通过将传统经典故事与现代科技相结合，创造出了令人身临其境的梦幻世界和文化空间，使观众在多维空间中感受中华优秀传统文化在新时代的传承与创新。

"只有红楼梦·戏剧幻城"具有独特优势和特色，在以下几个方面得以体现：

第一，巧妙的设计理念。"只有红楼梦·戏剧幻城"采用了与传统剧院观演模式截然不同的设计理念，它将观众带入一个移步异景、迷宫幻境的世界，强调东方美学中的"亦真亦假、虚实留白、轮回穿越"的元素。这种设计理念为观众创造了一个沉浸式的体验，使他们可以在这个特殊的空间中与故事互动，感受到中国式审美和哲学在现代园林建筑中的独特表现。

第二，沉浸式互动体验。观众不再是观看表演的对象，而是剧情互动的积极参与者。"只有红楼梦·戏剧幻城"精心设计舞台布景、灯光效果和音响渲染，以满足观众的感官需求。即使观众之前没有读过《红楼梦》，也能在这座城中读懂自己心中的《红楼梦》。观众在四大剧场"真亦假""有还无""三十五中学""读者剧场"中对话作者，产生文化与情感共鸣。

第三，地理位置优越。"只有红楼梦·戏剧幻城"坐落在连接京津冀地区的廊坊。廊坊以其丰富的历史文化资源，吸引了来自京津两大城市的经济与文化资源，致力打造一个融合文化演艺、休闲旅游、艺术展览和商业娱乐的多功能综合场所，成为环绕京津地区的美好生活休憩之地。未来，"只有红楼梦·戏剧幻城"有望成为京津两大城市的"2小时旅游圈"内的首选目的地，也将在北京市民心目中扮演着一个文化的后花园角色。

［本文系"河南省高等学校青年骨干教师培养计划"（2023GGJS022）研究成果］

（作者简介：张野，中国旅游研究院文化旅游研究基地研究员、旅游演艺研究中心主任；李蝶，中国旅游研究院文化旅游研究基地研究助理；刘燕格，中国旅游研究院文化旅游研究基地研究助理）

第二章　主题公园发展分析与展望

常建霞　贺晓蓉

主题公园以其经典的故事和创意性的设计为特色，运用人文再现、文化移植、文化展示和高新技术手段，结合虚拟环境和主题媒介，满足游客在忙碌生活和工作之后对探索、幻想、刺激、放松、惊喜、震撼、温馨和愉悦等的体验需求，成为富有创造性的现代主题娱乐场所。历经30多年的发展，我国主题公园从无到有、从有到优，数量激增，大型主题公园日益成为城市经济转型和区域旅游发展的助推器。作为一种新型旅游目的地形态，主题公园的发展已经进入新的阶段，即国际一流主题公园品牌和国内主题公园品牌正面交锋的时代。目前，中国主题公园的市场规模全球排名第二，并保持增长态势。2023年，中国主题公园行业的复苏进程业已开启，消费者出游热情骤增，投资信心也有所恢复，市场恢复未来可期。

第一节　主题公园发展现状

2022年是标志着市场逐渐回归常态、接近完全复苏的一年。在全球范围内，许多景点的年游客量或年收入恢复至疫情前水平，甚至高于疫情前水平，欧美地区成绩亮眼，我国主题公园仍有很大恢复潜力。

（一）全球前列主题公园总览

美国咨询公司艾奕康（AECOM）联合主题娱乐协会（TEA）共同发布的《2022全球主题公园和博物馆报告》显示，2022年全球主题公园市场稳步回升，全球排名Top 25的主题乐园接待游客人数接近1.79亿人次，同比增长43%，恢复到2019年78%的水平，因疫情导致的需求压抑得到释放。报告指出，中国有6座主题公园进入了全球 Top 25 名单，具体是珠海长隆海洋王国、上海迪士尼乐园、香港海洋公园、香港迪士尼乐园、北京欢乐谷和广州长隆欢乐世界。然而，2022 年中国主题公园的总客流量仅相当于 2019 年的 35%~50%。尤其是内地 4 家主题公园受到疫情和相关政策限制的显著影响，客流量大幅下降。具体而言，珠海长隆海洋王国游客人数同比减少了 41%，上海迪士尼乐园同比减少了 38%，北京欢乐谷同比减少了 24%，广州长隆欢乐世界同比减少了 41%。相比之下，香港海洋公园和香港迪士尼乐园表现出了较强的韧性。这也说明，中国内地的主题公园恢复仍有巨大潜力。2022 年，中国主题公园市场的渗透率仅为 27%，不及发达市场平均水平（68%）的一半[①]，说明市场开发空间仍然很大。2023 年，上海迪士尼乐园接待游客已突破 1300 万人次，同比增长 145%。未来，中国主题公园市场有望进一步发展和成长（见表 2-1）。

表 2-1　2022 年全球主题乐园接待量 Top25[②]

序号	主题公园及所在地	2022 年游客人数同比涨幅（%）	2022 年游客人数（万人次）	2021 年游客人数（万人次）	2020 年游客人数（万人次）	2019 年游客人数（万人次）
1	迪士尼魔法王国（美国，佛罗里达州）	35	1713.3	1269.1	694.1	2096.3
2	迪士尼乐园（美国，加利福尼亚州）	97	1688.1	857.3	367.4	1866.6
3	东京迪士尼乐园（日本，东京）	90	1200.0	630.0	416.0	1791.0
4	东京迪士尼海洋（日本，东京）	74	1010.0	580.0	340.0	1465.0
5	日本环球影城（日本，大阪）	125	1235.0	550.0	490.1	1450.0
6	迪士尼动物王国（美国，佛罗里达州）	25	902.7	719.4	416.6	1388.8
7	迪士尼未来世界（美国，佛罗里达州）	29	1000.0	775.2	404.4	1244.4
8	珠海长隆海洋王国（中国，珠海横琴湾）	-41	440.0	745.2	479.7	1173.6
9	迪士尼好莱坞影城（美国，佛罗里达州）	27	1090.0	858.9	367.5	1148.3
10	上海迪士尼乐园（中国，上海）	-38	530.0	848.0	550.0	1121.0
11	环球影城（美国，佛罗里达州）	20	1075.0	898.7	409.6	1092.2
12	奥兰多环球冒险岛（美国，佛罗里达州）	21	1102.5	907.7	400.5	1037.5

① C-GIDD 人口数据和主题公园游客人数。
② 该公司发布的新冠疫情对全球景点行业影响的三年系列报告（2020—2022）不对主题公园排名，均采用 2019 年的排名作为列示顺序。

续表

序号	主题公园及所在地	2022年游客人数同比涨幅（%）	2022年游客人数（万人次）	2021年游客人数（万人次）	2020年游客人数（万人次）	2019年游客人数（万人次）
13	迪士尼加州冒险乐园（美国，加利福尼亚州）	81	900.0	497.7	191.9	986.1
14	巴黎迪士尼乐园（法国，马恩拉瓦）	184	993.0	350.0	262.0	974.5
15	好莱坞环球影城（美国，加利福尼亚州）	53	840.0	550.5	129.9	914.7
16	爱宝乐园（韩国，京畿道）	56	577.0	371.0	276.0	660.6
17	乐天世界（韩国，首尔）	84	452.0	246.0	156.0	595.3
18	长岛温泉乐园（日本，桑名）	17	420.0	360.0	240.0	595.0
19	欧洲主题公园（德国，鲁斯特）	100	600.0	300.0	250.0	575.0
20	香港海洋公园（中国，香港）	0	140.0	140.0	220.0	570.0
21	香港迪士尼乐园（中国，香港）	21	340.0	280.0	170.0	569.5
22	艾夫特琳主题公园（荷兰，卡特斯维尔）	65	543.0	330.0	290.0	526.0
23	华特迪士尼影城（法国，马恩拉瓦）	183	534.0	188.4	141.0	524.5
24	北京欢乐谷（中国，北京）	-24	374.0	493.0	395.0	516.0
25	广州长隆欢乐世界（中国，广州）	-41	230.0	389.0	268.1	490.5

细分到亚太地区。2022年，排名Top 20的主题乐园接待游客人数为8226万人次，同比增长7%，恢复到2019年58%的水平，复苏速度落后于其他地区。其中，有13座位于中国，包括珠海长隆海洋王国、上海迪士尼乐园、香港海洋公园、香港迪士尼乐园、北京欢乐谷、广州长隆欢乐世界、中华恐龙园、深圳世界之窗、深圳欢乐谷、郑州方特欢乐世界、成都欢乐谷、宁波方特东方神画和上海欢乐谷。

（二）我国主题公园行业总览

自2017年以来，中国主题公园行业的投资呈现加速增长的趋势，许多新项目相继启动，进入快速发展阶段。中国主题公园研究院等联合发布的《2023中国主题公园竞争力评价报告》（以下简称《报告》），对80家中国大陆主题公园（占我国大型和特大型主题公园数量的97.56%）进行竞争力评价。2022年，这80家主题公园共接待游客人数约7573.61万人次，同比下降0.33%；获得营业收入约153.59亿元人民币，同比增长15.29%。2022年是中国主题公园最艰难的一年，超过50%的主题公园闭园天数超过60天，其中有23家主题公园闭园天数超过100天。哈尔滨融创乐园和大连海昌发现王国闭园天数均超200天，分别闭园225天和215天。尽管接待游客人数同比下降，但营业收入仍然出现增长，这表明我国主题公园行业正在进入旅游休闲消费增长快车道。

《报告》对中国主题公园从各维度进行评价，综合竞争力排名前五的依次是上海迪士尼乐园、北京环球影城、上海海昌海洋公园、珠海长隆海洋王国、北京欢乐谷；市场评价指数排名前五的为上海迪士尼乐园、北京环球影城、广州长隆欢乐世界、深圳欢乐谷、珠海长隆海洋王国；经营绩效排名前五的为上海迪士尼乐园、北京环球影城、上海海昌海洋公园、珠海长隆海洋王国、北京欢乐谷；年游客接待人数排名前五的为上海迪士尼乐园、北京环球影城、北京欢乐谷、上海海昌海洋公园、珠海长隆海洋王国；营业收入排名前五的为北京环球影城、上海迪士尼乐园、上海海昌海洋公园、珠海长隆海洋王国、广州长隆欢乐世界。从评价的各个维度来看，上海迪士尼乐园和北京环球影城均位列前两名。

（三）我国主题公园产业重点政策支持

主题公园行业受旅游业相关行业政策的直接影响。近年来，国家出台了一系列政策推动文化旅游产业发展，支持主题公园朝多元化、健康化、数字化发展。

2018年，国家发改委等部门联合印发了《关于规范主题公园建设发展的指导意见》，对项目选址用地作出规定，即不得擅自改变园区土地用途，并严格控制主题公园周边的房地产开发，画出生态保护红线。规范性文件的出台为主题公园的长远健康发展起到了约束和促进作用。2020年至2023年，国家发改委、文化和旅游部、工业和信息化部等多次出台主题公园相关政策，重点支持数字化在主题公园中的应用以及新业态培育和现有业态转型升级。在数字化方面，支持主题公园使用虚拟现实、增强现实、无人机等技术，开展数字展馆、虚拟景区等服务，推动数字艺术在重点领域和场景的应用创新，拓展文化消费新空间。在业态培育方面，支持主题公园运用文化资源开发沉浸式体验产品，鼓励将非物质文化遗产或相关元素融入主题公园建设。国家层面的政策支持体系日益完善,成为主题公园产业高质量发展的重要保障,将推动产业新一轮升级。

(四)我国主题公园区域竞争格局

随着我国经济高速发展,主题公园行业迎来蓬勃发展势头。在区域竞争中,主题公园的分布情况与区域经济发展程度密切相关。

从区域分布上来看,目前大型主题公园主要集中在以广州、深圳为核心的珠三角,以上海、苏州为核心的长三角和环渤海地区,长沙、武汉、成都、郑州等中西部新一线城市同样分布规模较大的主题公园。华北地区以北京环球影城、北京欢乐谷和天津方特为代表,华东地区以上海迪士尼乐园、上海海洋公园和杭州乐园为代表,华南地区以广州长隆欢乐世界、深圳华侨城和香港迪士尼乐园为代表,这些地区的主题公园品牌和市场份额均在中国主题公园发展中处于领先地位。其中,华东地区的主题公园分布最为密集,其次是华南和西南地区,而中部和西北地区的分布较为稀少。总体来看,这种区域分布呈现出东多西少、东部扩张速度较快、中部崛起的趋势,与中国区域经济发展水平和国内旅游市场结构基本相符。

从《2023中国主题公园竞争力评价报告》来看,80家主题公园分别分布在20个省、4个直辖市、2个自治区。其中,江苏拥有的主题公园最多,共9家;山东紧随其后,共8家;浙江、广东、湖南并列第三,均有6家。超半数的主题公园坐落于长三角城市群、珠三角城市群、长江中游城市群、成渝城市群和京津冀城市群。位于长三角城市群的最多,共有21家。继迪士尼之后,乐高、六旗等海外主题公园巨头也选择从长三角入驻中国市场,选址长三角地区。同时,随着国内品牌如千古情、方特、欢乐谷和海昌等在多地进行投资和运营,西南和中部地区成为最具成长潜力的主题乐园发展区域。

第二节 主题公园发展特征

(一)国际头部效应引领,本土与国际品牌齐开花

在国际头部效应展现的背景下,中国主题公园行业呈现出国内竞争加剧的趋势。2016年,迪士尼落户上海,主题公园备受关注,该事件是国内周边游及主题公园行业发展的一个分水岭,环球影城、六旗、乐高、梦工厂等一众海外IP巨头纷纷瞄准中国主题公园市场的广阔发展空间,并加速布局。尽管面临来自乐高乐园、环球影城和迪士尼等国际领先运营商的强势竞争压力,华侨城、长隆、融创、华强方特等本土运营商依然表现强劲,并保持市场份额。

2021年,北京环球影城开始试运营,再次引发了国内文旅消费市场的热潮,为国内主题公园产业开辟了新的可能性。与此同时,我国主题公园行业也在加速迭代发展中涌现出了许多本土强势品牌。其中,长隆将IP和大型游乐设施相结合,宋城则以实景演艺和场景体验为主要内容,海昌海洋公园则专注于动物展览和大型表演。这些品牌为行业带来了独特的魅力和发展机遇。另外,融创、世茂、碧桂园等企业纷纷进军旅游景区投资领域,设立文旅事业部,加速文旅产业布局和行业整合。此外,华谊兄弟、博纳影业等影视传媒公司也战略布局影视类主题景区。凭借庞大的业务组合规模、连锁乐园数量和广泛的地理布局,本土头部主题公园始终占据大部分市场份额,预计到2025年,本土主题公园将继续服务70%~75%的游客[1]。

从目前的行业格局看,"外有强敌环伺,内有群雄逐鹿"是国内本土主题公园生存环境的真实写照。外资进入可以提升国内游客对主题公园的关注及消费热情,提高游客对主题公园门票价格接受上限,多样化消费模式帮助传统旅游市场摆脱单一门票依赖。行业新进入者的增加,既有国家对房地产行业调控力度加剧,使企业做出被动转型,也有各类企业完善战略布局的主动选择。主题公园竞争将呈现本土与国际品牌齐开花,文娱+多种形式相融合的格局。

---

[1] 麦肯锡. 2022年中国主题公园产业研究报告——迎来新时代.

（二）本土乐园差异化突围，IP打造多元化、本土化、特色化

主题公园以其独有的文化内涵、丰富的科技含量和强大的娱乐功能，成为文旅产业深度融合的典型代表。国外品牌迪士尼拥有米老鼠、唐老鸭、狮子王、星黛露、达菲熊、公主系列等大批著名IP形象，近来又成功打造玲娜贝儿IP，环球影城拥有哈利·波特、侏罗纪公园、小黄人、变形金刚、功夫熊猫等影视IP顶流，默林娱乐集团旗下有杜莎夫人蜡像馆、乐高乐园、小猪佩奇等超级IP加持。对IP的成功运营，让主题公园构筑起包括文创商品、玩乐景点、酒店、餐饮等在内的综合性、多元化商业体系，并以IP为突破点实现差异化竞争。

与火热的国际品牌主题公园相比，本土主题公园相对缺乏故事创新和产业链深耕，对中华优秀文化的挖掘和融合能力仍然较弱，其质量和内容还有巨大的提升和创新空间。但近年来，许多本土主题公园开始注重IP打造，并涌现出多种本土化、中国式特色化IP。以中国国民IP《熊出没》为基础，华强方特成为最受国内游客欢迎的主题公园之一。同时，在追求差异化竞争的过程中，华强方特塑造了一系列品牌，如"方特东方神画""方特丝路神画"等，并推出了国内首个红色文化高科技主题公园品牌"方特东方欲晓"，受到市场好评。以中国传统文化和民俗为主题的乐园也吸引了大量游客。例如，深圳锦绣中华民俗村在2022年国庆期间举办了名为"民族探秘记"的主题活动，推出了沉浸式、全景式的藏族文化视觉盛宴、陕北十月丰收节和红色记忆主题演出等，吸引了亲子游和周边游游客的关注。此外，北京欢乐谷的国潮狂欢节为游客提供了包含幻影大秀、嬉水狂欢、国风电音等多种中国特色元素的欢乐体验。

中国式特色化发展的全新IP将越来越多地出现于主题公园的市场之中，本土化IP的良好塑造也将为国内主题公园提高发展上限，提升消费者对主题公园的重游率，造就主题公园新优势，讲述主题公园新故事，培育主题公园新市场。

（三）优质体验助推中国高品质快乐经济发展

疫情后，"高要求、高消费"成熟消费者客群存在感凸显。这一群体愿意为获得更优质的娱乐体验进行更多消费，非常追求体验的舒适度、满意度，不愿忍受拥

挤的人群和漫长的排队时间，对游乐项目的趣味性、餐饮质量、服务细节等也有更高要求。因此，许多主题公园的经营策略发生了变化，重点从"尽可能吸引更多游客"变成了"尽可能确保游客在园内能拥有更优质的体验并进行更多消费"。

主题公园运营方采用了多种措施来控制园内人流量，改善消费者体验。比如主动限流，在万圣节等客流量爆满的特殊节日，迪士尼会有意将客流量限制为最高接待能力的80%，以优化游客体验。有的主题公园借助"智慧旅游"，投入巨资升级游客量监测、游客动线规划及移动应用服务。比如，2022年迪士尼就推出了闪电通道（Lightning Lane）、精灵+（Genie+）两个高收费的快速排队类App，高昂的收费让迪士尼得以获得一笔可观的"二消"，也让能够负担的消费者大幅减少了排队时间，能更合理地规划园内行程，在有限时间内体验更多项目。VIP体验持续走红，特权成为一部分人的追求。附加服务也助推了乐园人均消费水平。

除了解决拥挤和排队问题，优化体验本身也是主题公园的改进方向。沉浸式体验大受欢迎。沉浸式体验已经突破最初的乐园界限，开始进入动物园、零售及其他服务行业，游客对沉浸式体验的预期越来越高。以数字化提升游园体验成为提升质量的关键，乐园致力游乐技术的不断革新。部分运营商引进可穿戴设备和增强现实/虚拟现实技术，以提升游园体验。乐园更有意识地打造和推广互动娱乐技术，例如魔杖、手环等设施。如日本环球影城的超级任天堂世界让游客可以在整个园区亲身体验现实版电子游戏。玩家佩戴带有追踪设备的手环，可在园区内通过打砖块和参与线下互动小游戏收集金币，并通过手机App查看自己的实时排名。2022年雪松点乐园的运营商投入2亿美元用于整体体验升级，具体措施包括建设新主题区、翻修并重新开放两处度假酒店、投入更多资金升级原有餐饮点、聘用20名高级厨师并增设有主厨原创新品的餐厅、丰富节日活动并增加活动日历、举行50周年庆祝活动等。迪士尼则新增了惊险刺激、充满剧情感的室内过山车"银河护卫队：重返宇宙"，吸引了诸多消费者。

中国主题公园更注重体验与消费同步提升，互动功能凸显，为游客提供高质难忘的旅游体验，进而助推中国高品质快乐经济发展成为主题公园质量提升的关键。

（四）节日经济、夜经济为主题公园经营带来新空间

主题公园探索多种营收途径，通过"节日经济""夜经济"增加二次消费并吸

引"回头客"成为经营重点。

节假日活动在激活本地市场方面起到的作用愈发明显。花样繁多的活动为消费者增加消费、成为"回头客"创造了理由。雪松点乐园在2023年春天将万圣节的"尖叫惊魂"活动设置成了常态化活动。这一活动每年从3月中旬持续到4月中旬，需要单独购买入场券，从晚上9点开始，到午夜结束，包含夜间过山车、鬼屋及恐怖地带、马戏团怪胎秀等刺激的设备与活动，将万圣节的惊奇体验"扩大化"。这一潮流在中国主题公园行业同样体现得十分明显，各项目都极为重视节日策划。无论是具有中国传统文化特色的元旦、春节、元宵节、七夕节，还是更适合"搞怪玩浪漫"的万圣节、儿童节、情人节、圣诞节，中国主题公园都会有相应的系列配套活动。如2023年的春节和元宵节期间，北京欢乐谷就推出了"国潮闹春节"活动，既包含天桥绝技等非遗民俗文化展演，猜灯谜、汤圆DIY等元宵节活动，也包含电音狂欢活动等"嗨玩"活动，吸引大量本地游客。欢乐谷、方特、迪士尼、长隆等主题公园充分利用万圣节、情人节等节日特性，设计融入中国元素打造系列活动，在"节日经济"中挖掘新的营收增长点。同时，通过灯光照明设计及灯光秀、水秀、烟花秀等夜间演艺活动，主题公园突破时间限制，探索"夜经济"发展模式。

"节日经济""夜经济"有助于主题公园突破季节、日照时长的限制，成为主题公园新的盈利增长点，是中国主题公园值得深挖的领域。

第三节　主题公园发展趋势

（一）向原创优质IP方向发展，文化引领作用彰显

文化自信正成为国家主旋律，以展示中国特色文化、以传递经典影视文化、以传播民族文化等为主要内容的主题公园日渐成为人们喜爱的热点。在强调内循环与扩大消费的今天，比起引入海外IP，将本土品牌做好，推动本土主题公园品牌与IP走向海外，实现"旅游产品出口"更符合国家政策导向。因此，加速打造本土品牌，讲好中国故事，利用中国文化进行主题原创，实现主题公园的中国式特色化发展正逐渐成为行业共识。

国内主题乐园已认识到IP在塑造主题、强化体验和促进二次消费等方面的潜在

优势。在艾奕康（AECOM）追踪的项目中，接近一半的现有乐园都已在不同程度上使用IP：一是本身拥有强势IP集群，如迪士尼和环球影城，可撑起整个大型主题公园开发，将IP娱乐价值发挥到极致；二是与已有热门IP合作，通过在园内植入该IP的主题分区，或利用节庆活动与IP短期合作，吸引特定粉丝到访。例如上海海昌海洋公园内增设的奥特曼主题馆，内含剧场、餐厅和带有互动设施的游艺中心。海外案例还包括奥兰多环球影城的"哈利·波特的魔法世界"以及迪士尼动物王国的"潘多拉－阿凡达世界"；三是根据项目特点自创IP，尝试打造线上线下衍生品来培育与游客的情感联结。例如，长隆集团凭借广东主题公园群建立起强大的品牌知名度，其独特的组合式"世界之最"产品体验包括野生动物园、游乐园、水上公园、海洋公园和马戏团等。

浙江省大中型主题公园共6座，分别是杭州宋城、杭州Hello Kitty乐园、宁波方特东方神画、宁波方特东方欲晓、（金华横店）梦幻谷、梦外滩影视主题公园。在这6座主题公园中，有5座均以打造中国本土文化为主。华强方特的"美丽中国三部曲"——东方欲晓、东方神画、明日中国主题突出，极具中国文化特色。江西赣州方特东方欲晓让红色旅游文化进一步"圈粉"年轻人。中国传统文化中蕴含着众多经典故事，如哪吒、白蛇传、牛郎织女和梁祝。这些IP形象拥有巨大的潜在粉丝群体。深挖中国传统文化内涵，结合现代时尚潮流元素，打造中国品牌符号，讲好中国文化故事，是中国特色主题公园发展的必由之路。

（二）轻资产模式盛行，培育可持续发展能力

轻资产业务模式通过降低资本投入、合作模式、IP授权和品牌合作以及多元化的收入来源，实现快速发展。越来越多的主题公园开始采用轻资产业务模式，这点在亚洲地区表现最为明显。这一模式为更多投资者提供了参与主题公园行业的机会，并推动了中国主题公园的转型发展。如2021年12月海昌海洋公园将4个现有园区和1个正在开发的园区出售给私募巨头安博凯直接投资基金（MBK Partners）这一标志性交易。

轻资产模式下，主题公园通常采取合作模式，与地方政府、房地产开发商或旅游企业等进行合作。这样的合作可以实现资源共享、风险分担和互利共赢。例如，浙江嘉兴的南湖梦幻世界主题公园就是与当地政府和旅游企业合作开发的项目。另

外，华强方特也一直在采取这样的轻资产模式，自 2017 年以来，一直致力为政府建设新公园，政府负责投资并拥有公园的所有权，并向华强方特支付运营费用。

轻资产模式主题公园通常采取多元化的商业模式，通过门票、餐饮、商品销售、演艺表演等多个方面获取收入。主题公园以 IP 流量运营为核心，借助 IP 研发孵化、授权合作、衍生服务等手段，优化选品、陈列、销售、激励等各环节要素，持续优化餐饮场所、主题商品售卖、年卡优惠、橱窗展陈等消费体验场景，提高二次消费占比。这种模式降低了对门票销售的依赖，增加了主题公园盈利的灵活性。

（三）与体育、影视传媒、零售等衍生产业跨界融合

近年来，中国主题公园业呈现出与体育、影视传媒、会展和零售等衍生产业之间的跨界融合趋势。

主题公园与体育产业的跨界融合表现为合作与协同。主题公园积极与体育赛事合作，通过承办体育赛事来吸引游客并提升品牌知名度。此外，一些主题公园设立了体育主题区域，提供与体育相关的娱乐设施和活动，以满足游客的体育需求。2019 年，上海迪士尼乐园与中国足球超级联赛合作，举办多场足球比赛，吸引大量的足球迷和游客。

中国主题公园与影视传媒产业的跨界融合是一种常见现象。主题公园经常与电影、电视剧等影视作品进行合作和授权，将受欢迎的影视 IP（知识产权）引入主题公园，增加吸引力和知名度。例如，上海迪士尼乐园与迪士尼的动画电影 IP 紧密关联，游客可以在乐园中体验到《疯狂动物城》《冰雪奇缘》等电影的场景和角色，为游客带来身临其境的影视体验。爱奇艺奇巴布乐园已于 2023 年 7 月在北京市延庆区开业，整个乐园以爱奇艺奇巴布的自制动画 IP 为灵感，以此来打造一个家庭亲子游乐空间，将动画 IP《恐龙萌游记》《嘟当曼》与传统文化主题引入园中。

跨界到主题公园的零售产业不在少数，在主题公园内设有各类商店、特色商品店和主题餐厅等零售设施，为游客提供购物和用餐的便利。此外，一些主题公园还与知名品牌进行合作，推出限量版商品，吸引消费者购买。例如，北京欢乐谷与知名体育品牌耐克合作推出限量版主题公园纪念款鞋，引起了广泛的关注和购买热潮。旺旺博物馆则是零售产业与主题乐园跨界融合的另一个典型案例，该博物馆坐落在长沙望城区旺仔牛奶工厂旁，面积约 10000 平方米，预计 2024 年完工，将于

2025年对外开放。这是旺旺集团第一个以食品安全及文化教育为主题的休闲体验园区。旺旺的旺仔IP与形象深入人心，并且通过长期运营逐渐人格化，深受消费者喜爱，成为"80后""90后"两代人的童年回忆。利用现有IP进军主题公园行业，从原来单纯的产品展示到消费者场景化体验，开拓新业务的同时，会让原有产品更深入人心，零售业和主题乐园相互融合，形成相互赋能的可持续发展模式。

（四）科技变革助推休闲娱乐配置向高、精、尖递进

当代科技创新等为旅游业注入了新动能，推动其从高速增长走向高质量发展。信息技术、人工智能、物联网、大数据、云计算、区块链等新技术推动着主题公园产业链的深刻变革，从设计策划到规划开发、建设运维、管理运营、游客体验、周边业态、增值服务等各个环节都在加速演变。沉浸式和互动化的高科技游乐体验，以及创新的演艺内容制作和呈现手段，为主题公园带来更广阔的发展空间。

新技术包括VR/AR设备、人脸识别工具和射频识别（RFID）系统，帮助主题公园打造沉浸式游客体验。近年来，迪士尼引入了增强现实（AR）和虚拟现实（VR）技术，为游客打造了更加逼真和沉浸式的娱乐体验。游客可以通过AR眼镜与迪士尼角色互动，或者通过VR设备进入虚拟世界与想象中的角色进行互动。大阪环球影城的超级任天堂世界主打马里奥赛车骑乘，玩家可佩戴AR设备获得游戏实境的感受。青岛方特梦幻王国运用高科技手段，将卡通、电影特技等国际时尚娱乐元素与中国传统文化符号精妙融合。天津方特欢乐世界通过科技手段让《千里江山图》活起来，让游客收获"人在画中游"的体验。

科技变革提升了主题公园的精细化管理和运营能力。通过引入人工智能和大数据分析，主题公园可以更好地了解游客的行为和需求，进行精确的运营决策。例如，通过分析游客的行为数据，主题公园可以优化游览线路，减少排队时间，提升游客的满意度。另外，主题公园还可以利用AI技术实现智能化的安全监控和设备维护，提高运营效率和安全性。

（五）品牌培育和打造成为市场竞争的焦点

国内主题公园的品牌化程度日益提高，正在形成产业链，以方特、欢乐谷、海

昌海洋公园为代表的国内主题公园品牌已逐步注重品牌的扩张发展，在东、中、西地区逐渐形成各个主题公园间的构建连接，完善品牌建设。目前国内系列品牌主题公园占比过半，品牌定位日趋明显，《2023中国主题公园竞争力评价报告》中，80家主题公园有24家方特系列、8家欢乐谷系列、7家融创系列、5家海昌系列，共44家，占比55%。强大的品牌或IP辨识度、基于消费者洞见的独特产品概念以及富于远见的技术革新都是让主题公园惊艳亮相的重要手段。

随着国际主题乐园品牌进一步扩张中国市场，本土主题乐园品牌如长隆、海昌和华强方特等也在迅速发展壮大。本土品牌在与国际品牌的竞争中，通过自身的努力找到了独特的发展之道。与国际品牌主题公园更倾向于一线大城市不同，本土主题乐园更多地将目光投向中小城市的市场。中国主题公园研究院等联合发布的《2022中国主题公园竞争力评价报告》数据显示，国内年营业收入排名前十的主题乐园中有三家来自华强方特，分别是绵阳方特东方神画、荆州方特东方神画、郑州方特欢乐世界。迄今为止，凭借大热IP《熊出没》系列动画作品的强劲吸金力，华强方特已在天津、青岛、宁波、临海、台州、菏泽、宜春、驻马店等地陆续规划落地熊出没主题酒店、熊出没乐园、熊出没水上乐园、熊出没小镇，形成了多个设施一流、规模宏大、配套完善的文旅集群。

利用社交媒体和科技革新打造品牌也是一个重要趋势。例如，上海迪士尼乐园与小红书热门网红博主合作，吸引年轻消费群体。2022年1—2月，上海迪士尼乐园作为小红书头号种子品牌，相关内容发帖近2万条，互动超过600万次；北京环球影城推出变形金刚互动体验，游客与变形金刚聊天的短视频迅速走红，成为社交媒体上的热门话题。

第四节　主题公园发展案例

（一）华强方特：本土主题公园的中国式特色化发展

华强方特作为中国文旅企业代表，多年来根植中华文化沃土，打造了动漫和主题乐园两大支柱产业，自主研发、建设、运营30多座主题乐园，引领国产动漫产品、特种电影、主题演艺的高质量发展，创新构建多元布局、优势互补、资源共享的全产业链。集团 11 次入选"全国文化企业 30 强",获评"国家文化和科技融合示范基地""国家文化出口重点企业"等荣誉。

在主题乐园领域,方特坚持文化与科技融合发展,通过高新技术、文化创意、沉浸式体验,深入挖掘优秀传统文化、红色文化、地方特色文化,塑造十大主题乐园品牌,"让世界更欢乐"的品牌口号深入人心,游客接待量多年位列全球五强,成功跻身国际一流文旅品牌。

方特以创新展示中华文化多彩魅力为抓手,助力地方打造特色文旅品牌。华强方特围绕"中国梦"题材,打造了沉浸式互动体验的"美丽中国三部曲"主题乐园群,全景展现中国灿烂传统文化、光辉革命历程、伟大改革成就和美好未来蓝图。第一部曲"方特东方神画"精彩展示华夏五千年的瑰丽画卷,已在宁波、芜湖、厦门、济南、长沙、荆州、绵阳、太原 8 个城市收获广泛好评。第二部曲"方特东方欲晓"是国内首个高科技红色文化主题公园品牌,一改以参观游历为主的红色旅游传统模式,凭借令人耳目一新的沉浸式体验和众多高科技红色主题项目,全景演绎中华民族百余年奋斗历程,已在赣州、宁波、淮安等地成功地开辟了红色文化沉浸式旅游体验的新途径。荆州方特东方神画沉浸式打造原汁原味的荆楚文化盛宴,赣州方特东方欲晓全景式演绎中华民族复兴征程,均取得年接待数百万游客的佳绩,同时入选"中国最佳主题公园"榜单。

在精心布局"美丽中国三部曲"的同时,华强方特还持续挖掘地方特色文化,打造地方特色主题乐园品牌。2018 年至今,展示成语魅力的邯郸"方特国色春秋",展示丝绸之路文化和长城文化的嘉峪关"方特丝路神画",展现自贡恐龙文化和古蜀国文明的自贡"方特恐龙王国",囊括方特经典 IP 的台州"方特狂野大陆",不仅让众多历史文化名城焕发新姿,而且让海内外游客沉浸式领略中华文化。通过创新形式打造《牛郎织女》《女娲补天》《白蛇传》《梁祝》《孟姜女》《西游记》等民间故事和神话传说 IP,并基于地域文化、恐龙文化、传统动漫文化形成了多种特色主题项目和多个区域性文旅特色品牌。

2023 年,方特品牌持续创造高质量文旅体验,为方特品牌注入更丰富的内涵。聚焦楚汉文化的徐州方特乐园以中国神话传说、传统经典及华夏文明智慧结晶为创意基础,并融入徐州历史文化和民俗资源,整合方特经典主题项目,打造了包含"大风歌""龙宫奇遇"等 8 项室内大型高科技主题项目和 30 个室外游乐项目,为游客精彩展示华夏文化和楚汉文化的魅力。位于江西鹰潭的第九座"方特东方神画"主题乐园，在传承中华历史文化的基础上，深度发掘鹰潭道文化、古越文化，拥有"大道巍峨""古越情歌"等9个室内大型高科技主题项目、32项室外游乐项目、200多项特色休闲景观，让广大游客在体验中有欢乐、有收获。

具备中国文化特色的新兴主题公园进入品牌化发展阶段。在构建中国主题公园品牌的同时，丰富中国主题公园品牌的多样性表达，将成为主题公园创新的一种方式，助力中国主题公园迈向更高质量发展。

（二）海昌海洋公园：固定资产高价变现，探索轻资产运营模式

海昌海洋公园是国内最大海洋公园运营商，共管理11家海洋主题公园，总占地面积达240万平方米。公司在海洋生物资源保有量及保育和管理方面拥有强大实力，是亚洲海洋生物资源保有量最高的公司，十余年来成功繁殖20余种、1000余只大型珍稀极地海洋动物，繁殖物种及数量国际领先。

2021年，海昌海洋公园与亚洲私募股权基金MBK Partners达成一系列战略合作协议。海昌海洋公园旗下位于武汉、成都、天津和青岛的4个主题公园项目的100%股权转让给MBK Partners，对价60.8亿元。此外，海昌海洋公园与MBK Partners合资运营郑州在建主题公园项目，MBK Partners持有郑州在建主题公园项目的66%股权，对价4.5亿元。从整体来看，海昌海洋公园股权转让合作的交易对价总计65.3亿元。主题公园的交易现金为海昌海洋公园大幅减少付息债务、减轻债务融资压力，同时也使得海昌海洋公园财务现金流得到有效补充。而对MBK Partners来说，其收购的海昌海洋公园旗下项目均已运营逾十年，在当地享有成熟的客户基础、良好的口碑和领先的行业地位，并保持了持续的业绩增长。

轻资产模式是海昌近几年重要发展战略，并形成了成熟完善且难以复制的轻资产全产业链运作及服务能力。出售4个主题公园的全部股权加速了海昌海洋公园的轻资产运营步伐。海昌海洋公园实现轻装上阵，聚焦核心市场，其轻资产项目已经布局环渤海、长三角、长江经济带、西南、中原等地区，业务规模覆盖全国26城，服务项目60余例。海昌海洋公园相继与福州市鼓楼区人民政府、深圳华侨城西部投资有限公司等签署战略合作协议，提供文旅全面提升的产品定制及运营等服务。

过往传统的主题乐园业务模式往往有着浓厚的重资产属性，不利于快速扩张，而我国各地方的中小海洋馆等商业项目渴望得到更专业、系统的运营模式提升经营

业绩，海昌能够将自身的底层能力加以复用、迁移，在扩大商业版图的同时，解决各地中小商业项目的困境，满足地方庞大的高质量休闲文旅市场需求。

（三）北京欢乐谷：发力夜经济

北京欢乐谷是华侨城集团倾心打造的新一代文化主题公园，在2021年被评选为北京网红打卡地之一，2022年成功获评国家级夜间文化和旅游消费集聚区，年接待游客人数374万人次，2023年在夜游项目方面不断迎合本地市场，持续发力。

北京欢乐谷之所以能够持续吸引大量游客，与其积极适应当地消费需求密切相关。在经历了疫情变化后，北京的文化旅游消费也面临了许多改变，如何促进北京的文化旅游消费成为相关部门关注的焦点。根据2023年3月发布的《北京市促进夜间经济繁荣发展的若干措施》通知，对全市的夜间消费地标、融合消费打卡地和品质消费生活圈进行动态评估。这意味着北京在夜经济3.0版本的基础上展现更加多元化的夜间消费形态。为促进北京消费升级，实现高质量发展目标，北京欢乐谷重新设计了夜间光影景观，打造了充满活力、时尚激情的"夜经济"IP。以演艺为核，白天大秀欢乐，夜晚欢乐大秀。

北京欢乐谷将2022年冠以"国潮年"主题，开启文化新开局，以"演艺为核、游乐为媒、休闲为旨、艺术为能"四个核心支柱对景区进行系统性升级。在国潮狂欢节，北京欢乐谷期间全新推出AUV电音狂欢趴、沙洲音乐会等主题活动，DJ＆MC、知名国风/说唱歌手齐上阵。作为北京惠民文化消费季"娱游京城"板块的重要活动之一，国潮狂欢节依托北京欢乐谷作为国家级夜间文化和旅游消费集聚区的引领示范带动作用，着力打造首都夜经济消费新地标，持续深化"白＋黑"全天候动态交互游乐方式，创新构建文化消费新IP、新场景、新演艺、新娱乐、新体验、新商业和新业态，进一步挖掘夜间消费潜力，助力北京夜间经济繁荣发展。

北京欢乐谷之所以能在充满竞争的市场中脱颖而出，与其坚持IP创新、迎合本土消费以及滚动升级开发夜游新产品、新体验等举措密不可分。

（作者简介：常建霞，中国旅游研究院文化旅游研究基地研究员；贺晓蓉，菏泽职业学院旅游管理系教师，中国旅游研究院文化旅游研究基地助理研究员）

第三章　博物馆旅游发展分析与展望

常卫锋

博物馆是保护和传承人类文明的重要殿堂，是连接过去、现在、未来的桥梁，承担着向社会公众提供学习、教育、娱乐的社会功能，是让文物真正"活"起来的重要场所，也是扩大中华文化国际影响力的重要名片。从文化旅游融合发展的角度来看，"博物馆+旅游"以博物馆场所和博物馆内容为依托和载体，以文化为核心，将文化活动和游览观光有机结合，让普通的旅游观光上升为高品质的文化体验，体现了游客文化旅游需求的提升。2023年"五一"期间，全国走进博物馆的观众人数达5000万人次，约占全国游客总量1/4，博物馆成为热门旅游目的地，带动所在地食、住、行、游、购、娱消费，成为文化旅游重要吸引力要素。

第一节　博物馆旅游发展现状

（一）博物馆持续快速发展

数量稳步增长。自2022年以来，三星堆博物馆新馆、香港故宫文化博物馆、郑州商都遗址博物院和郑州市文物考古研究院考古博物馆等一批博物馆投入使用。国家文物局发布的最新数据显示，2022年，我国新增备案博物馆382家。截至2022年年底，我国登记备案博物馆总数达6565家（含国家一、二、三级博物馆1209家），排名位于全球前列。其中，国有博物馆4389家、非国有博物馆2176家，涵盖历史文化、革命纪念、综合地志、艺术、自然科技、考古遗址等多种类型，基本建立起类型丰富、主体多元、普惠均等的现代博物馆体系。从省份看，2023年11月，山东拥有各级各类博物馆735家，博物馆总量居全国第一位。

类型更加多样。2023年3月，北京声音艺术博物馆、北京祥体育博物馆、国玉印象和田玉博物馆、瞭仓数字藏品博物馆、京报馆旧址（邵飘萍故居）5家"类博物馆"挂牌开放。目前，北京已有6家向公众开放的"类博物馆"，还将进一步完善"类博物馆"培育工作机制，积极推进相关文件出台，完善市区两级管理机制，推动"类博物馆"规范发展。"十四五"期间，山东将拉长博物馆链条，争取建设1000家左右的"类博物馆"，更好地贴近基层，服务群众。河南将发挥文物资源优势，采取"1+N"的模式，积极谋划博物馆群落体系，全力打造中华文化重大标识，建设中华文明连绵不断的探源地、实证地和体验地，使文物保护利用成果更好地服务经济社会发展。

稳步向基层延伸。县级博物馆是我国博物馆事业的重要基础，也是县域公共文化服务体系的重要组成部分。截至2022年年底，我国县级博物馆总数近2600家（包含国家一、二、三级馆498家），约占全国博物馆总数的40%，其中2400余家县级博物馆实现免费开放，占县级博物馆总数的92.6%。

藏品更加丰富。藏品是博物馆开展科学研究、展览展示、社会教育等各项工作的重要基础，是博物馆的核心资源。2022年，全国博物馆新征集入藏藏品221.88万件（套），藏品总数达到5747万件（套），为更好地发挥博物馆功能奠定了坚实的基础。2022年，各博物馆接受社会捐赠文物达30余万件，既进一步完善了博物馆收藏体系，又促进了博物馆与社会公众的良性互动。

科技支撑不断强化。将生物技术、无损分析检测技术、物联网等新技术的成果引入文博行业，提升博物馆藏品数字化保护的整体水平；推进全国馆藏文物资源数据库建设，建成全国博物馆年报信息系统。

精品展陈不断涌现。通过持续完善博物馆免费开放政策，我国90%以上的博物馆实现免费开放。博物馆日益成为人民美好生活的重要组成部分。全国各地博物馆推出展览、免费讲解、文化讲座、文物鉴定、修复展示、互动体验、教育研学等丰富多彩的活动，吸引更多人走进博物馆。

国家支持力度不断加大。中小博物馆提升计划持续实施。河北被确定为中小博物馆试点省份。山西、山东、湖北等省份出台支持中小博物馆发展的相关政策。中央财政根据《关于全国博物馆、纪念馆免费开放的通知》（中宣发〔2008〕2号）要求，对纳入中央免费开放范围的博物馆免票减收、运转经费增量和改善陈列布展等予以补助，并对中央免费开放补助名单实施动态管理，截至2023年8月，已有超过1200家县级博物馆纳入中央免费开放补助名单。

改革稳步推进。从国家层面看，国家文物局推动中国特色世界一流博物馆创建工作，指导开展了国家一、二、三级博物馆运行评估。乡村博物馆建设试点和博物馆资产所有权、藏品归属权、开放运营权三权分置改革试点有序推进。366家博物馆、纪念馆和全国爱国主义教育示范基地纳入第四批免费开放名单，国家推介了百项社会主义核心价值观主题展览，公布了80项全国博物馆志愿服务典型案例。

（二）博物馆旅游持续升温

随着国民经济的快速发展，人们对精神文化的需求越来越强烈。博物馆对满足人们的精神文化需求具有重要作用，游客参加文博游的热情不断高涨。每逢节假日，各家博物馆都迎来大量游客。2023年"五一"假期，全国博物馆共接待游客人数超5000万人次，达历史同期最高水平，国家一级博物馆均达到游客接待上限。2023国庆中秋"双节"长假，根据大数据动态监测以及综合汇总数据，全国博物馆接待观众总量达6600万人次。各旅游平台数据显示，故宫博物院、河南博物院、陕西历史博物馆、三星堆博物馆、中国国家博物馆、南京博物院、敦煌博物馆等成为热门"打卡目的地"。"文博热"现象持续升温，有效带动假期消费热。

携程数据显示，2022年1月1日至5月15日，预订量最高的景区类目中，博物馆展览馆超过动物园、主题公园，从2021年第四名跃升至第一，博物馆展览馆的订单量较2019年同期增长2.9倍，较2021年同期增长1.8倍。从博物馆展览馆的门票订单占比看出，每10个从携程预订景区门票的游客中，就有超过1个预约文博游。另据驴妈妈旅游网站搜索及预订数据，2023年上半年平台最热门的大型综合性博物馆包括故宫博物院、上海博物馆、中国国家博物馆、三星堆博物馆、陕西历史博物馆等。此外，上海汽车博物馆、上海玻璃博物馆、青岛啤酒博物馆、长影旧址博物馆等小众、特色博物馆热度不断攀升，沉浸式体验花样繁多，也吸引了大批游客。

（三）博物馆研学规范管理

在文旅融合的新时代，作为文化资源高度集中的机构，随着大众对文化教育的越发重视和免费开放政策的普遍实施，博物馆已成为各地旅游线路中不可缺少的去处。近年来，通过出台政策、建设基地、串连线路、举办论坛活动、打造品牌，我国博物馆研学不断迈上新台阶。

在政策支持和行业推动上，2022年2月，文化和旅游部办公厅、教育部办公厅、国家文物局办公室联合发布《关于利用文化和旅游资源、文物资源提升青少年精神素养的通知》，提出要进一步整合文化和旅游资源、文物资源，创新利用阵地服务资源、推动优质服务进校园、推进"文教合作"机制，提升青少年精神素养，推动青少年在感悟社会主义先进文化、革命文化和中华优秀传统文化中增强文化自信。为促进馆校合作，全面推动博物馆资源融入中小学教育工作体系。针对暑期"井喷"般的参观人群和"野导"乱象，很多博物馆及时采取各种应对举措和办法。2023年7月，国家博物馆发布的《研学机构管理办法（试行）》明确，在国博开展研学须申请相关资质，并对经营范围进行了约定。同时，针对违规也给出了限期整改甚至取消其国博研学资质的处罚。此外，上海博物馆、河南博物院、辽宁省博物馆、广东省博物馆（广州鲁迅纪念馆）等20多家博物馆也已明确，未经许可，原则上不允许任何单位或个人在展厅组织讲解活动。

（四）智慧博物馆建设全面加速

新技术应用为博物馆发展插上了翅膀，物联网、大数据、云计算、人工智能等新技术逐步应用于我国博物馆建设和管理，不断拓展文物展示利用空间，有效延伸服务经济社会发展功能，文物"活起来""博物馆热""把博物馆记忆带回家"已经成为中国社会新的文化时尚。相比于传统博物馆，智慧博物馆在管理方式、公共服务、展览体验、藏品保护、文化传播等方面进行全面智慧提升，成为当今世界博物馆发展的新趋势。在全息投影、VR、AR、三维影像、多传感器融合等信息技术的加持下，数字博物馆、虚拟博物馆、智慧博物馆等概念不断深化，博物馆的游览方式发生了改变，历史场景真实生动再现，给游客带来沉浸式游览体验，曾经"沉睡"的文物和历史变得触手可及。

（五）博物馆文创成为新赛道

文化创意产品开发是博物馆工作的重要内容，是推动中华优秀传统文化创造性转化、创新性发展的重要手段。目前，我国博物馆行业每年推出文创产品数万种，发挥了拉动消费的作用，提升了社会服务能力和水平，实现了较好的社会效益和经济效益。2023年7月，文化和旅游部办公厅、国家文物局办公室联合印发《关于开展文化文物单位文化创意产品开发试点成效评估的通知》，将对评估等级确定为"一级"或"二级"的试点单位进行经验推广，形成良好示范，并在有关工作项目中予以政策和资源支持。

近年来，我国博物馆文创市场呈现高速增长态势。2023年"国际博物馆日"前夕，全国不少博物馆都推出了新的文创产品，其中包括中国国家博物馆推出的"大观园纸雕灯"、苏州博物馆推出的"旗韵江南臻享咖啡"等。2023年8月，北京故宫博物院第一次面向公众征集文化产品创意，举办以"把故宫文化带回家"为主题的文创设计大赛。如今，无论是从最初的"奉旨旅行"行李牌，还是到线上线下火速售空的故宫口红，再到故宫角楼咖啡和文创日历，故宫的二销产品已经火遍大江南北，极大程度带动了人们对故宫的向往。

（六）管理服务水平不断提高

延长开放时间。面对全国出现的博物馆热，为更好地满足游客市民的高峰参观需求，各地博物馆纷纷采取应对措施，多地博物馆调整开放时间。当前已经有多家博物馆延长开放时间、取消周一闭馆或增加"夜游"项目，在博物馆热潮下争相升级服务。中国国家博物馆延长开馆时间，并协调周边机构开辟新的入馆通道，确保观众入馆畅通有序；国家典籍博物馆、山东博物馆、苏州博物馆、侵华日军南京大屠杀遇难同胞纪念馆等延长开放时间；杭州对市属国有博物馆开放时间做出调整，通过延时和错时开放，确保每天都有博物馆可供市民游客参观，达到分散人流的目的。苏州碑刻博物馆、苏州丝绸博物馆、张家港博物馆、常熟博物馆等9家博物馆，服务时间延长至21点，满足了广大市民和游客领略"博物馆奇妙夜"的需求。杭州还推出"浙江自然博物院·24小时博物馆"，周六、周日则全天24小时开放，试营业一个多月以来，前来体验的观众人数已超过两万人次，成为城市夜生活新地标。

提供个性化服务。随着博物馆理念的转变，教育成为博物馆首要功能，观众被放在第一位。针对特殊群体创新服务方式。故宫博物院和四川博物院专门设立服务于未成年人、老年人、残疾人等群体的快速预约和检票通道，缩短排队时间。苏州博物馆在每个展览里都会针对儿童、青少年、老年人以及专业人士等不同人群提供不同的服务。2023年3月，天津博物馆推出手语讲解可视化服务。在"手说展览"系列线上展的手语讲解视频中，手、字、音、画同时展开，运用动画标注展品细节特征，满足听障和健全观众共同赏析的需求，让大家真正理解展品传达的信息。

精心策划社教活动。2022年暑期，北京地区博物馆推出了包括主题活动、传统手工艺体验、研学等40余项重点展览及文化活动，孩子们可以体验传统木工技艺、争当"矿物收藏家"、听文物背后的故事。西安30余家博物馆推出140余项适合中小学生特点和需求的展览课程和研学活动，举办科普讲座、小小讲解员、文物考古和修复师、亲子体验、互动教育等，增强博物馆学习的趣味性、互动性和体验性。从上海博物馆的"崧泽·良渚文明考古特展"到上海市历史博物馆的"长江口二号科学考古进行时"以及世博会博物馆、上海鲁迅纪念馆等，观众不仅可以到上海17家博物馆打卡热展，还能通过奇妙夜集结号、水下考古系列挑战赛、亲子知识秀分享、讲座沙龙、音乐会等活动，体验"展览+活动+文创+社交+生活"综合性的"博物馆奇妙夜"。

加强业务培训。为提升博物馆讲解服务质量，2023年8月，国家文物局发布《关于进一步提升博物馆讲解服务工作水平的指导意见》明确要求，各级文物行政主管部门应统筹指导所在地区博物馆结合实际情况，适度增加固定时段免费人工讲解频次，定期组织博物馆馆长、相关领域专家学者、科研人员或策展团队开展公益讲解活动，不断增加优质讲解服务供给。各地博物馆应探索申请备案、培训考核、持证上岗等机制，将信用良好的社会讲解个人或团体列入"白名单"统一管理；应重点加强社会讲解内容审核把关，及时发现并纠正歪曲史实、戏说历史、扰乱秩序等行为，纳入"黑名单"重点监测和管理。

（七）行业协作持续加强

自2022年以来，一批新的博物馆联盟成立，架起了部门和行业之间的桥梁纽带。2022年7月成立于吉林的"智慧博物馆联合实验室"扩容为8家单位，更名为"博物馆数智创新实验室"，是国内首个跨机构、跨行业、跨专业横向交流的文博行业协同创新平台（见表3-1）。

表 3-1 2022 年以来新成立的国内博物馆联盟及联盟活动

时间	活动	地点/形式
2022 年 4 月	渡江战役纪念馆（地）合作联盟	南京
2022 年 4 月	青岛市市南区博物馆联盟	青岛
2022 年 5 月	川渝博物馆联盟	宜宾
2022 年 5 月	南通市博物馆联盟	南通
2022 年 7 月	博物馆数智创新实验室	长春
2022 年 11 月	郑和文化场馆联盟	上海/线上
2022 年 12 月	全国舰船与航海博物馆联盟	武汉
2023 年 2 月	宁夏中卫博物馆联盟	中卫
2023 年 3 月	浙皖闽赣四省边际博物馆联盟	衢州
2023 年 3 月	东莞博物馆联盟	东莞
2023 年 4 月	中国医学博物馆建设联盟	北京
2023 年 4 月	沈阳现代化都市圈博物馆联盟	沈阳
2023 年 5 月	内蒙古黄河流域博物馆馆际联盟	包头
2023 年 5 月	武汉都市圈博物馆联盟	武汉
2023 年 5 月	广西革命历史纪念场馆联盟	南宁
2023 年 5 月	南昌市博物馆联盟	南昌
2023 年 5 月	晋冀豫革命文物保护利用片区工作联盟	长治
2023 年 6 月	汉长安城大遗址保护利用联盟	西安
2023 年 7 月	山西省革命文物协同研究工作联盟（馆校合作联盟）	太原
2023 年 7 月	万里茶道国保单位文化联盟（晋商博物院发起）	太原
2023 年 7 月	上海市革命场馆联盟	上海
2023 年 11 月	粤港澳大湾区博物馆联盟	广州
2023 年 11 月	长三角博物馆联盟	杭州
2023 年 12 月	呼和浩特市博物馆联盟	呼和浩特

资料来源：根据公开资料整理。

（八）博物馆＋跨界融合持续深化

博物馆＋剧本娱乐。2023年是中共三大召开100周年。3月，中共三大会址纪念馆引入"博物馆就是剧场"的新兴概念，借助新河浦历史文化街区环境资源，开发红色剧本游"前往南方的号召"。参与人员化身中国共产党革命宣讲员，在完成任务协助中共三大顺利召开的过程中，深入体会其重大历史意义以及革命先辈的斗争智慧。

博物馆＋剧目演出。瑞金中央革命根据地纪念馆馆藏文物一万多件，管辖瑞金革命旧居旧址125处。在叶坪、红井、二苏大等核心旧址，纪念馆因地制宜推出"选举""守望一生""报名参军"等一批情景再现项目，策划推出"缅怀""学唱送郎调"等现场情景节目，重温红色经典，再现苏区岁月。2023年3月，天津博物馆推出实验戏剧《进入雪景寒林之境》，该戏剧取材于北宋时期山水画名家范宽的《雪景寒林图》，用独角戏的形式构建出一片雪和一个人相遇的故事，用戏剧方式"打开"国宝，让文物"活"起来。南昌八一起义纪念馆推出沉浸式实景剧《那年八一》，入选2022年中华文物全媒体传播精品。新疆博物馆推出的文物活化舞台剧《千年之语》以国宝文物为创意核心，展现了鲜活生动的历史画面。

博物馆＋院团。2022年12月，中国国家博物馆与中国煤矿文工团签署战略合作框架协议，双方将在共同开展文物活化创作、打造国博小剧场系列展演项目等方面开展深度合作，挖掘文物价值，用舞台艺术表现手法讲好文物故事，共同打造具有知名度影响力的文物"活化"品牌。由湘博企划推出的首支国潮音乐文物乐队——"嗨铃铃"乐队正式在湖南省博物馆正式出道，乐队概念来源于湖湘地域特色与现代国潮文化，以陶球、铜铙、古琴、筝等为原型，呈现多元化的音乐作品。携程与上海喜玛拉雅美术馆合作打造了国内首个5D沉浸烛光音乐会；此前携程门票和上海汽车博物馆联合主办的"摩登岁月·光影留声"古董车音乐会主题活动，吸引了300余位用户夜游博物馆，票量同比增长45%。

博物馆＋文创市集。2023年4月，"宋韵·国风礼市"——上城区国风伴手礼市集在南宋德寿宫遗址博物馆开市，旨在挖掘宋韵新意，推广宋韵杭式雅生活，让市井烟火飘出宋韵范儿。

博物馆＋航班。2023年8月17日，昆明飞往北京的MU5701"凌云逐梦 寻秘云滇"主题航班首航,正式开启云南省博物馆与东方航空创新合作新篇章。客舱展示"牛虎铜案""四牛鎏金骑士铜贮贝器""大鹏金翅鸟""聂耳小提琴"等博物馆文创产品;主题航班为旅客准备限量纪念款登机牌,旅客可通过机上Wi-Fi扫描二维码,聆听机长讲解文物故事;旅客还可在万米高空佩戴VR眼镜,"身临其境"走进博物馆,体验"数字文史"建设,立体学习文物知识。

博物馆+游戏。2023年12月8日,四川省文物局、四川文投集团"文物赋活"计划发布会暨三星堆博物馆和米哈游《原神》战略合作启动仪式在广汉举办。"文物赋活"计划将整合多方资源、汇聚多方力量,促进四川文博体系共同探索文物传播的新方式、新路径。此次合作旨在借助现代科技力量,创新传播方式,拓展传播渠道,使古老的文物焕发出时代的活力和魅力。结合《原神》IP及三星堆文化的一系列文创内容及活动即将亮相。

(九)博物馆旅游宣传推广不断创新

自2022年以来,各地博物馆创新方式方法,加大文物传播力度,推动文物资源进机场、进地铁、进商圈、进直播,让文物资源"活"起来、"动"起来。抖音发布的《2023博物馆数据报告》显示,过去一年,抖音上博物馆相关视频播放总量为513.4亿次,相当于全国博物馆一年接待观众人数的66倍。

创新宣传形式。2022国际博物馆日川渝主会场活动前,以宜宾厚重的文化底蕴和汉唐服饰文化为蓝本的大型节目《奇妙的博物馆之夜》在宜宾市博物院上演,为川渝主会场预热。2023年5月,西安市轨道集团联合陕西省文物局、西安市文物局开启为期一个月的"地铁遇见博物馆"大型主题策展活动,让文物走出博物馆,走进地铁车站,贴近市民日常生活,弘扬历史文物的时代价值。展览分别设于西安地铁行政中心站、大雁塔站及钟楼站,11家参展单位通过30余件文物复刻品、文创产品实体陈列等,全方位展示周、秦、汉、唐四个时期的文物瑰宝,2023年5月22日至27日开展了"集章打卡"活动,充分展示西安城市历史文化底蕴。

策划主题活动。2023年端午节期间,在国家文物局倡导下,各地文物部门、文博单位组织开展丰富多彩的文物展览展示和惠民活动。首都博物馆开展纸艺体验亲子活动,北京石刻艺术博物馆推出"长河薰风 古都夏韵——北京中轴线上的端午文化"展,山西太山博物馆举行"诗词里的家国情怀"等活动,太原市博物馆召开

"悠悠艾草香绵绵情意长""舞动龙头悦享端午"等活动,河南博物院开启"端午夜未央"主题活动,再现焚香展演、七汤点茶等"宋人四雅",湖北举办"中国端午·诗意宜昌"2023屈原故里端午文化节等,吸引广大群众走进文博场馆,感受中华优秀传统文化魅力。

推出主题旅游线路。为助推博物馆旅游发展,2022年首次发布青岛博物馆游十大精品线路,举办全市博物馆文创产品展,编印了青岛市博物馆开放手册、博物馆地图。2022年5月,广州开行了"博物馆之城"文旅如约专线,以"流动"形式拓展博物馆的边界。专线由广州博物馆与广州巴士集团电车分公司合作开辟,是全国首条以博物馆为主题讲述广州历史文化的专线。该专线分历史文化线、红色文化线、学贯千年线3条线路,串联起广州博物馆、广州艺术博物院等近20家广州市内重要历史文化地标和文博机构,专线的电车内部打造为融展览、文物视频、文创、教育活动为一体的移动博物馆体验空间,满足了游客一天览尽广州千年文明史的美好生活需求。2023年8月,"河南省博物馆主题旅游线路推广活动"启动仪式在郑州商代都城遗址博物院举行,现场发布了三条博物馆主题旅游线路:徜徉文物博物馆,探源华夏文明;探访革命纪念馆,赓续红色血脉;行游专题博物馆,探索大千世界。

强化融媒体宣传。2022年,江西省博物馆学会主办全省博物馆文创直播大赛,首开全省性博物馆文创直播的先河。2022年12月,由中国博物馆协会与北京博物馆学会主办的2022年度第六届全国高校博物馆优秀讲解案例征集展示评奖揭晓,共评选一等奖9名、二等奖18名、三等奖35名、优秀奖25名,同时评选出优秀视频制作、优秀策划创意、优秀融媒传播、优秀指导教师奖各5名。此次大赛全国一共有87所高校博物馆参加申报,参赛作品主题、体裁、规模和质量都创历届新高,促进了博物馆+新媒体的在线展示宣传。

(十)博物馆之城建设逐渐铺开

博物馆是精神文明、物质文明传承的载体,是城市的文化会客厅,在助力经济社会发展中发挥了越来越重要的作用。2021年5月,中共中央宣传部、国家发改委、教育部等九部委联合印发《关于推进博物馆改革发展的指导意见》,明确指出"探索在文化资源丰厚地区建设'博物馆之城''博物馆小镇'等集群聚落"。一座城市就是一座博物馆。当下，越来越多的城市将建设"博物馆之城"作为提升文化软实力的有效路径。

各地博物馆之城建设如火如荼。博物馆与城市之间的关系，正变得越来越紧密。据不完全统计，目前已有北京、西安、洛阳等30余个城市提出建设博物馆之城的计划或规划，整体来看，提出建设"博物馆之城"的口号的城市以国家级的历史文化名城为主，这些城市大多文化资源丰厚，博物馆建设基础良好。根据目前的数据，在35个城市中，国家历史文化名城达到24个，占比达68.6%。从数量上看，截至2022年年末，北京市共有215家各类博物馆，成为世界上拥有博物馆资源最多的城市之一。成都市共有博物馆172家，其中非国有博物馆数量逾110家，博物馆总数居全国第二、非国有博物馆数量和质量居全国第一。从特色上看，北京各区博物馆依托城区特点，在建设上各有侧重和特色。东城区、西城区作为首都功能核心区，利用腾退后的文物建筑、名人故居、会馆，建设各具特色的小型博物馆；朝阳区利用工业园区腾退空间和集体产业空间，建设了一批特色鲜明的主题博物馆；海淀区高校资源丰富，便依托学校建设了一批高校博物馆；经开区则鼓励企业兴办科普场馆，提出打造"科技馆之城"。从工作推动上看，山东省组织召开了"博物馆之城"建设试点工作现场会，推动地市之间信息交流和博物馆事业高质量发展；北京市举办了"博物馆之城建设谋划思想汇"研讨会；苏州市召开"百馆之城"发布会暨"一城百馆、博物苏州"品牌发布活动。从支持举措上看，洛阳、淄博、济宁、潍坊、青岛等纷纷出台加快"博物馆之城"建设实施意见；东莞制定了《东莞市博物馆之城建设发展专项资金使用管理办法》，从2005年至2010年，东莞投资3000万元使博物馆数量增加到30座以上（见表3-2）。

表3-2　博物馆之城建设情况一览表

序号	城市	目标定位	文件依据	发布时间	建设目标（2025）	国家历史文化名城（是/否）
1	东莞	博物馆之城	未找到具体文件	2004	—	否
2	武汉	博物馆之城	《敢为人先　追求卓越　为建设国家中心城市　复兴大武汉而努力奋斗》	2011	—	是
3	西安	博物馆之城	《西安"博物馆之城"建设总体规划》	2017	—	是

续表

序号	城市	目标定位	文件依据	发布时间	建设目标（2025）	国家历史文化名城（是/否）
4	佛山	博物馆之城	《关于推进"博物馆之城"建设的实施意见》	2018	100家	否
5	昆明	博物馆名城	《关于昆明市全面提升历史文化名城品牌吸引力的实施意见》	2019	100家	是
6	郑州	百家博物馆	《郑州市博物馆事业发展三年行动方案（2019—2021）》	2019	100家	是
7	重庆北碚	百馆之城	《建设"百馆之城"五年行动计划》	2020	100家	否
8	潮州	博物馆之城	《潮州市建设"博物馆之城"（2021—2025年）实施方案》	2021	100家	是
9	沈阳	博物馆百馆之城	《沈阳市博物馆"百馆"工程三年行动方案（2021—2023）》	2021	100家	是
10	青岛	博物馆之城	《关于推进"博物馆之城"建设的工作方案》	2021	—	是
11	济宁	博物馆之城	《关于山东省博物馆改革发展的实施意见》	2021	100家	否
12	长沙	全域博物馆	《长沙市"十四五"文化和旅游融合发展规划（2021—2025）》	2021	新增20家	是
13	济南	博物馆之城	《济南市"十四五"文化和旅游发展规划》	2022	150家	是
14	广州	博物馆之城	《广州市博物馆事业"十四五"发展规划和2035年远景目标（2021—2035）》	2022	120家	是
15	大同	博物馆之城	《文物博物馆事业发展"十四五"规划》	2022	每10万人拥有1家博物馆	是
16	深圳	博物馆之城	《深圳市博物馆事业发展五年规划（2018—2023）暨2035远景目标》《深圳市文体旅游发展"十四五"规划》	2022	100家	否
17	临汾	博物馆之城	《2022年临汾市人民政府工作报告》	2022	—	否

续表

序号	城市	目标定位	文件依据	发布时间	建设目标（2025）	国家历史文化名城（是/否）
18	潍坊	博物馆之城	《关于推动"博物馆之城"建设促进博物馆高质量发展的意见》	2022	100家	否
19	保定	博物馆之城	《保定市"博物馆之城"建设发展规划》	2022	100家	是
20	南京	博物馆之城	《南京市建设"博物馆之城"发展规划》	2022	100家	是
21	北京朝阳	博物馆之城	《2022年朝阳区人民政府工作报告》	2022	100家	否
22	梅州	博物馆之城	《梅州市文化广电旅游发展"十四五"规划》	2022	100家	是
23	上海	大博物馆计划	《上海市"十四五"文物保护利用规划》	2022	180家	是
24	宝鸡	博物馆之城	《关于加快博物馆之城建设推进博物馆事业高质量发展的实施意见》	2022	—	否
25	苏州	博物馆之城	《关于推动苏州"博物馆之城"建设意见》	2022	200家	是
26	淄博	博物馆之城	《关于加快"博物馆之城"建设推进博物馆事业高质量发展的实施意见》	2022	100家	否
27	成都	博物馆之城	《关于印发〈成都市深化博物馆改革发展的实施办法〉的通知》	2022	—	是
28	西安	博物馆之城	《西安"博物馆之城"建设总体规划（2023—2035年）（征求意见稿）》	2023	—	是
29	晋城	太行明珠博物馆之城	《晋城市文物保护和科技创新工作方案（2023—2025年）》	2023	100家	否
30	洛阳	东方博物馆之都	《洛阳市"十四五"文物博物馆事业创新发展规划》	2023	110家	是
31	绍兴	博物馆之城	《关于推进"博物馆之城"建设的实施意见》（征求意见稿）	2023	200家	是

数据来源：根据公开资料整理。

第二节 博物馆旅游发展趋势

（一）政策支持加强，博物馆数量质量稳步提升

目前，国家发改委将"推进公共图书馆、文化馆、美术馆、博物馆等公共文化场馆免费开放和数字化发展"纳入"十四五"规划；国家发改委、中央宣传部、文化和旅游部、国家文物局等七部门印发《文化保护传承利用工程实施方案》，明确国家文化公园建设中博物馆、纪念馆的支持方向。各地持续落实中央宣传部等九部门《关于推进博物馆改革发展的指导意见》，省级层面已经有超过 26 个省区市出台了支持博物馆改革发展的方案或意见，一部分省区市还出台了支持非国有博物馆、乡村博物馆、类博物馆、中小博物馆、行业博物馆发展的政策，给予博物馆建设真金白银的支持。

未来随着已出台政策撬动作用的发挥和其他地方跟进支持政策的推出，可以预见，我国博物馆将保持稳定增长态势，不同地域、层级、属性、类型博物馆将更加丰富，博物馆体系布局将更加优化。同时，随着博物馆领域标准化建设的推进、评估定级工作的深入展开，博物馆的设施、服务项目、藏品、展陈、管理服务水平将稳步提升，在提升服务功能、文化惠民方面将发挥更大作用，进一步彰显社会效益。中研普华产业研究院发布的报告预测，未来中国博物馆行业市场规模或将增长至 2 万亿元以上，在文化创意、科技创新、产业融合催生新发展动能、规范市场秩序、增强场馆服务能力、人才储备与管理等方面，博物馆经济还大有可为。

（二）以人民为中心，服务品质将进一步提升

在文旅融合发展的新时代，博物馆热持续升温，"跟着博物馆去旅行"成为一种新时尚、一种消费新趋势。从需求侧看，博物馆旅游逐步成为一种刚需，是满足人民群众日益增长的美好生活需要的重要领域，对满足市民休闲和外地游客了解在地文化具体特殊意义。只有以人民为中心，精准对接人民群众文化需求，不断丰富文化供给，提升服务品质，才能办好人民满意的博物馆。

从供给侧的视角看，未来的博物馆要适应发展需求，贴近民众，为人民群众提供博物馆全新的"打开方式"。在发展理念上，加快从"以物为中心"向"以人为中心"转变，坚持以人为本，根据民众需求，提供满足群众精神文化需求、娱悦人们身心的文化旅游产品。在服务方式上，未来，将会有更多博物馆根据市场需求，更加灵活调整服务时间，试水延时服务，为更多人走进博物馆提供更大便利；也会有一批博物馆推出类似"博物馆奇妙夜"、夜间观展、夜间市集等夜游博物馆项目，为参观者提供更多选择。在陈列展览上，要服务于文旅融合发展的大趋势，巨大的市场需求将形成倒逼机制，促使一批博物馆在人员、形式、题材方面进行创新，提升展陈水平，策划推出精品展特色展，通过展览让观众走进博物馆、爱上博物馆，并通过展览来了解一座城市。在管理运营上，要从完善预约机制、优化场馆环境、推出优质讲解服务、提升观赏体验水平、完善的导览系统等方面为社会公众提供优质文化服务，增加游客的黏性。尤其是一批中小博物馆、非热点博物馆、非国有博物馆，将在努力提升藏品质量、展陈水平的同时，更多依托优质服务和特色项目塑造竞争优势，在整个博物馆生态和博物馆旅游产业链条中分一杯羹。

（三）跨界化发展，"博物馆+"潜力巨大

博物馆是文旅深度融合发展的重要领域。目前，国内很多博物馆将功能局限于馆藏、研究、教育上，对博物馆的旅游休闲娱乐功能关注不足。当下的跨界发展、"博物馆+"，既有现实需求，也有上级的迫切要求。从政府角度看，未来会有更多地方政府在政策层面加大对"博物馆+"的倡导推动，尤其是支持博物馆叠加旅游功能，更好地服务大众旅游新时代。从大文旅的角度看，博物馆与剧本娱乐、剧目演出、院团、文创的融合方兴未艾，博物馆创建旅游景区的态势逐渐显现。从跨界融合看，按照"一切皆文旅"的逻辑，博物馆也可+万物。各行各业加博物馆形成的行业博物馆，就是典型明证。此外，博物馆+乡村形成的乡村博物馆，博物馆+街区的微型博物馆，博物馆+酒店、博物馆+餐厅的主题博物馆等，都是未来博物馆旅游的重要载体和发展方向。

未来，通过引入更多的商业合作，推动博物馆与教育、科技、旅游、商业、传媒、设计、美学、影视、出版等跨界融合，既可通过品牌联名、赞助活动等方式获取更多的资金来源，也可拓展博物馆功能，推动文物价值传播，弘扬优秀传统文

化。类似《如果国宝会说话》《国家宝藏》《中国国宝大会》等精品节目会有广阔市场。与此同时，博物馆行业改革力度会持续加大，不适应文化和旅游深度融合发展需要的机制、行业规则都将面临调整和优化，阻碍博物馆跨界融合发展、服务功能发挥的做法、行业惯例都会逐步改变，影响博物馆社会效益提高和文物价值发挥的瓶颈堵点也将被逐步突破，在推动博物馆旅游高质量发展的进程中回归博物馆"以文化人"的社会教育初衷。通过深入推进人事制度改革、收入分配激励机制、非国有博物馆法人财产权确权等改革，辅之以博物馆免费开放与补贴机制改革、博物馆总分馆制等制度创新，将有力支撑"博物馆+"战略深入实施，让收藏在博物馆里的文物都活起来，让博物馆发展更有活力。

（四）挑战与机遇并存，博物馆研学将向纵深推进

研学旅行作为一种带有强烈教育目的的旅游形式，是具有公益属性的公共服务产品。2021年，随着"双减"政策落地，研学游需求进一步释放，研学旅行迎来新一轮发展机遇。博物馆研学是研学旅行的一大细分市场，我国有近150个国家历史文化名城、近7000家博物馆，为研学旅行的开展提供了重要场所和支撑。在所有博物馆旅游中，面向中小学生的研学旅行是主体市场，未来将获得更大发展。不过，在市场快速扩张中存在的问题也不容忽视，如教育、体育和文旅部门之间的统筹合力不强，研学旅行导师供给不足，研学旅行服务提供机构鱼龙混杂，一些博物馆研学走马观花、游而不学，团队研学特殊需求与博物馆散客接待模式不匹配等，一定程度上影响了博物馆研学旅行的发展，需要在未来由政府主导，统筹博物馆、学校、行业协会、专业研学服务机构等各方力量共同加以解决。

未来的博物馆旅游，需要兼顾团队和散客两个市场。针对专业研学机构和旅行社组织的中小学研学团，博物馆应积极参与精品课程建设和开发，创建研学基地和营地，主动构成研学旅游的重要环节，在发挥社会教育方面发挥独特作用，同时用好国家相关政策，用研学获得的收入反哺博物馆建设提升。针对散客市场，博物馆要充分考虑老年人、残疾人、大学生、农民工等特殊群体的个性化需求，在参观预约、服务模式、游线设计、配套服务等方面下功夫，提供个性化服务。博物馆研学的火热，对博物馆教具配备、研学旅行手册（互动手册、材料包）和研学旅行教材（出版物）的供给提出了新要求，也为博物馆文创产品开发销售创造了巨大商机。

博物馆应加强文物价值挖掘研究，持续推出系列精品展览和服务，不断增加优质服务供给，更好满足人民群众精神文化需求。

（五）科技赋能，博物馆面临系统性重塑

信息化时代，以数字科技赋能博物馆，是让文物活起来的必然选择。2018年10月，中共中央办公厅、国务院办公厅印发的《关于加强文物保护利用改革的若干意见》提出，发展智慧博物馆，打造博物馆网络矩阵。2021年5月，九部门印发的《关于推进博物馆改革发展的指导意见》提出，大力发展智慧博物馆，以业务需求为核心、以现代科学技术为支撑，逐步实现智慧服务、智慧保护、智慧管理。2021年10月，国务院办公厅印发的《"十四五"文物保护和科技创新规划》明确提出，实施一批智慧博物馆建设示范项目，研究制定相关标准规范。《中华人民共和国国民经济和社会发展第十四个五年规划和2035年远景目标纲要》也明确提出"实施文化产业数字化战略"。目前，数字化技术成为文物展示利用的关键手段，贯穿数据采集、加工、存储、传输、交换全生命周期的文物数字化技术体系初步形成。未来，科技将对博物馆进行系统性重塑，以"数字博物馆""数字展厅""云展览"等代表的科创融合的博物馆新形态将更加多样，科技赋能成为博物馆行业的一大特点。当前，时尚化、沉浸式、深体验成为人们的普遍旅游追求。随着科技水平的提升和消费者对沉浸式智慧旅游场景的热衷，数字化技术在博物馆建设和利用中的作用更加凸显，日益成为助推文博行业发展的重要动力，智慧博物馆、数字博物馆无疑会获得更大发展空间。

在示范带动上，通过开展智慧博物馆建设试点和一批智慧博物馆的建成，必将开拓出数字博物馆的新应用场景，带动一批智慧博物馆建设，壮大智慧博物馆规模。在藏品保护利用上，通过推进博物馆藏品数字化，完善藏品数据库，一方面加大基础信息开放力度；另一方面推动数字藏品等开发力度，拓展文物资源活化路径，丰富博物馆文创产品。在新产品打造上，数字展厅、数字化沉浸式展览、虚拟数字人等在参观体验、旅游导览、互动交流等方面的作用不可替代，要适应沉浸式体验的需求，利用互联网、大数据、区块链和人工智能等高科技，借助虚拟现实、数字孪生、裸眼3D等手段，推出百姓喜闻乐见的互动体验、数字文物、云展览、云直播、云讲坛，为文博爱好者提供博物馆全新的"打开方式"，让博物馆成

为大、中、小学生的"第二课堂",扩大博物馆展览和活动内容的传播力和影响力;要深化人工智能、虚拟现实、知识图谱等新技术在馆藏文物价值挖掘和展示中的应用与创新,发挥对文博行业的引领示范作用;要通过联合博物馆举办数字展、巡回展览、流动展览、网上展览等形式,将充分展示藏品的文化价值,增强博物馆吸引力、竞争力。在智慧管理上,线上预约、购票,人脸识别、扫码入园等技术的应用,大大便利了游客的参观游览;线上互动交流,便于及时收集游客意见,为提升服务改进管理提供决策依据。在智慧营销上,通过推出线上博物馆、官方微信小程序,搭建新媒体文博矩阵,构建永不落幕的博物馆展厅,让游客随时随地"云游博物馆",提升了博物馆传播效能。未来,在国家数字化战略的浪潮下,在市场需求的驱动下,传统博物馆线上化、数字化转型将持续加速,利用AR、VR、三维影像等技术,将展览搬进元宇宙将是大趋势,文博虚拟人、元宇宙博物馆、智慧博物馆将大行其道,开辟让传统文化"活"起来的新路径,为博物馆旅游带来新的活力。

(六)集群集聚馆城融合,博物馆之城发展前景广阔

博物馆是城市文化体系的重要组成部分,对于赋能城市未来、推动城市更新发挥着不可替代的作用。博物馆之城建设既是博物馆集聚化发展的必然结果,是城市的竞争逐步从经济拓展到文化领域的必然结果,也是城市更新的重要抓手。在文旅赋能城市更新、文化产业赋能乡村持续深入推进的大背景下,博物馆之城建设不仅得到沿海城市的追捧,也是历史文化资源丰富的各级历史文化名城发挥比较优势的重要领域,会获得极大发展空间。通过博物馆之城建设,能够有效提升城市的文明品位,增强城市文化软实力,对增强人民群众文化获得感、塑造城市IP具有重要意义。目前,已有30余个城市在实施这一工程,可以预见,未来会有更多城市加入这一行列。要注重政策支持、规划引领、人才培养、志愿队伍建设、社会参与、资源共享,促进博物馆集群聚落建设,鼓励支持组建高校博物馆集群聚落或联盟,加强大小博物馆、国有非国有博物馆、城市和乡村博物馆,主题和行业博物馆之间的联动合作,共同推动形成规模效应和品牌效应。要把"博物馆之城"作为城市文脉的延伸,统筹把握遗址、遗产、遗物,把物质文化遗产与非物质文化遗产、物态文化遗产与活态文化遗产的保护有机统一起来,以全域的视角、全面的参与推动整体性保护利用,用博物馆要素对城市空间进行重塑再造,将博物馆建设融入景区、街

区、乡村和 15 分钟便民生活圈，构建高品位、有特色、有亮点的地域文化展示区，形成一批特色博物馆文化生态圈、生活圈。同时，要注重社群参与共建共创共享，通过开展各种形式的公共教育和文化活动，提高市民对城市历史和文化价值的认识，鼓励和支持市民参与博物馆之城建设。唯有这样，博物馆之城建设才能行稳致远，真正成为文化惠民工程，成为文旅深度融合的新增长点。

第三节 博物馆旅游发展案例

（一）数字沉浸展览展示体验——故宫博物院

近年来，故宫博物院不断加强数字文化资源开放和共享，探索出一条数字文物产学研用一体化的路径，使这座古老宫殿焕发出新的勃勃生机。

故宫博物院拥有馆藏文物 186 余万件，其中包含 90 余万件珍贵文物。自 1996 年起，故宫博物院便开始进行文物数字化采集与应用，积累了大量数字文物资源。2018 年，故宫博物院以"数字文物"为核心，开始建设数字内容展示平台，打造了从数字采集到研究利用再到共享传播的完整链条。近年来，故宫博物院加强社会化合作，与腾讯公司建立了"联合创新实验室"，促进了数字文物库的建设发展，实现了文物数字展示和价值挖掘，让更多人了解和感受文物的魅力。

1. 加强文物数字采集，构建新型"数字文物"生产中心

故宫博物院珍贵文物数量大、品类多，文物二维影像和三维采集初期未能形成统一标准，使文物影像资源共享和利用有限。为兼顾采集效率与质量，保证不同人员、不同工作环境都能采集到可以共享利用的文物数字资源，故宫博物院制定了文物基础数据采集标准化工作流程，形成切实可行的采集标准规范。在达到数据采集标准的基础上，借助社会力量共同进行数字基础采集和数字技术研究，每年以 8 万件/套的速度开展藏品数字影像采集工作，效率提升超过 300%，有效缓解了藏品数量巨大和人手不足的突出矛盾，进一步推动文物数字化保护和利用，将珍贵文化遗产的魅力带到更多人的视野中。

故宫博物院联合腾讯集团成立"联合创新实验室"，在 2023 年"国际博物馆日"上公布推出。实验室围绕自动化、智能化、标准化，实现采集、制作、展示一体化智慧升级，构建新型"数字文物"生产中心。实验室总占地面积约450平方米，位于故宫博物院内，其中"影像采集工作区"已初步具备文物多维数据一体化采集能力。"一块小绿幕+一台手机"就能完成实景人和虚拟背景的无缝融合，并输出12K超高分辨率的音视频画面，极大提高拍摄效率，降低拍摄成本。

2. 数字展览展示，沉浸式交互体验

数字文物的互联和共融，为文物注入了新的生命力，深度挖掘了文物的价值，促进了文物资源与科技创新成果的有机融合。故宫博物院充分依托数字技术，将文物和古建筑转变为"可以翻看的故事"，创造了线上数字博物馆，以更加时尚、优美的方式跨越时空，展示古代文化和工艺。

2021年12月，故宫博物院推出了"'纹'以载道——沉浸式体验数字展"。这一展览使观众能够欣赏传统文化中纹样之美。展览历时2个月共接待观众人数7.7万人次。目前故宫博物院最新推出的"大高玄殿数字馆"，是故宫博物院数字展览的3.0版，相较于传统的数字展览，"大高玄殿数字馆"在功能上更为多元化，观众可以通过探索、检索、策展等功能，以主动的方式认识和了解文物背后的知识与联系，并形成大量多元化展览。"大高玄殿数字馆"借助新技术、新设备，使文物知识和关联性变得更具无限性，大幅拓展了展览的深度和广度。

3. 可开放可共享可利用，推动高质量"数字文物"全民共享

故宫博物院将数字文物资源进行整合，形成"数字文物库"项目，公开186余万件藏品的基本信息，并向社会免费提供了超过10万件文物的高清数字影像。该项目引入了"中国古代可移动文物知识图谱"，文物的名称、朝代、类别及有关联的词汇均可作为检索条件，大幅降低检索难度。高清的数字影像，让用户可以逐级放大欣赏纤毫毕现的细节，在很大程度上满足了公众学习、研究、观赏文物的需求，为创意设计提供了丰富资源，也将为文物保护工作提供支撑。

截至2023年5月，"数字文物库"浏览量超3300万次，是故宫博物院官网上最受公众欢迎的数字产品。故宫博物院也在加速数字化的建设进程，不断完善文物展示平台，如"数字多宝阁"和"故宫名画记"以及应用程序如"故宫博物院"和"每日故宫"。这些产品使故宫博物院的珍贵文物能够以数字形式展示，实现了文物数字化保护成果的开放共享。

为了拓宽"数字文物"的开放共享渠道，2023年7月，故宫博物院官网升级为多语种网站，包括英语、法语、俄语、日语和西班牙语五种语言，与中文网站以及青少年网站一起，构成了面向全球观众的网络平台和服务窗口，为海内外观众提供了更加丰富的内容和多元的服务。

故宫博物院坚持以文化为核心，以文物为资源，以创意为手段，以科技为支撑，从文物数字互联发展的新视角，融合科技与新媒体力量，创新文物价值展示渠道，延伸文物价值应用领域及范围，实现历史文化的创造性转化和创新性发展。

（二）文物活化利用实践——三星堆博物馆

三星堆是中华文明的重要组成部分，是中华文明多元一体起源的实物例证，其出土的大批精美珍贵的文物见证了中华文明灿烂辉煌的一页。三星堆考古发现举世瞩目，现象级的火爆"出圈"吸引了无数游客前来博物馆"打卡"，三星堆已成为一个"网红"IP。近年来，三星堆通过参加央视春晚、现身《国家宝藏》、打造网红冰激凌等一系列举动频频引发社会关注，持续加强文物的活化利用，赋予了古老的文化全新的生命力。

1. 架起文物与社会大众之间的桥梁

坐落于四川省广汉市西北鸭子河南岸的三星堆遗址，代表了古蜀文化面貌和发展水平，是迄今我国西南地区发现的分布范围最广、延续时间最长、文化内涵最丰富的古文化遗址。作为中华文明起源不可分割的一部分，三星堆遗址对研究文明起源的多元性和史前城市发展进程具有重要价值。

自2019年以来，随着三星堆新一轮考古发掘的推进，重量级文物不断曝光，引起社会高度关注。在考古发掘研究的同时，三星堆博物馆景区管委会也在考虑文物与公众之间的联结与互动。为了能使三星堆新出土文物第一时间展现在公众面前，三星堆博物馆景区管委会对三星堆博物馆文物保护和修复中心进行升级改造，专门划出1000平方米打造新发掘文物的修复馆。2021年12月，三星堆文物保护与修复馆建成开放。该馆融文物修复、文物展示、参观体验、科普教育等功能为一体，包括工作区、展示区两大区域。工作区分设文物储存区、陶器修复室、玉器修复室、金属器修复室、象牙修复室和文物摄影室，全面展示文物修复工作实景，让观众沉浸式体验文物修复过程。展示区以图文展板的形式介绍文物保护和修复知识，并展现最新的文物修复成果。登上过央视春晚舞台的大面具、神树纹玉琮、最完整金面具、立发铜人像等珍贵文物都能在此看到。玻璃隔间内，工作人员身着白大褂，有的在操作电脑，有的手持工具伏案修复。观众隔着玻璃凝神观看，不少人举起手机和相机拍照。

自2020年以来，三星堆遗址考古取得了新的重大成果，遗址内新发现的6个祭祀坑出土青铜器、金器、玉石器等精美文物上万件，极大丰富了三星堆文化的内涵。多学科融合、多平台合作的三星堆考古新模式也被视为践行"建设中国特色、中国风格、中国气派考古学"的典范。2021年3月，中央广播电视总台以及各大媒体，通过电视和网络平台，对三星堆新一轮考古发掘现场直播，引起国内外极大关注，也让三星堆博物馆成为爆款打卡点。

为了进一步增强与公众的互动与交流、加强考古成果的公共宣传，三星堆博物馆还根据考古发掘与研究进展，定期举办考古成果新闻发布会，并通过官方网站、微博微信等平台不断发布最新考古动态，邀请考古文博专家举办讲座，出版三星堆科普读物，实时更新讲解词，及时向观众传播科学的三星堆文物与考古知识。

2. 培育融合多种新型文旅业态

围绕三星堆文物的活化利用，三星堆博物馆正通过"文化+""旅游+"新型业态融合培育发展，打造并完善升级三星堆文化创意开发、制造销售和品牌营销核心产业链，加快推动三星堆文化创新性传承与创造性转化。

为打造三星堆品牌形象，三星堆博物馆充分利用亮相2022年央视春晚、第三轮三星堆遗址发掘直播等事件，持续制造宣传爆点；加强与国内外影视、文化、互联网等公司的深度合作，推出高水平的电影、动漫、游戏等主题传播产品，形成全媒体传播链。同时，加大海外宣传推广，联合央视、B站拍摄推广中、英、法、西等各语种系列纪录片。在四川省文物考古研究院指导下，开通三星堆考古英文官网，开设三星堆海外社交账号，向世界展现"中国特色、中国气派、中国风格"的新时代考古学成就。

三星堆文化产业园区是未来三星堆IP价值转化的主要承载平台。三星堆管委会规划建设部负责人介绍，下一步，将充分利用国家文化产业示范基地——三星堆文化产业园，深化与"九寨沟""大熊猫"品牌协作共建，充分利用"大遗址"文旅发展联盟平台，推进大文旅项目落地落实，打造"旅游+文化+商业+服务+健康"产业模式，建设集考古科研、遗址观光、文化体验、商务会议、主题游乐、文化演艺、文化创意、游购娱乐、度假休闲功能于一体的全领域覆盖、全功能满足、全流程体验的一站式大型古蜀文化产业园区。

三星堆是世界级的IP，也是当地文化旅游的"龙头"。把这个"龙头"舞起来，聚焦建设三星堆国家文物保护利用示范区，将繁荣当地文化旅游产业发展，推动文化旅游目的地建设取得新进展。目前，以三星堆博物馆为核心的旅游产品有古蜀文明研学游、古蜀国宝游（熊猫基地+三星堆）等，深受游客欢迎。前者以参观三星堆博物馆为核心，串联三星堆博物馆周边广汉人文旅游资源，包括遗址区及周边模拟考古、青铜冶炼基地，广汉航展中心航空文化博物馆，三水易家河坝户外亲水活动，以及花期的油菜花及桃花山景区；后者以成都新都区熊猫基地、广汉三星堆博物馆景区为核心，串联线上相关的如新都区沸腾火锅小镇、向阳镇火锅小镇等涉旅点。

3. 文创与古蜀文明IP的互相赋能

三星堆的IP在价值转化时迫切需要通过现代的流行表达方式来进一步解读，推动三星堆文化更加广泛地传播。文创就是三星堆文化价值传播与转化最佳途径之一，也是让文物"活"起来的有效方式。近年来，三星堆构建文创开发、品牌营销、IP授权等核心产业链，形成了"一个超级品牌、二大销售平台、三种开发模式、四个发展方向、五大产品系列"的三星堆文化创意产业发展模式。一个超级品牌，即"世界的三星堆"；两大销售平台，包括"线下文创馆+线上旗舰店（官微、淘宝、有赞）"；三种开发模式，即：自主开发、授权联营、品牌授权；四个发展方向：文创产品、影视文学、IP授权、空间打造；五大产品系列：神系三星堆、潮玩三星堆、科技三星堆、飞翔三星堆、数字三星堆。

产品开发方面，三星堆与80多家国内优秀创意企业合作，设计开发三星堆文创产品700余种，年销售额达3000万元。目前，三星堆博物馆文创共有"祈福神官""川蜀小堆""考古盲盒"等7款盲盒。盲盒的主力消费群体是"90后"，特别是"95后"。盲盒等潮玩具有个性化、收藏性、设计性的特点，迎合了年轻人对萌文化的喜爱，满足了他们的个性审美需要，体现了新一代年轻人精神文化需求的增长，其所带来的社交价值，让现代人通过简单的方式就能获得快乐。

目前，三星堆文创逐渐形成了自己的定位：神秘、神奇又神圣，这是古蜀文明最突出的风格。打造个性 IP 并由 IP 运营主导文创产业发展是当前三星堆文创发展的主要策略，已孵化动画片 IP《三星堆荣耀觉醒》、形象 IP 巫族世界、表情包 IP 古蜀萌娃等。

（三）讲好中国文字故事——中国文字博物馆

近年来，中国文字博物馆以高度的文化自觉担负起自身使命，贯彻落实习近平总书记"新形势下，要确保甲骨文等古文字研究有人做、有传承"[1]等重要指示，助力推动中华文化走出去，讲好中国文字的故事，在实现中华民族伟大复兴的中国梦中体现其时代价值。

1. 加强考释研究，为弘扬传承奠定基础

中国文字博物馆积极推进甲骨文释读工作，承担 2016 年度国家社科基金重大委托项目"大数据、云平台支持下的甲骨文考释研究"的组织实施工作。该项目共包括 10 个子课题，其中中国文字博物馆与复旦大学出土文献与古文字研究中心合作承担子课题"甲骨文已识字有争议字和未识字综理表"，已完成项目验收，并出版阶段性成果《甲骨文常用字字典》。

据统计，目前甲骨文单字有 4500 多个，已经释读的有 1600 余个，大部分甲骨文仍然等待去释读。为充分调动海内外甲骨文研究者的积极性、创造性，解决甲骨文释读目前面临的瓶颈问题，中国文字博物馆于 2016 年 10 月至 2019 年 10 月先后开展了两次甲骨文释读优秀成果征集评选工作。第一批评审结果已对外公布，目前第二批甲骨文释读优秀成果初评已经结束，正在推进终评工作。征集评选活动引起了社会和学术界的广泛关注，对甲骨文考释研究起到了积极的推动作用。近期，中国文字博物馆还将发布第一批共 500 个未释读的甲骨文字形。

作为中国文字的科普中心和文字文化研究交流的平台，中国文字博物馆始终以传承和弘扬文字文化为己任，高度重视学术研究工作，不断提升学术研究能力。中

---

[1]《习近平致信祝贺甲骨文发现和研究一百二十周年强调　坚定文化自信　促进文明交流互鉴》，《人民日报》2019 年 11 月 3 日。

国文字博物馆打造的文化品牌"中国文字发展论坛",为300余位海内外专家学者提供研究交流机会,成为国内古文字研究交流的重要平台,在扩大中国文字研究影响力、传承文字文化方面做出了贡献。2022年8月4日,第八届中国文字发展论坛首次进行线上直播,约200多万人观看直播,表明古文字研究越来越受到社会公众的关注。

2. 丰富陈列展览,打造观众满意的参观体验

从贾湖遗址出土的原始刻画符号,到甲骨文、金文、简帛文字、篆书、隶书、楷书,观众可在中国文字博物馆沉浸式参观感受千年文字魅力。

中国文字博物馆内,序厅、"中国文字发展史展"基本展览、"一片甲骨惊天下"专题陈列、"字书琼林"、"汉字民俗"、"书苑英华"专题展览、互动体验厅以及特别展览8个部分,从不同角度、以不同形式展现中国文字之美。其中,"中国文字发展史"以翔实的资料和丰富的文字载体向公众全面展示汉字的起源、发展和演变历程,呈现中国多民族文字大家庭的盛况。"汉字民俗"展示与百姓生存、生产、生活密切相关的汉字民俗,如瓦当、对联、楹联、灯谜、剪纸、回文诗、汉字装帧艺术等。"书苑英华"展示历代书法名家精品,呈现汉字书法艺术的菁华。"互动影像厅"中的缤纷汉字、猜字谜、数字汉字等10余种互动游戏,让观众亲身体验汉字的博大精深。

近年来,秉持"贴近群众、贴近生活、贴近实际"的建馆理念,中国文字博物馆将文物的学术性以大众化的方式展示出来,推出"文字过大年 趣味文字展""从《诗经》到《红楼梦》——那些年我们读过的经典"等160余个临时展览。多个原创展览还获得表彰奖励,如2015年"汉字——中华优秀传统文化载体展"入选国家文物局"弘扬优秀传统文化、培育社会主义核心价值观"主题展览重点推介项目;2019年"中国文字发展史"入选"博苑掇英——全国博物馆陈列艺术成果交流展(2009—2019年)"。

为传承弘扬汉字文化,中国文字博物馆精心打造面向海内外的大型主题展览"汉字"巡展。"汉字"巡展以百件文物为支撑,系统全面地展示了汉字的起源、发展、演变及应用历程,生动鲜活地展现了汉字的书写艺术形式及其数千年积淀下来的妙趣精华。截至2023年1月,"汉字"巡展已在国内外成功展出130余场,建成体验基地11个,架起了讲好中国故事、让世界认知中国文化的沟通桥梁。其中,国内巡展以通过汉字弘扬和传承社会主义核心价值观为主题，已走进国内18家文博单位。还以展板和实物（文物仿制品）为支撑，开展进校园、进机关、进社区、进军营、进企业等系列活动，先后走进多个省市的56所学校、11个社区、17个机关等。国际巡展以宣传介绍中华汉字优秀文化为主题，先后走进美国、加拿大、法国、德国、英国、印度、日本、泰国等国家和我国台湾、香港、澳门等地区，举办展览31场。

2018年，"汉字"巡展被中宣部列入"中华文化走出去工作重点任务项目清单"，已成为安阳市、河南省乃至国家讲述中国故事，传承中华文明，促进对外文化交流的一张闪亮名片。

3. 拓展社教活动，创新传播方式

为传承汉字文化，中国文字博物馆将甲骨学堂打造成为青少年教育的第二课堂。2014年以来，甲骨学堂以馆藏文物为基础，以最新研究成果为依托，开发150多项汉字主题教育项目，先后举办以甲骨文为主题的文字教育活动1500余场，近45000余个家庭参与了活动，接待国内外4万余名研学学生。

2022年，中国文字博物馆结合传统节日和重要节日开展"欢度国庆节 喜迎二十大""传拓古今庆元旦""二十四节气——大暑"等多个主题教育活动，丰富了学生、家长、老年人的节假日生活，向大众普及了文字知识，传播了中华优秀传统文化。针对研学团体、亲子家庭和夏令营，博物馆推出系列分众化教育活动，形成"三三九"式研学体系，在强化教育性和知识性的同时突出趣味性和互动性。其中，开发设计的甲骨文韵律操将文字知识与音乐律动相结合，寓教于乐，深受观众欢迎。召开汉字文化教育基地馆校合作交流座谈会，为进一步促进馆校合作创新形式提供了新的思路和办法。在"甲骨文里的人生智慧"汉字体验课上，博物馆研学老师为孩子们"说文解字"，将视频、图片、互动融为一体，为同学们讲解文字的发展、王懿荣发现甲骨文的故事以及甲骨文蕴含的人生智慧。

中国文字博物馆加强新媒体传播建设，发挥官方微信公众号、字博社教微信公众号常态化作用，定期发布传统节日主题活动及《跟着经典学汉字——三字经》《甲骨文每周识字》《吟诗解汉字》等线上教育内容，惠及人数达20余万人。"古文字里的数字""传承中华基因、感受文字力量"两个主题线上直播，在新华网客户端、央视频直播等十余个网络平台同步推送，中国文字博物馆视频号、哔哩哔哩官方账号、微博等平台的两场直播在线人数超过 117 万人次。配合安阳市委统战部录制《探秘中国文字博物馆——趣说汉字》3 节汉字教育课程，配合国务院侨务办公室和河南省人民政府侨务办公室共同举办"线上中华文化大乐园——欧洲国第十四期"线上教育活动，让海外华裔青少年和青少年认识汉字、爱上汉字。

2019 年年底，中国文字博物馆被确定为学习强国全国平台"中华文字"栏目直报单位，为推广普及以古文字为代表的中华优秀传统文化制作了大量图文和视频栏目。如结合甲骨文发现和研究 120 周年拍摄了《甲骨文研究走进新时代——纪念甲骨文发现 120 周年专家访谈》，为庆祝建党 100 周年制作了图文栏目《读党史 学汉字》，还制作了《甲骨名人》《识读甲骨文》《鼎喵带你看冬奥 学汉字》等介绍甲骨文的图文类栏目。截至 2023 年 1 月，共推送到学习强国"中华文字"栏目 378 期，点击量达到 1200 余万人次，有效传播了文字知识。

4. 打造"赛事+培训+文创"平台，让书法诗意融入生活

为纪念"甲骨四堂"在甲骨学及甲骨书法方面的突出贡献，弘扬中国传统书法文化，中国文字博物馆策划打造"四堂杯"书法大展。自 2010 年以来，"四堂杯"书法大展已经成功举办六届，收到来自国内外各地高水平参赛作品近 4 万件，每届评选出 200 件入展作品，包括 20 件优秀作品，2022 年 11 月第七届书法大展展出。"四堂杯"书法大展受到书法家和书法爱好者的广泛关注和积极参与，已成为中国文字博物馆的重要品牌，对于弘扬中华优秀传统文化、传承书法艺术、提升书法的人文品格、促进书法艺术的繁荣和发展等起到了积极作用。

为提高古文字书家的艺术修养，中国文字博物馆举办第四届公益性古文字艺术创作培训项目——"鼎甲·中国古文字艺术创作研修班"。2022 年，中国文字博物馆推出"艺文双修 书写经典"鼎甲·研修班成果汇报展，从四届学员中遴选出 41 位作者，围绕不同时期古文字经典名录临摹和创作展示学习成果，带动更多古文字和书法爱好者致力于汉字文化及其艺术创作。

近年来，甲骨文逐渐走近大众，随创意融入生活。为纪念甲骨文发现 120 周年，在以往举办"汉字文化创意产品设计大赛"的基础上，中国文字博物馆特别举办"2020'甲骨之约'甲骨文文化创意设计大赛"，以甲骨相约，创意为桥，让古老与现代相融，通过独特的设计将古老神秘的甲骨文化融入现代元素，以大众喜闻乐见的形式传承推广甲骨文化，满足大众对文字文化的创意需求。大赛成果转化产品更是形式多样，如甲骨文冰激凌、魔方系列、鼎喵系列、印象书签等文创产品，让文字与现代科技、文化生活进行了完美碰撞与融合。

中国文字博物馆与清华大学美术学院品牌授权 IP 设计研究所进行深度合作，推出一套以汉字发展历史为叙事线索的 IP 形象设计作品"小仓颉"。"小仓颉"穿越于不同的汉字发展时代，九款不同的形象体现了汉字书体与载体的发展变化历程，令人耳目一新。同时，上线"小仓颉"微信表情包，讲述更多有趣的汉字故事。

（作者简介：常卫锋，中国旅游研究院文化旅游研究基地特约研究员，开封大学旅游学院副教授）

第四章　非物质文化遗产旅游发展分析与展望

彭恒礼　李静静

非物质文化遗产（以下简称非遗）是重要的旅游吸引物，具有极强的旅游开发价值。旅游作为一种新的大众生活方式，为非遗提供了更多的实践和应用场景，激发了非遗的生机和活力。近年来，非遗旅游备受年轻游客欢迎，体验非遗技艺、探寻非遗味道、观看非遗展演成为游客的出行"打卡"选择，西安、北京、洛阳、济南、成都、张家界等城市成为非遗体验类旅游的热门目的地。

第一节　非遗旅游发展环境

（一）国家政策支持非遗旅游发展

党的二十大报告提出，坚持以文塑旅、以旅彰文，推进文化和旅游深度融合发展。2022年12月，习近平总书记对非遗保护工作作出重要指示强调，"中国传统制茶技艺及其相关习俗"列入《联合国教科文组织人类非物质文化遗产代表作名录》，对于弘扬中国茶文化很有意义。要扎实做好非物质文化遗产的系统性保护，更好满足人民日益增长的精神文化需求，推进文化自信自强。要推动中华优秀传统文化创造性转化、创新性发展，不断增强中华民族凝聚力和中华文化影响力，深化文明交流互鉴，讲好中华优秀传统文化故事，推动中华文化更好走向世界。[①]

"十四五"时期，深入推动非遗旅游融合发展迎来了新的发展阶段。非遗旅游作为文化旅游的重要组成部分，已成为文旅行业规划和相关政策的重点内容。《"十四五"非物质文化遗产保护规划》明确提出："融入重大国家战略，推动非遗与

---

① 《扎实做好非物质文化遗产的系统性保护　推动中华文化更好走向世界》，《人民日报》2022年12月13日．

旅游融合发展，加强革命老区、少数民族地区、边疆地区非遗保护传承。"《关于进一步加强非物质文化遗产保护工作的意见》提出："在有效保护前提下，推动非物质文化遗产与旅游融合发展、高质量发展。"文化和旅游部又印发《关于推动非物质文化遗产与旅游深度融合发展的通知》（以下简称《通知》），从总体要求、重点任务、组织实施3个部分对推动非遗与旅游深度融合发展作出了具体部署，明确了加强项目梳理、突出门类特点、融入旅游空间、丰富旅游产品、设立体验基地、保护文化生态、培育特色线路、开展双向培训等8项重点任务。文化和旅游部、国家文物局出台《支持贵州文化和旅游高质量发展的实施方案》，提出："推进非物质文化遗产系统性保护。支持贵州发挥好国家级非物质文化遗产代表性项目、代表性传承人示范作用，建设国家级文化生态保护区、非物质文化遗产馆、非物质文化遗产研究基地、国家级非物质文化遗产生产性保护示范基地、国家级非物质文化遗产传承教育实践基地，开展非遗助力乡村振兴工作，建设非遗工坊，带动就业增收，办好'中国丹寨非遗周'，培育一批非物质文化遗产旅游体验基地。"相关政策引导与措施保障，将为非遗旅游融合发展提供有力的支持。

旅游行业标准《非物质文化遗产旅游小镇认定》公开征求意见。该标准旨在推动非遗与旅游融合，推进非遗有机融入特色小镇，丰富特色小镇文化内涵，加强非遗保护和传承，培育一批非遗旅游小镇。在认定内容方面，标准明确了非遗旅游小镇认定的八个方面内容，即非遗项目、环境条件、产品业态、非遗商品、业态布局、服务设施、政策保障、运营管理。旅游行业标准《非物质文化遗产旅游景区认定》也面向社会公开征求意见，该标准对景区发展的总体要求及相关认定内容与方法等做了详细说明，认定内容涉及非物质文化遗产项目、空间场所、环境条件、产品业态、非遗商品、政策保障、运营管理等多个指标体系。

（二）地方政策保障非遗旅游发展

各省市纷纷将非遗旅游纳入进一步加强非遗保护工作的实施方案或意见中，如浙江、山东、广西、江西、湖北等省份对非遗旅游融合发展谋篇布局，推动非遗旅游融合发展已成为省市文旅行业的重要任务和工作重点。

福建省率全国之先，印发《福建省文化和旅游厅推动非物质文化遗产与旅游深度融合工作方案》，围绕强化项目梳理、深化空间融入、推进业态融合、研发非遗文创、培育特色线路、加大宣传推广、引导有序发展、加强人才培养八个方面提出了建设任务，细化了非遗与旅游融合的具体内容和工作方向，探索推进非遗与旅游深度融合发展的新方法、新思路、新路径，助力文旅经济做大做强做优。江苏省文化和旅游厅印发了《关于推进非物质文化遗产与旅游深度融合发展的实施意见》，提出了培育推荐非遗项目、发挥传统民俗文化特色、搭建表演艺术展示平台、推动传统工艺高质量发展、探索康养体验新路径、拓展融合发展空间载体、丰富非遗旅游产品供给、提升体验设施建设水平、加大传播推广力度九个方面重点任务。

近年来，江苏、山西、浙江等地相继开展了非遗旅游体验基地建设工作，推动非遗与景区融合发展，向市民、游客提供亲身感受、寓教于乐的体验空间。比如山西省和江苏省相继发布了《非物质文化遗产旅游体验基地建设基本要求》地方标准，就范围、规范性引用文件、术语和定义、基本条件、服务要求、场所要求、人员要求、管理要求等进行了明确规范和详尽阐述，为各地有序推进非遗旅游体验基地建设提供了科学遵循和技术指导。内蒙古出台《内蒙古自治区级非物质文化遗产旅游体验基地认定与管理办法》，江苏省制定《江苏省无限定空间非遗进景区示范项目评价指标（试行）》，甘肃省颁布《非遗进景区工作指南》，建设非遗文创展销基地，创新传播方式，推动非遗产品融入旅游空间，进一步提升了甘肃非遗项目的影响力与美誉度，有力推动了非遗与旅游深度融合发展。

非遗特色酒店和非遗特色民宿是旅游融入文化产业、文化融入旅游过程的重要内容，实现以文塑旅、以旅彰文，使人们在旅游过程中感受文化魅力、增强文化自信，激发非遗活力、连接现代生活。近年来，非遗特色酒店和民宿需求逆势上扬，杭州市即时出台了《非物质文化遗产特色酒店和民宿评价规范》行业标准，对住宿业创建非遗特色酒店起到引领性、指导性和规范性的重要作用，同时也为非遗项目和传承人搭建了更加丰富的展示传播平台。标准的出台将有利于提升住宿业的文化内涵和服务品质，以非遗特色酒店和民宿为窗口。

（三）市场需求加快非遗旅游发展

据飞猪2023年的数据显示，非遗旅游备受年轻游客欢迎，包含汉服、非遗、手工艺等体验活动的旅游商品预订量同比增长近一倍，春节包含灯会、庙会等关键词的旅游商品预订量同比增长近两倍。西安、北京、洛阳、西双版纳、济南、成都、张家界等城市也成了非遗体验类旅游的热门目的地。2023年的"五一"假期，非遗项目体验活动持续受到追捧，成为助力旅游市场复苏的"爆点"之一。例如，贵州省从江县，被专家学者誉为"非物质文化遗产富集地"，非遗体验是该县旅游的主打项目，精心设计的非遗旅游体验项目受到游客的追捧，"五一"假期旅游接待游客人数和旅游收入实现"双突破"；江苏省依托省内226个各级非遗代表性项目，通过"线上＋线下"的形式，组织开展了2023"水韵江苏·非遗陪你过大年"系列活动1082场，吸引9200万人次现场参与，线上相关活动点击量过亿，依托景区、商业街区、文博场馆开展非遗大集等销售活动，累计完成销售额超10亿元。

非遗旅游市场如此火热的原因包括：一是我国非遗种类丰富，数量众多。文化和旅游部发布《2022年文化和旅游发展统计公报》显示，2022年年末，全国国家级非遗代表性项目1557项，共有在世国家级非遗代表性传承人2433名，列入《联合国教科文组织人类非物质遗产代表作名录》项目42个。全年全国各类非遗保护机构举办演出57762场、民俗活动13664次、展览18107场。二是随着人民文化自信程度的提高，非遗的社会认知度和影响力正逐步提高，人们越来越喜欢去有文化特色的地方游玩。三是非遗开始融入大众生活，围绕非遗研学、非遗民宿、非遗演艺、非遗文创等产品形态不断涌现，人们越来越接受和喜爱具有文化内涵的消费产品。

（四）数字技术赋能非遗旅游发展

随着全球化、数字化加速发展，非遗保护传承面临着现代化生活与生产方式的冲击，非遗从历史走向当代，必然要汲取科技力量、融入现代生活。在近些年的工作实践中，数字化对非遗保护传播的基础性作用和战略性作用愈发突出，在中华优秀传统文化创造性转化、创新性发展中发挥作用日益明显。数字藏品通过区块链等技术手段，让传统非遗文化技艺与数字科技相结合，有效保护了珍贵、濒危和具有重要价值的非遗。文化和旅游部公布的《非物质文化遗产数字化保护数字资源采集和著录》系列行业标准明确了各门类非遗代表性项目数字资源采集方案编制、采集实施、著录业务和技术要求。系列标准的提出对非遗数字资源的传播利用、非遗大数据体系构建、非遗专业人才队伍培养等具有重要指导和支撑作用。

数字化与非遗旅游融合，是以非遗内涵为核心，以现代科技为手段，实现文化表现形式和传播手段的创新，以获得新的融合产品和服务，开辟新的市场，形成新的商业模式，催生新的产业业态，并获得新的增长潜力的一种产业融合。文化和旅游部《关于推动数字文化产业高质量发展的意见》提出：支持非遗通过新媒体传播推广，鼓励非遗传承人在网络直播平台开展网络展演。例如，同程通过智慧化方式构建线上数字化非遗传承平台，打造了"非遗所思"IP，该项目先后与山东临清贡砖、安徽铜文化等非遗传承人共同推出非遗文化直播活动，通过直播间向用户介绍非遗传统工艺，吸引大量年轻游客围观。山东省依托"好客山东云游齐鲁"智慧文旅平台、文旅企业综合服务平台等渠道，培育内容种草、沉浸直播、直播带货等数字新业态，孵化非遗旅游"网红"目的地及"网红"产品，以线上"出圈"带动线下旅游。广东粤剧院院长、粤剧非遗传承人曾小敏通过网络直播再现经典粤剧《白蛇传·情》，吸引超2200万人次在线观赏。在直播、短视频等新兴媒介形式的助力下，中华优秀传统文化实现了创造性转化、创新性发展。借助人工智能、区块链等技术，极大地拓宽了非遗的传播边界和受众范围，助力讲好中华优秀传统文化故事，推动中华文化更好走向世界。

第二节 非遗与旅游融合发展的实践路径

（一）做好空间融合，挖掘各类旅游休闲空间的非遗资源

目前，我国基本形成两种类型的非遗旅游空间模式：一是基于非遗与周边自然风光和历史文化的天然契合点，推进传统村落、历史文化名城、民间文化艺术之乡等空间非遗资源的挖掘，并就地建成非遗小镇、非遗传习所、非遗工坊或文化生态保护区，如贵州省丹寨万达小镇、贵州省丹寨县卡拉村国春银匠村、湘西七绣坊非遗工坊、黔东南民族文化生态保护区等；二是充分利用已有旅游资源，推动非遗元素"植入"博物馆和特色景区，如江苏夫子庙——秦淮风光带景区、江西省景德镇古窑民俗博览区等。此外，还积极推动非遗进学校、进社区、进街区，通过展演、教学、市集等方式，使非遗融入现代城市日常生活场景与文旅空间。

1. 非遗旅游景区，解锁沉浸体验新场景

非遗进景区，是一种有效的文化遗产"活起来"的传承方式，也是完善景区服

务、丰富游客假期旅游体验的新途径。《通知》提出，非物质文化遗产的有机融入能进一步丰富旅游景区、度假区、休闲街区、乡村旅游重点村镇、红色旅游经典景区等旅游空间的文化内涵，提升文化底蕴。

将非遗引进景区，通过技艺展示、展演、体验等活动，增强旅游观光的游客体验感，能够带动当地文旅市场消费，实现了非遗的活态展示、传承与弘扬，努力让非遗在景区生根成长，让非遗与旅游互促互融。2022年公布了《全国非遗与旅游融合发展优选项目名录》，北京市天坛公园等78个项目入选非遗旅游景区。

山西洪洞大槐树寻根祭祖园景区致力于将非遗的保护传承融入景观、活动、演出、产品，不断探索非遗传承与旅游业融合发展的新模式，走出了一条文化变现、文化创新、文化升级"三引擎"发展之路。一是文化主题演出精彩上演。大槐树景区内花样锣鼓、传统祭祀、《大槐树移民》《铁锅记》等实景演出层出不穷，不仅成为传承弘扬传统文化的有效载体，而且提升了景区的文化内涵，增强了游客的文化体验。二是非遗技艺精彩呈现。将传统农耕技艺、编制纺织工艺、酿酒工艺、剪纸、传统医药制作"搬"进了民俗村，毛姥姥刺绣、郝小翠剪纸、楼村胃灵散等地方非遗项目吸引众多游客互动体验。三是舌尖非遗老家味道。万安咸菜、晋南元宵、洪洞枣米（蒸饭）、麻托、膙子面等地方非遗小吃则让游客品尝出了"老家味道"。

江苏省积极开展"无限定空间非遗进景区"工作，各相关景区围绕提升非遗项目融入性、增强非遗展示互动性、渲染非遗活动代入感等目标，通过拓宽非遗美食体验途径、打造非遗特色酒店和民宿、营造交通非遗体验空间、推出非遗主题旅游产品、增强非遗产品市场吸引力等方式，充分满足游客求新、求奇、求知、求乐的旅游愿望。例如，常州茅山东方盐湖城景区，举办"国风大典"活动，其中非遗市集在活动中唱起了主角，受到年轻游客追捧，不少文创产品都供不应求；南京市江宁区金陵水乡·钱家渡景区围绕体验场景化、传播多元化、消费年轻化，创新打造了游客服务中心非遗体验工坊、孙家茶楼非遗茶文化空间、水乡非遗主题艺术民宿等；瘦西湖风景名胜区利用自身培育的网红号宣传矩阵，邀请非遗传承人走进直播间，推介扬派盆景、淮扬美食等非遗好物，让非遗在线上云端多渠道"出圈"。

2. 非遗旅游街区，扮靓文化旅游新地标

历史文化街区是历史的可见载体，是"活着"的城市记忆。非遗不仅连接历史和未来，更融合经典与时尚。将历史街区物理空间的改造与非遗沉浸式体验融合为一，有助于保留街区历史记忆。同时，创意营造适宜的场景、功能和业态，焕发出历史街区与时代生活的可能性和趣味性，成为文化旅游的新地标。旅游空间与传统文化的串联为游客提供了高品质、多元化的旅游体验，也丰富了旅游场景、提升了消费业态，开发了创新模式。

2022年，永兴坊入选《全国非遗与旅游融合发展优选项目名录》，永兴坊是陕西非遗美食文化街区，原地为唐朝魏征府邸旧址，以关中牌坊和具有民间传统的建筑群组合形成，原汁原味地保留了古里坊式布局。永兴坊汇聚了陕西107个县区特色美食，展示和传播老陕西非遗美食、地域特色美食文化，打造了陕西特色美食街区典范。永兴坊还深挖陕西文化基因，开创陕西戏曲博物馆、华县皮影剧场、非遗剧场、百戏场、108坊戏楼、原创音乐等文化展示区域，为游客带来一场听觉、视觉多重冲击的陕西非遗文化深度体验游。湖南雨花非遗民俗艺术特色街区链接旅游、研学、文创、美食、购物消费等多个板块，成为长沙文旅版图独具特色的一环。其主体建筑是湖南雨花非遗馆，汇聚了300余个非遗项目、200余名非遗传承人，是国内聚集非遗项目数量最多、非遗传承人最集中的场馆。雨花非遗馆已累计接待全国各地政务考察调研团400多批次，开展文化惠民活动400多场、外事文化交流活动80多场，成为湖南传统文化特色旅游新地标。

3. 非遗旅游小镇，展示非遗的"大窗口"

非遗旅游小镇是指具有明确的空间边界范围和统一的运营管理机构，以特色文化、文化遗产、自然风光、特色建筑等资源为依托，文化主题鲜明、生态环境良好、产业突出、功能完善、宜居宜业宜游的区域。2022年公布的《全国非遗与旅游融合发展优选项目名录》，黑龙江省五大连池风景区非遗小镇等41个项目入选非遗旅游小镇。

贵州丹寨县被称为"非遗之乡"，截至2024年1月，相继开发申报列入《非物质文化遗产代表性名录》169项，其中国家级8项。近年来，丹寨万达小镇利用当地众多非遗项目，打造以非遗为特色的文化小镇，吸引了八方游客。2020年，首届中国丹寨非遗周在丹寨成功举办并永久落户丹寨。非遗周已经成为中国非遗传承发展、非遗传承人相互交流、非遗产品展示交易、非遗旅游融合发展的重要平台。2023年7月21日，第三届中国丹寨非遗周以"非遗·在时尚中闪光"为主题，通过新颖多元的活动展现非遗独特魅力，推动非遗保护传承，促进非遗与旅游深度融合。此次活动推出专业论坛、特色展览、民歌擂台、研学课堂、篝火晚会、时装秀、美食汇等50多项精彩活动。

2023年10月4—6日，中央广播电视总台央视综合频道推出的新媒体节目《非遗里的中国·贵州番外篇》（上、下集）播出，总台主持人撒贝宁、王嘉宁、张舒越走进贵州丹寨，体验民族非遗项目，感受特色民族文化，见证非遗时代创新。苗族银饰锻制技艺、鸟笼制作技艺、苗族芦笙舞、赤水独竹漂、皮纸制作技艺、苗族蜡染技艺、长桌宴等国家级、省级非遗项目出现在镜头里。节目播出后央视新闻、《人民日报》、光明网、《文汇报》、文旅之声、《中国青年报》、澎湃新闻、《北京青年报》、天眼新闻、众望新闻、公号"文博头条"、公号"博物馆头条"等媒体进行转发报道。微博话题#非遗里的中国贵州番外篇#阅读总量超5000万，让更多人看见并喜爱丹寨非遗。

4. 非遗工坊：非遗助力乡村振兴

近年来，文化和旅游部、人力资源和社会保障部、国家乡村振兴局共同推动非遗助力乡村振兴工作，支持各地依托本地区富有特色、具备一定群众基础和市场前景的非遗资源，累计建设了2500余家非遗工坊，其中1400余家位于脱贫地区，覆盖了450余个脱贫县和85个国家乡村振兴重点帮扶县。非遗工坊逐渐成为加强非遗保护、带动就业创业、巩固拓展脱贫攻坚成果、助力乡村振兴的重要抓手。

2022年，文化和旅游部、人力资源和社会保障部、国家乡村振兴局共同组织开展了"非遗工坊典型案例"评选活动，涉及纺染织绣、食品制作、雕刻塑造等多类非遗项目的66个非遗工坊案例入选，覆盖了44个脱贫县、5个国家乡村振兴重点帮扶县，体现了各地非遗助力乡村振兴的经验成效，呈现出新时代非遗助力乡村振兴的美丽图景，具有借鉴意义和推广价值。其中"湘西苗绣：让妈妈回家"案例成功入选。

"湘西苗绣：让妈妈回家"案例所属工坊湘西七绣坊非遗工坊成立于2018年，是依托国家级非遗代表性项目湘西苗绣设立的。工坊通过湘西苗绣技能培训、传统技艺研究、非遗生产性保护、"非遗＋农业＋旅游"等形式开展非遗保护传承发展工作。工坊长期对低收入家庭和当地妇女进行公益性湘西苗绣技能培训，并积极创造提供就业平台。工坊在探索以非遗传统技艺为抓手发展农村产业集群模式的同时，让湘西苗绣技艺得到了传承与发展，为非遗助力乡村振兴提供了宝贵经验。截至2022年年底，工坊共支持1926名农村妇女带薪培训，吸纳了367名低收入人群就业，间接带动3000余人从事湘西苗绣相关产业，其中妇女占比75%，让300多个留守孩子的母亲返乡就业。

（二）做好产品融合，打造非遗主题旅游产品体系

1. 串点成线，打造非遗主题旅游线路

非遗主题旅游线路通过提炼当地主要的文化符号，"文化场景化、场景主题化、主题线路化"的设计，串点成线、串珠成链，形成清晰、明确的线路产品和康养、美食、研学等品牌，满足多层次非遗旅行和消费需求，有助于资源整合、优势互补、引导市场，促进域内规模化、整体化发展。

2022年全国非遗特色旅游线路发布活动在云南举办，活动发布了20条2022全国非遗特色旅游线路，包括津门故里匠心不渝非遗特色之旅、运河古郡 文武沧州多彩非遗之旅、呼伦贝尔极致草原多彩非遗之旅等。例如"魅力湘西沉浸式非遗体验游"线路，关联国家级非遗代表性项目28项、省级85项、州级272项，涉及国家级非遗代表性传承人33人、省级93人、州级460人。

近两年，各省、市（区）也发布非遗主题旅游线路，江苏省巧妙串联景区景点、古城古镇、古街巷古村落内非遗展示、非遗演艺、非遗文创、非遗美食等内容，推出了"六朝深处"非遗特色研学游等20条非遗主题旅游线路，通过观赏走读及互动体验形式，吸引越来越多的游客在江苏景区与非遗"不期而遇"。内蒙古自治区推出"天下黄河、唯富河套""长城内外、西口风情""长城故里·塞外古道"等36条非遗特色精品旅游线路，涵盖莫尼山非遗小镇、敕勒川草原文化旅游区、赵长城、长调民歌户外展示体验基地等景区景点。山西省致力于打造"跟着非遗去旅行"品牌，推出了包括黄河风情非遗之旅、上党文化非遗之旅、晋商大院非遗之旅、康养休闲非遗之旅等10条非遗主题旅游线路。

此外，长江是我国最长的河流，长江沿线非遗遍布各地、形式多样、底蕴深厚。文化和旅游部推出10条长江主题国家级旅游线路，其中长江非遗体验之旅包括羌族文化生态保护区、迪庆民族文化生态保护实验区、黔东南民族文化生态保护区

等10个文化生态保护区。黄河是中华民族的母亲河，黄河岸边的村落凝结着深厚的文化底蕴与民俗魅力，推出了"黄河岸边过大年，非遗体验进万家"旅游线路，涵盖了韩城市党家村、司马迁祠景区、合阳县洽川景区、大荔县丰图义仓、潼关县港口社区、华山景区、临渭区桃花源民俗文化园等。

2. 寓教于乐，打造文化传承新课堂

非遗研学旅行，延续和发展了"读万卷书，行万里路"的教育理念和人文精神，成为素质教育的新方式。在研学游兴起、工匠精神备受推崇的当下，"非遗+研学旅行"为游客带来既新奇又有趣的旅行体验，丰富了文旅市场产品供给，成为激活旅游经济的新引擎。

一是推出非遗研学旅行线路。非遗研学旅行线路"匠心寻彩 根在河洛"非遗研学体验之旅，规划设计以河洛非遗项目、河洛文化遗址作为支撑点的特色旅游带，依托非遗项目打造特色文创产品等，在研学旅行中体验非遗课程、制作文创手工艺品，游客在体验非遗的同时，还能了解非遗背后的历史文化、风土人情，更直观地感受河洛文化的魅力，进一步提升了景区的文化品位和旅游品质。

二是组织非遗少儿夏令营活动。夏令营活动通过现场教学、演示和体验，可以增强青少年对非遗的感知与认同，感受传统文化的魅力。福建省艺术馆组织了"清新福建 共享非遗嗨一夏"2023年福建非遗少儿夏令营活动，组织青少年开展莆仙戏、竹编、鱼丸制作等传统非遗体验；福州市举办了"我是小小传承人"2023年非遗夏令营活动。

三是参加非遗体验大课堂活动。近年来，山东省济宁市积极开展非遗进校园等活动，通过课程引导，让更多青少年体验非遗，获得深入了解中国传统文化和非遗项目的机会，也极大促进了当地非遗保护和传承工作的开展。

3. 美美与共，民宿与非遗的双向奔赴

民宿是以建筑为凭借，在空间中完成功能服务和情感传递的行业，作为一种新兴的住宿形式，正在受到越来越多游客的青睐。相较传统的酒店，民宿更注重为游客提供独特的住宿体验和文化体验，这也是受欢迎的原因之一。民宿作为一种为游客提供文化体验的旅游住宿产品，与非遗有着天然的契合度。近年来，一批体现非遗特色的旅游民宿涌现出来。安徽省黟县创新打造非遗体验场景，开展"一宿一品"活动,将徽州三雕、黟县石墨茶制作技艺、徽墨制作技艺、徽剧等非遗项目注入民宿。云华里非遗艺术民宿依托洛邑古城景区建造,民宿建筑面积约3000平方米,共设24间客房,分别融入24个非遗主题,涵盖洛绣、唐三彩、皮雕、剪纸、木雕、唐白瓷等,客房分别以洛阳八大景、八小景及词牌命名,门牌为三彩瓷板画,将非遗融入了民宿的每一处细节。江西省上饶市婺源县思口镇作为婺源明清古宅的聚集地,打造了一批以非遗文化体验为主的高端古宅民宿,游客不仅能身临其境地感受明清古宅的文化氛围,还能近距离体验千年古樟树榨油桩、老门套、老磨盘、竹编竹艺、水槽、石槽等民俗和非遗。

(三)做好功能融合,发挥非遗的独特吸引力

推动非遗与旅游融合发展,关键是要充分发挥非遗作为独特旅游吸引物的功能。每一项非遗在原有的文化空间内具有特定的社会功能,虽然随着社会环境的变迁,大多数非遗的功能已经逐渐发生了改变甚至消失,但仍有部分非遗保留着原有的功能,且具有一定的生命力,这类非遗可以依托其实用功能进入旅游地。例如传统医药类非遗可以在合法合规的前提下进入景区,向旅游者讲授传统医药原理和养生方式,继续发挥其医疗保健功能。开封非遗市集里的大宋中医药吸引了不少群众体验,中医专家为群众把脉问诊,市民积极体验中医特色疗法,学习中医养生保健知识。"民以食为天",旅游地的重要收益来源于饮食,因此可对传统饮食类非遗进行开发,邀请传承人入驻旅游地开办特色餐饮店,在食材和烹调上突出原生态、地方性,满足旅游者品尝当地特色美食的需求。

非物质文化遗产馆、传承体验中心(所、点)是集传承、体验、教育、培训、旅游等功能于一身的传承体验设施体系。通过非遗与研学、民宿、文创、演艺等融合发展,进一步契合旅游服务功能,催生新的旅游业态和体验项目。例如大理州依托国家级非遗代表性项目白族扎染,打造非遗体验新景区,建设大理璞真白族扎染博物馆,集展、产、研、学、售于一体。

（四）做好市场融合，拓宽非遗消费旅游化场景

1. 非遗文创：将诗与远方带回家

近年来，我国不断拓展非遗实践方式、增强非遗传承实践活力，让非遗焕发出新时代光彩，有力推动优秀传统文化创造性转化、创新性发展。探索非遗文创品牌建设，注重让产品回归到日常生活场景的应用，既兼具人文性、创新性，也符合当代审美潮流与实用价值。云南普洱就是其中的典范，普洱市探索出了非遗与旅游融合发展的共生点——通过开发佤猫杯、唱片茶、黑陶摆件、木刻帆布包等系列文创产品，挖掘整理普洱非遗项目，开展文创产品孵化、品牌建设、展示展销，推出和打造一批独具特色的普洱非遗产品，在吸引更多国内外游客走进普洱的同时，将普洱的文化记忆带回家。

2. 非遗美食：扩容旅游餐饮市场

飘香四溢的非遗美食通过其独特的历史价值和文化价值丰富了旅游餐饮市场的品类资源，促进了非遗的长久保护和永续利用。"文化和自然遗产日"前后，各级饮食类非遗项目保护单位，特别是老字号企业开展让利惠民活动，让人民群众在品尝美食中共同参与非遗保护、共享非遗保护成果。

2023年的"五一"假期，淄博烧烤凭借"人间烟火气"吸引众多年轻游客，成为新晋顶流。作为齐文化发源地，沉淀三千年的淄博也趁热打铁，推出多款非遗美食宣传活动，在山东省第六届非物质文化遗产精品展暨"齐好GOU（购）"淄博非遗市集上，清梅居香酥牛肉干、景德东糕点等各类美食让人大饱口福；在周村烧饼博物馆里，保存下来的石碾、陈列的《烧饼赋》等老物件讲述了薄饼成型的手工技艺。用非遗美食吸引游客味蕾，也是广西的拿手好戏。作为网红小吃，柳州螺蛳粉吸引了大批美食爱好者。梧州市则将非遗与旅游有机结合，开展"寻味梧州·吃货的一天"打卡体验活动，制作发布《寻味梧州·美食地图》，开启"美食美景叹梧州"之旅，冰泉豆浆、龟苓膏、纸包鸡等梧州特色美食吸引游客排队品尝。

3. 非遗演艺：流淌于身的民俗味

非遗演艺是以地方非遗戏剧、舞蹈、曲艺、本土民歌、传说故事等为主体进行二次创作，通过实景演出的方式表达出来，打造出新的文化旅游体验业态，达到以非遗丰富演艺的文化内涵、以演艺激发非遗传承活力的目的。以万岁山大宋武侠城为例，2023年万岁山春节大庙会震撼升级，作为庙会主会场，联合多个景区融合民俗、艺术、非遗、文化、商业等多种元素共同打造宋都大庙会。其中，非遗传承表演节目《打铁花》，让游客感受烟花的灿烂夺目；《神舟传奇》节目让游客感受海上丝绸之路的魅力。江苏省东台西溪景区，古镇西溪用多元创新的方式展示非遗，根据非遗"董永传说"打造《天仙缘》实景演出、《寻仙缘》夜游演艺，带领游客近距离感受董永和七仙女的爱情。

4. 非遗集市：小物品里的大文化

非遗集市是以非遗产品、非遗项目、非遗活动为主要内容的年货集市，也是非遗文创集中展示展销平台。在这样的"非遗大集"上，市民百姓不仅可以购买到各种充满历史和文化韵味的非遗年货产品、特色非遗美食、非遗手工艺品，而且还可以欣赏到精彩的非遗表演，为即将到来的春节增添了浓浓的年味。以国家5A级旅游景区南浔古镇为例，南浔古镇贻德广场集结了由南浔非遗、文创、特色农产品等品牌产品组成的新春集市，引入传统亲子年礼游戏、宋韵服装体验、抽"新年盲盒"等活动，通过小物品感受春节里的传统文化。2023年，开封市文化广电和旅游局创新举办"欢乐周末 非遗市集"活动，每期参展非遗项目有百余项，在各大广场、文旅消费集聚区搭设非遗市集，采用"动态展演＋静态展示""特色产品＋多彩文创""现场体验＋线上直播""非遗文化＋特色街区"等形式进行展示销售，着力打造多元多彩文化盛宴。该活动旨在让宋文化非遗更深入地融入百姓生活，走近非遗、体验非遗、爱上非遗、带走非遗，助力宋文化非遗发展传承。

第三节 非遗旅游发展存在的问题

（一）非遗内涵挖掘不充分，以文塑旅作用发挥不足

当前，非遗旅游融合深度还不够，非遗所蕴含的核心思想理念、传统美德、人文精神还缺少深入挖掘、现代阐释和创新表达，许多活动难以让游客在润物细无声中感受非遗的独特魅力和心灵的滋养。多数非遗旅游产品并未深挖非遗所蕴含的文化内涵，仅停留在有形产品的生产和销售阶段，难以建立差异化、品质化、多元化、品牌化的品牌认知。以陶艺产品为例，陶艺品是民族文化和工匠精神的重要载体，但没有深挖其背后的文化内涵与底蕴，只停留于产品的制造和销售阶段，全国陶艺产品的同质化程度过高。很多经营者仅以商业化为导向，毁坏了陶艺品牌形象和文化口碑。部分民俗旅游类产品以建立博物馆、民间艺术馆为主要抓手，这些场所仅停留于产品的静态展示层面，对于非遗文化的起源、发展沿革和文化内涵并没有进行深度诠释，难以给消费者带来触动内心的体验。

（二）传承实践方式不丰富，以旅彰文效果不明显

当前，部分非遗传承人群固步自封，未能积极适应当代旅游需求和旅游所带来的生产生活方式的变化，尚未将融入旅游作为新的传承实践方式。主要体现在对非遗传承活化的价值和意义认识还不深刻，一些非遗旅游项目立意和格局还不高，认为融合主要是在景区景点、节庆活动中增加非遗展示，或在旅游商品中增加非遗元素，或过分注重经济效益而忽视了非遗的社会效益和文化效益。引导非遗传承人面向游客讲好当地传说故事、开展非遗展演、开发传统工艺产品等，满足游客参观、互动、体验、学习需求是丰富非遗传承的必然要求。同时，旅游景区等旅游空间积极对接适宜开展旅游的非遗代表性项目，提升项目展示利用水平，丰富旅游产品内容和形式，为传承人在旅游空间开展传承实践和旅游服务提供便利条件，吸收传承人参与旅游产品研发和旅游服务管理，有效提升传承人的参与度、获得感。

（三）非遗传承人群参与深度不够，非遗旅游体验感不强

目前，非遗旅游融合亮点项目较少，创新形式不够多，参与性、互动性不够强，仍然存在着生搬硬套、简单移植和同质化发展等问题。传承人是非遗延续的核心，非遗传承发展的关键在于传承人能力的提升。部分非遗传承人群尚未深刻认识非遗与旅游深度融合发展的重要意义以及在融合发展中兼顾保护非遗与推动旅游发展的重要作用，他们潜心于自己的创作，未参与旅游管理和服务，未能在旅游服务中充分阐释非遗内涵。丰富非遗传承实践形式，引导相关群体在支持社会力量广泛参与，使各主体共同发力，才能有效增强非遗旅游的体验感，推动非遗与旅游深度融合发展。

（四）非遗旅游融合发展机制不健全，有待进一步完善

当下，非遗作为新兴的旅游资源，在国家和各地政策的支持下进入快速发展阶段，但非遗融合发展体制机制还不健全，需要加快把《中华人民共和国非物质文化遗产法》修订工作提上议程。修订工作要坚持"保护为主、抢救第一、合理利用、传承发展"的工作方针，推动非遗得到全面有效保护，让非遗传承活力明显增强，工作制度更加完善，传承体系更加健全，保护理念深入人心。要建立健全"非遗+旅游"融合发展机制，充分利用信息技术、数字技术，提高非遗保护工作信息化水平。健全完善非遗合理开发利用制度，提高非遗的开发利用水平，推动传统工艺连接现代生活。将非遗作为旅游文化资源的同时，一方面，要确保文化展示不能脱离非遗主体所依托的文化空间；另一方面，要尊重非遗主体的文化自主与自觉，尊重非遗群体主动融入旅游、参与文化创造的意愿。保障非遗主体的合法权益，维护文化生态的连续性与可持续性；充分发挥政府及相关管理部门的引导实施与监督管理作用；建立起健全的旅游企业营商环境与文化和旅游运营机制；加强培育非遗传承人的文化保护意识。

第四节　非遗旅游发展展望

（一）非遗旅游政策持续发力

2023年作为"消费提振年"，各地各部门政策持续发力，助推消费市场加速复苏回暖。"非遗旅游"作为一条重要纽带，激活了消费需求，已经成为促进消费恢复和扩大的有力支撑。《关于推动非物质文化遗产与旅游深度融合发展的通知》的出台，为推动非遗旅游融合发展落地落实给予了有力保障，同时也将给非遗旅游融合发展带来更大的契机，从而推动非遗与旅游更多形式的融合，形成多因素、多方面、多形态的全新旅游体验。

（二）跨区域创新塑旅游品牌

非遗旅游品牌的壮大需要跨区域合作与创新，借力文旅IP新形象，促进文旅资源新融合，解锁文旅发展新势能。一方面要鼓励各省、市进行资源共享和整合，实现优势互补，推动非遗旅游发展；另一方面要考虑文化的差异性，保持本真性和原生态。以"津—泸—宜"巴蜀非遗酿造技艺旅游品牌为例，江津、宜宾、泸州三地既有沿水而居的地理同势，也有缘水而盛的经贸历史，同根同源，一脉相承。三地首次联动建立区域共有旅游品牌，三地共创文旅IP"一斤六"、同创一批文创产品、以"一斤六"为主题的共有品牌驿站、3条跨区域酿造技艺主题旅游线路等助力巴蜀非遗酿造技艺创新发展。"津—泸—宜"巴蜀非遗酿造技艺旅游品牌的发布，用一种新的思路，以非遗为纽带，将川渝的人文、风景等资源紧紧连接在一起，通过资源的整合，创造出更具市场化的旅游产品，将助推巴蜀文化旅游走廊的建设及成渝经济圈发展，为全国非遗保护与传承树立了新的标杆。

（三）非遗产品丰富旅游市场

进入发展新阶段，高质量的文旅融合产品越来越成为人们高品质生活的必需品。以市场需求和购买力为导向，以经济和社会效益为动力，深度挖掘非遗与景区、酒店、商场、游乐场等的契合点，创造性转化为具有地方特色的文创、市集、美食、住宿、游戏等形式，紧密贴切地融入吃、住、行、游、购、娱各环节，促进非遗与旅游在业态、产品、市场、服务上的深度融合，并继续以主题旅游线路串联各地非遗，实现非遗旅游的全域化发展。近年来，江苏省坚持创造性转化、创新性发展，找准非遗与旅游融合发展的契合处，推出了一批体验性、互动性强的非遗与旅游融合业态产品。徐州依托非遗项目琴书打造了沉浸式实景剧《徐州之夜·大风歌》，盐城市建湖县在九龙口景区建设了淮剧小镇，这些都成为非遗在活态保护和传承中融入当代生活的范本。在江西景德镇古窑民俗博览区，成体系、成规模的陶瓷非遗生产性保护景观，吸引了众多中外游客前来体验。陶瓷文化商业旅游综合体"古窑印象"集中展示精品生活用瓷和文创作品，古窑复烧产品、非遗手工艺作品以及其他优秀的文创产品，成为游客青睐的伴手礼。

（四）非遗旅游赋能乡村振兴

近年来，全国许多地方深入挖掘、创新利用当地非遗资源，创新非遗好产品，为乡村振兴增添新活力。积极推动非遗融入乡村振兴战略，充分发挥非遗在乡村振兴中的独特作用，全面推动文化、产业、人才共同发展，让非遗在乡村振兴中大放异彩。各地结合周边优势文化及环境资源，开展文化生态旅游目的地规划布局，构建非遗主题文化旅游路径，吸引游客溯源非遗所在村落，延伸产业链，提升价值链，为当代百姓生活和地方文化发展提供智慧和滋养，用时代精神激发传统非遗新活力。

（五）非遗更好融入现代生活

近年来，我国加大了对非遗的保护、传承工作力度，加强非遗传承人才的保护和培养，拓展思路让非遗项目不断融入现代生活、融入时代文化，让非遗在传承创新中焕发新活力。通过"非遗＋旅游""非遗＋产业""非遗＋文创""非遗＋研学""非遗＋电商"等创新举措，不断推动非遗融入现代生活、融入现代文创产业、融入公共文化服务体系，赋予非遗鲜活生命力。如湖南省立足非遗特色，独辟蹊径，让非遗密切融入现代生活，开发出别具一格的非遗文创产品。"不到潇湘岂有诗"系列产品融合醴陵瓷以及影青瓷工艺制成，在光影之下融诗于景、融景于瓷，名匠、名景、名瓷相得益彰，展现了湖南的文化和自然风光。湖南惟楚有礼文化创意有限公司与湖南雨花非遗馆强强联手，深度合作，以"传承数千年湘楚文化底蕴，构建新型国潮文创产品销售框架"为理念，致力于国潮、文创、非遗的宣传与推广，让非遗走出橱窗、融入现代生活。

（六）数字化助力非遗营销创新

消费场景多样化、选择多元化、时间碎片化的趋势，促使全渠道立体式营销成为主流，很多非遗相关企业尝试突破传统渠道模式，推进线上线下营销渠道融合。2023年"非遗购物节"支持电商平台依托文旅部平台已有非遗资源，通过联合促销、直播带货等方式，集中开展非遗产品网络销售活动。未来，IP营销将成为非遗品牌吸引年轻消费者的重要方式。非遗相关企业可通过自创品牌形象代言IP，或者借助与企业文化契合的热点IP，树立品牌新形象，打造消费新热点。

（作者简介：彭恒礼，中国旅游研究院文化旅游研究基地研究员、非遗旅游研究中心负责人；李静静，中国旅游研究院文化旅游研究基地助理研究员，鹤壁市图书馆馆员）

第五章　世界文化遗产旅游发展分析与展望

王　欢　谌天雅

中国的世界文化遗产在生动呈现中华文化的独特创造、价值理念和鲜明特色上具有突出作用，是中华文明源远流长的历史见证，是中华民族共同体建设的精神家园与物质载体，是我国文化旅游中最有代表性与最具吸引力的顶级资源。2022年，恰逢《保护世界文化和自然遗产公约》（以下简称《公约》）发布50周年纪念，大众认识遗产的方式也发生了变化。在今日，遗产已经不仅仅是历史纪念物或文物，更是一种文化共识。《中共中央关于制定国民经济和社会发展第十四个五年规划和二〇三五年远景目标的建议》明确提出：推动文化和旅游融合发展，建设一批富有文化底蕴的世界级旅游景区和度假区，打造一批文化特色鲜明的国家级旅游休闲城市和街区。党的二十大报告更是强调：坚持以文塑旅、以旅彰文，推进文化和旅游深度融合发展。世界文化遗产旅游无疑又一次站在了聚光灯下。世界文化遗产以其优质性与代表性成为新时代诠释文旅高质量融合与丰富人民群众精神文化生活的重要场所。

第一节　世界文化遗产旅游发展现状

截至2023年10月15日，我国共有世界遗产57项，其中文化遗产39项、自然遗产14项，自然与文化双遗产4项，数量居世界第二位。

（一）遗产地旅游强劲恢复，韧性建设应持续关注

为了系统展示2022年我国世界文化遗产旅游的发展状况，本节根据国家旅游统计数据、各遗产地政府两会工作报告、各遗产地所在行政区域国民经济和社会发展统计公报、各遗产地所在行政区域文化和旅游局工作总结与旅游经济运行情况分

析、各遗产地景区官网统计公告等官方信息，对2022年我国主要世界文化遗产地旅游接待和收入情况做了汇总（见表5-1）。

表5-1 2022年我国世界文化遗产游客接待量与旅游收入

序号	遗产项目	批准年份（年）	旅游接待量（万人次）	旅游总收入（亿元）
1	长城	1987	1034（北京延庆区）；700.7（北京怀柔区）	73.8（北京延庆区）；57.1（北京怀柔区）
2	莫高窟	1987	80	——
3	明清皇宫	1987	3153（北京东城区）	357（北京东城区）
4	秦始皇陵及兵马俑坑	1987	133.55（西安市临潼区）	1.32（临潼区，门票）
5	周口店"北京人"遗址	1987	445.4（房山区）	39.1（房山区）
6	拉萨布达拉宫历史建筑群	1994	2024.12（拉萨市）	288.91（拉萨市）
7	承德避暑山庄及周围寺庙	1994	1648.6（承德市）	170.8（承德市）
8	曲阜孔府、孔庙、孔林	1994	5083.03（济宁市）	466.63（济宁市）
9	武当山古建筑群	1994	1832.1（丹江口市）	14.2（丹江口市）
10	丽江古城	1997	3363.75（丽江古城区）	459.48（丽江古城区）
11	平遥古城	1997	137（仅古城内）	0.3084（又见平遥演出）
12	苏州古典园林	1997	9922.81（苏州市）	1863.35（苏州市）
13	北京皇家祭坛——天坛	1998	3153（北京东城区）	357（北京东城区）
14	北京皇家园林——颐和园	1998	3737.1（北京海淀区）	442.4（北京海淀区）
15	大足石刻	1999	3050（大足区）	161（大足区）
16	龙门石窟	2000	8000（洛阳市）	605.0（洛阳市）
17	青城山和都江堰	2000	186.27（都江堰市景区）	278.82（都江堰市综合）
18	皖南古村落——西递、宏村	2000	2.31	0.010542
19	云冈石窟	2001	190.9（大同市）	1.1（大同市）
20	殷墟	2006	2580.76（安阳市）	215（安阳市）
21	开平碉楼与村落	2007	473.07（开平市）	27.80（开平市）
22	福建土楼	2008	7.15	294.37

续表

序号	遗产项目	批准年份（年）	旅游接待量（万人次）	旅游总收入（亿元）
23	鼓浪屿：历史国际社区	2017	149.52	—
24	良渚古城遗址	2019	790.6（杭州市余杭区）	119.9（杭州市余杭区）
25	庐山	1996	3182（庐山市）	261（庐山市）
26	五台山	2009	353.14	31
27	杭州西湖文化景观	2011	1895.42	—
28	泰山（双重遗产）	1987	214.8	1.92
29	黄山（双重遗产）	1990	139.69	1.6
30	峨眉山—乐山大佛（双重遗产）	1996	457.67	2.19
31	武夷山（双重遗产）	1999	154.99	1.05（门票观光竹筏）
32	泉州：宋元中国的世界海洋商贸中心	2021	5620.71（泉州市）	593.53（泉州市）

说明：表中小括号内地点名词表示此遗产点旅游数据缺失，用该行政区旅游数据展示旅游发展情况。

2022年，受环境影响，主要遗产地游客接待量与旅游收入情况仍未恢复至2019年同期水平。步入2023年，遗产旅游市场驶入全面复苏快车道。根据部分遗产地所在省市公布的旅游数据来看，游客接待量与旅游收入较2022年同期均呈现正向快速增长。结合2023年"五一"小长假和"国庆中秋"黄金周主要遗产地的旅游接待情况，对2023年我国世界文化遗产地的旅游情况建立直观了解，见表5-2。整体来看，我国大部分世界文化遗产地游客接待量与旅游收入较2019年同期呈正增长态势，实现强劲复苏。

表5-2　2023年部分遗产地"五一"和"国庆中秋"旅游接待情况

序号	遗产项目	时间	游客接待量（万人次）	较2019年同期	旅游收入（万元）	较2019年同期
1	长城	五一	27.3（八达岭）	+18%（八达岭）	—	—
		国庆中秋	15.2（八达岭）	—	—	—

续表

序号	遗产项目	时间	游客接待量（万人次）	较2019年同期	旅游收入（万元）	较2019年同期
2	武当山古建筑群	五一	10.3351	+34%	1212.6	+32.84%
		国庆中秋	22.68（前5日）	+62.46%[1]	—	—
3	丽江古城	五一	84.3780	+16.68%	—	—
		国庆中秋	168.2374	—	—	—
4	苏州古典园林	五一	65	—	—	—
		国庆中秋	53.9	—	—	—
5	北京皇家祭坛——天坛	五一	51.78	—	—	—
		国庆中秋	34.3（前3天）	—	—	—
6	北京皇家园林——颐和园	五一	57.59	—	—	—
		国庆中秋	34.5（前3天）	—	—	—
7	大足石刻	五一	5.77	+42.22%	522.03	—
		国庆中秋	10.4	—	838.36	+19.98%
8	龙门石窟	五一	27.782	—	—	—
		国庆中秋	42.9	—	4162.34	—
9	青城山和都江堰	五一	33.7	274.3%[1]	—	—
		国庆中秋	59.96	—	—	—
10	皖南古村落——西递、宏村	五一	0.4377；1.1061	−63.14%；−42.52%	26.65；75.6812	−55.48%；−27.31%
		国庆中秋	6.6812；16.4055	+110%；+56%	431；1179.3	+101.5%；+55.9%
11	云冈石窟	五一	18	+56%	424.70	+88.67%
		国庆中秋	30.97	+75.61%	2578.8	+72.46%
12	殷墟	五一	5	+117%	—	+44%
		国庆中秋	10	—	—	+83%
13	鼓浪屿：历史国际社区	五一	16.2	+34.82%	—	—
		国庆中秋	27.1	+86.34%	—	—

续表

序号	遗产项目	时间	游客接待量（万人次）	较2019年同期	旅游收入（万元）	较2019年同期
14	庐山	五一	73.9	+66.6%	—	—
		国庆中秋	83.03	—	—	—
15	五台山	五一	11.3	—	—	—
		国庆中秋	22.35	+677.47%[1]	2543.51	+594.62%[1]
16	杭州西湖文化景观	五一	282.78（收费：83.71万元）	（收费：+14.24%）	—	—
		国庆中秋	368.91（收费：114.06万元）	（收费：+25.07%）	—	—
17	泰山	五一	30.2	—	—	+50%
		国庆中秋	45.6445	+65.94%	2943.3	+71.6%
18	黄山	五一	11.7835	—	—	—
		国庆中秋	19.2027	+85.4%	2943.3	+71.6%
19	峨眉山—乐山大佛	五一	18.7484；18.76	+85.84%；—	1493.54；1170.22	+16.21%；—
		国庆中秋	22.83；30.02	+59.14%；+58.43%	2117.73；1564.97	+14.43%；+14.8%
20	武夷山	五一	40.36	+25%	4.5	+32%
		国庆中秋	58.98	+25%	8.26	+33%
21	泉州：宋元中国的世界海洋商贸中心	五一	305.85	+42.9%	21.5	+21.3%
		国庆中秋	548.88	+12.8%	49.17	+6.5%

说明：数字角标1表示与2022年同期相比。

在文旅融合背景下，世界文化遗产地的韧性建设是当下乃至将来都需持续关注的重要议题，遗产旅游不能仅靠单一的发展模式和不变的呈现形式，要与新时代背景结合，顺应当下旅游市场发展趋势，推动文旅融合高质量发展。无论是文化遗产地还是遗产旅游推广联盟都曾多次强调要加强文化遗产地的韧性建设，推动文化遗产旅游高质量发展。如2023年7月1日，由中国文物学会、中国文物报社、2023海丝之路文化和旅游博览会组委会主办的跟着国宝去旅行——全国文化遗产旅游百强案例分享会在宁波博物院召开，中国文物报社、中国文物学会共同发布了《跟着国宝去旅行——关于促进文化遗产旅游高质量发展的倡议》。

通过对比2022年及2023年我国世界文化遗产地的旅游数据，我们不难发现，文化遗产旅游表现出了强大的韧性，在市场回暖之后能够迅速将游客关注变为实际出游，不仅缓解了市场压力，也满足了广大人民群众的精神文化生活需求，更向全社会释放出消费旺盛、经济强力复苏的积极信号，这与遗产地平时的韧性建设是不可分割的。

（二）数字赋能旅游，智慧建设成效凸显

数字技术在我国世界文化遗产地保护与发展方面的应用进一步加大。各遗产地整合线上平台优势资源，积极开展优秀数字作品的展演、展示活动，丰富文化和旅游体验形式。以敦煌莫高窟为例，"数字敦煌"项目的建设成果丰硕，并拓展为"数字甘肃石窟"项目。除此之外，敦煌研究院还联合《人民日报》新媒体、腾讯共同打造的首个集探索、游览、保护敦煌石窟艺术功能于一身的微信小程序——云游敦煌，通过小程序，消费者足不出户便可畅享敦煌艺术之美，还可定制专属个性呈现内容，为甘肃敦煌莫高窟积蓄了不少人气，这也为2023年莫高窟吸引大量游客到访奠定了基础。

随着数智时代的到来，将数字技术与文化遗产有机结合，开拓出不少新兴领域，如文化遗产数字图谱、文化遗产数字孪生、文化遗产+元宇宙等，"文化遗产+X"等已经成为高成长性领域。近年来，各遗产地加快文旅数字平台建设，并与相关网络平台合作，完善智慧旅游云平台建设，大力开发景区数字化体验产品并完善相关智慧化服务。河北、山西、上海、江苏、贵州、云南等地强化智慧旅游技术应用，积极开发小程序并完善线上运营平台，方便游客一站式获取预约、限流、管理服务等信息，利用大数据引导游客错峰出游，实现科学管控、智慧限流。各遗产地为把握好发展机遇，积极探索智慧旅游景区的建设，其中黄山风景区的"数智化转型"大数据精细化运营监管、庐山的智慧旅游建设与运营、丽江古城的智慧小镇建设、龙门石窟的智慧文旅数字孪生平台项目、故宫腾讯沉浸式数字体验展等效

果明显,并入选2022年文化和旅游数字化创新实践优秀案例(见表5-3)。

表5-3　2022年文化和旅游数字化创新实践优秀案例

序号	案例名称	申报单位
1	黄山风景区实践"数智化转型"大数据精细化运营监管新探索	黄山风景区管委会
2	武汉市江汉路步行街5C+智慧商街创新应用	中国联合网络通信有限公司湖北省分公司
3	四川省"智游天府"全省文化和旅游公共服务平台	四川省文化和旅游信息中心
4	沉浸式实时互动与全3D虚拟技术创新文旅应用	上海兆言网络科技有限公司(声网)
5	宜兴全域旅游总入口	宜兴市文体广电和旅游局
6	浙江全民艺术普及特色应用"指尖艺术导师"	浙江省文化馆
7	庐山智慧旅游建设和运营	庐山智慧旅游发展服务中心
8	龙门石窟智慧文旅数字孪生平台项目	龙门石窟世界文化遗产园区旅游局
9	8K+AR+5G科技助力全球博物馆珍藏云端智慧传播	中国国家博物馆
10	"文旅云"基于SaaS架构的智慧旅游景区云平台	峨眉山旅游股份有限公司
11	"中老铁路游"小程序和"游泰东北"小程序	云南腾云信息产业有限公司
12	上海数字文旅中心"文旅通"智能中枢	上海市文化和旅游局
13	社保卡文旅一卡通融合改造工程	江苏省文化和旅游厅
14	"宁艺通"——南京社会艺术水平考级线上监管与服务平台	南京市文化和旅游局
15	文旅助企惠民"云闪兑"	衢州市文化广电旅游局
16	AR沉浸式轨道船体验项目"致远　致远"	华强方特文化科技集团股份有限公司
17	丽江古城智慧小镇	世界文化遗产丽江古城保护管理局
18	"纹"以载道——故宫腾讯沉浸式数字体验展	故宫博物院
19	数字赋能"智"旅分销平台	上海市春秋旅行社有限公司
20	智慧甘图综合管理平台	甘肃省图书馆

资料来源:文化和旅游部官网。

丽江利用3D、AR等数字技术,开发出沉浸式体验产品,丰富了东巴文化展示形式,既实现了传统文化的现代表达,又增强了游客体验感和吸引力。同时深化5G

应用，成功应用无人扫地车、无人巡逻车、无人驾驶观光车等设备让现代科技服务古城文旅发展，相互赋能，以科技创新赋能八百年历史古城旅游服务转型升级。

（三）中短途向中远途转变，各遗产地时空差异大

根据携程发布《2022 五一假期出游报告》和《2022 国庆假期旅游报告》，2022年"五一"小长假和"十一"假期的用户出游整体呈现就近、就地特点，周边、本地游订单分别占比 40%、65%，本地周边人均旅游花费也有所增长，较 2020 年、2021 年同期显著提升，本地游、周边游、短途游主导假期旅游市场，本地游的玩法和资源更是被深度挖掘开发，以满足不同出行群体的需求。据携程发布的《2023 年"五一"出游数据报告》显示，2023 年"五一"假期用户飞行距离达近四年的巅峰，出游半径较 2022 年同期增长 25%，跨省酒店预订占比超七成。

由于休闲时间等多种因素的影响，对我国世界文化遗产地的关注也呈现出差异大、波动剧烈等特征。故宫、颐和园、五台山、都江堰、庐山、平遥古城、武当山、布达拉宫、龙门石窟、丝绸之路、秦始皇陵等世界文化遗产的旅游关注度较高，网络指数显示年均搜索量在百万次以上，其中暑期为关注最集中的区间，淡旺季差异明显。尤其在"五一"期间，全国迎来旅客"井喷式"出行，多地客流量接连突破历史纪录，杭州西湖、北京颐和园等热门景点"人从众"场景再现。

（四）游客更注重文化获得感，文旅融合谋发展

历史从不浮于表面，只有参与感才能唤醒人们心底的认同。遗产地所蕴含的文化内涵与现代旅游的巧妙结合，擦出了奇妙的联动火花。其正以新的方式在旅游行业掀起巨大的浪潮。青城山—都江堰景区推出沉浸式秦汉文化探寻活动，通过趣味十足的快闪表演活动向游客展现秦汉文化的魅力，吸引了中央广播电视总台、《成都日报》等媒体宣传报道。西递、宏村景区在中秋国庆假期期间，通过谷物拼图设计推出"和美西递欢迎您""黟见倾心　自在桃源"等晒秋主题场景，引得无数游客争相打卡拍照。西递的传统婚嫁民俗、徽剧表演，让游客零距离感受非遗魅力，宏村的拾庭画驿、无名初等多家民宿开展汉服打卡、猜灯谜、徽墨研学等特色活动。黟见倾心·艺术写生季，吸引众多游客参与体验，获得游客的一致好评。游客

在此既能领悟黟县山水秀丽，也能体验徽文化的魅力。截至2023年"十一"黄金周第8日，安徽省黟县全县景区共接待游客人数14688人次，同比增长99.02%；门票收入91.86万元，同比增长98.44%。其中：西递接待游客人数3043人次，同比增长121.47%，门票收入19.44万元，同比增长115.76%；宏村接待游客人数8523人次，同比增长75.73%，门票收入63.70万元，同比增长87.60%。

文化是旅游的灵魂，旅游是文化的载体。文旅融合，正爆发出蓬勃力量。只有文化和旅游的深度融合，才可以让中国世界遗产文化走向"远方"，让遗产旅游更有"诗意"。2022年1月，习近平总书记在山西晋中平遥古城考察调研时指出，历史文化遗产承载着中华民族的基因和血脉，不仅属于我们这一代人，也属于子孙万代。要敬畏历史、敬畏文化、敬畏生态，全面保护好历史文化遗产，统筹好旅游发展、特色经营、古城保护，筑牢文物安全底线，守护好前人留给我们的宝贵财富。[1]平遥古城近些年以丰富的文化内涵和厚重的文化底蕴为支撑，在产品质量、创造性、精神内核、文化表达上下了很大功夫，打造科技秀、灯光秀、《又见平遥》等文化潮牌，突出体验式旅游项目建设，积极推进文旅项目深度融合。

第二节　世界文化遗产旅游发展存在的问题

（一）门票依赖症仍然严重，发展模式单一

门票经济的情况依旧存在，如何摆脱门票依赖症，拓展多元化遗产旅游发展模式成为当下文化遗产地必须面对的问题。为推动旅游市场复苏，提振市场信心和活力，降低消费门槛，不少文化遗产地也积极实行旅游惠民政策，实行门票半价甚至是免票，这些措施在吸引游客前来参观的同时，也倒逼文化遗产开创新的旅游产品和探索新的旅游发展模式。在免门票政策的带动下，2022年国庆假期期间，武夷山市旅游市场强劲复苏，累计接待游客人数23.22万人次，同比增长209.6%，累计实现旅游收入3.02亿元，同比增长265.45%。武夷山实行免门票的探索为遗产旅游摆脱"门票经济"模式、转型升级提供了具体案例，也为遗产旅游产品的供给质量提

---

[1] 《向全国各族人民致以美好的新春祝福　祝各族人民幸福安康祝伟大祖国繁荣富强》，《人民日报》2022年1月28日。

供了新的思路。然而，有些文化遗产地盲目跟从的现象也屡见不鲜，在并未准备好应对服务经济的时候，盲从开启免票模式，也必将给遗产地基本发展带来巨大的压力。故此，如何统筹整合资源、抱团发展、招徕游客成为当下的热点话题。

（二）各遗产地旅游信息统计不统一

不少遗产项目不及时公开数据的问题持续存在，本报告只能通过遗产所在行政区域的旅游统计数据对当地市场状态进行推测与了解。从前文的数据收集与估计便不难看出，很多遗产地的相关旅游数据都存在一定的缺失，部分遗产地常年不上报相关信息，导致其真实发展情况不为外界所知，这对统计部门制定相关决策以及其自身的发展都造成了巨大的困难，影响遗产旅游的转型升级以及可持续发展。

（三）遗产旅游相关人才不足

旅游业受三年疫情影响面临巨大的人才流失危机。2023年，我国旅游业强势恢复，但复苏不应仅仅是经济数字的恢复甚至超越，更多的应该是信心与人才归属感的高涨，其长远发展仍需要源源不断地人才输入与职业认同。相比于其他类型的旅游，文化遗产旅游因其自身的独特性，决定了其人才需要的多样化、专业化、复杂性。针对这些问题，有关部门及文化遗产地积极采取措施，推动文化遗产旅游的人才队伍建设。自2022年4月以来，山东省相继印发《山东省"十四五"期间文化和旅游人才发展规划》《山东省文化和旅游领域人才队伍建设若干措施》等政策措施，从顶层设计、科学谋划、提供平台、优化环境等方面规划部署，全面提高文化和旅游人才队伍综合素质，为推进全省文化和旅游高质量发展提供人才。虽部分遗产地已经发现并重视遗产旅游人才不足的问题，但是短期内效果并不显著。

（四）遗产地价值传播受限，文化符号体系建设待深化

不少学者指出当下遗产地存在一个令人担忧的现象及趋势，即遗产的叙事日益窄化，遗产是文化载体的意义维度被关注，至于其他的陶冶情操、丰富精神与服务生活等微观细节被明显忽视。这样造成文化遗产虽其价值丰富、意义重大，但呈现

形式和价值传播效果欠佳,与广大人民群众的日常生活脱节。

遗产旅游符号体系的建立对其遗产价值的多元有效传播、遗产旅游的可持续发展至关重要。以双遗产中的泰山为例,许多游客认识的泰山仅仅是"一座山",并没有深刻了解到泰山背后的文化内涵与寓意,也不了解泰山是中华文明精神的集中体现。再比如丝绸之路:长安—天山廊道的路网,涉及国际合作,是绵延五千公里的线形遗产,如何将散落在这组网络中的遗址节点串联起来,是丝绸之路以及海上丝绸之路遗产阐释面临的巨大挑战,也是其文化符号体系构建的一个重要课题。

在文化和旅游融合的背景下,理解文化遗产旅游利用的本质,推动遗产地文化符号体系的建立,促进游客对世界文化遗产价值的认识、认同、自信与传播成为当前文化遗产旅游关注的重点问题。

第三节 世界文化遗产旅游发展趋势

(一)保护意识不断提升,监测体系不断完善

《保护世界文化和自然遗产公约》(以下简称《公约》)于1972年由联合国教科文组织大会正式通过,而2022年恰逢公约发布50周年。自1985年加入《公约》以来,我国在所有遗产相关领域都取得了长足进展,通过全方位、具有中国特色的实践,形成了粗具规模的中国式遗产保护体系,取得了大量成果,不仅切实履行了《公约》缔约国的责任和义务,还积极通过世界遗产中心平台向全球展示了我国世界文化遗产在监测预警体系、法律法规体系、公众参与、可持续旅游等方面的工作成就,促进了我国在国际世界遗产事业影响力和话语权的提升。

各遗产地为保护世界文化遗产,推动遗产旅游的可持续发展,多成立了专门的研究院以及其他相关部门,并培养专业人才,为遗产地的可持续发展贡献智慧与力量。近年来,乐山履行《公约》和国际承诺,围绕建设世界重要旅游目的地,科学处理遗产保护与发展旅游的关系,实现了世界遗产与乐山在保护传承、发展共赢中和谐"对话"。在"保护第一"的前提下,乐山充分发挥文化遗产资源优势,让文化遗产地成为文旅融合的重要场景,成为文化生活的重要样态,成为传承中华文明的重要平台,其统筹谋划"峨眉南进""立体礼佛""遗产走廊"等重

大项目，打造世界遗产旅游产品，加快建设世界重要旅游目的地，促进遗产与旅游相得益彰。

2023年9月17日，在沙特阿拉伯召开的第45届联合国教科文组织世界遗产委员会会议上，"普洱景迈山古茶林文化景观"被批准列入《世界遗产名录》，成为我国第39项世界文化遗产和第57项世界遗产。景迈山古茶林文化景观申遗成功后，带动效益明显，中秋、国庆双节假期游客同比增长270.7%，旅游综合收入同比增长264.2%。

我国文化遗产保护工作取得了巨大成效，但在遗产的保护与利用，尤其是遗产旅游的长远发展中仍面临不少挑战。譬如我国世界文化遗产监测工作尚不完善。在机构建设方面，国家文物局早已提出，世界文化遗产保护管理机构应当设置从事世界文化遗产监测的专门机构或部门，但目前仅有38.18%的世界文化遗产地成立了专门负责监测的部门或机构。在技术应用方面，现有力量与投入的不足使很多适用于遗产监测的成熟技术得不到有效应用，更遑论遗产监测专用技术的定制研发，这也导致一些必要的基础性监测工作开展不足。

（二）纵向深入与横向联动，"文旅+"融合多元化

世界文化遗产作为世界顶级旅游资源，是推进市场恢复振兴的重要力量。在文旅融合背景下，遗产地文旅与各行业间的跨界融合和联动愈加深化。

纵向深入：文化遗产旅游的多元性与融合性，为遗产资源与相关产业合作发展提供了绝佳的适应情景与窗口，为文化遗产的活化利用、提高附加值增添了新的动力。如西递村在2022年国庆假期通过谷物拼图设计推出"世界最佳旅游乡村"及"嘿！多好哇"等晒秋主题场景，大力推动古村落遗产旅游的多元化发展，将农业文化带入旅游消费场景；随着三星堆科考的进一步发现以及教育行业"双减"政策的推行，在遗产地进行考古研学也掀起了一股新的风潮；作为双重遗产的泰山、黄山、武夷山等兼具自然与人文属性的遗产地，其良好的自然环境与相对完备的康养产业服务体系吸引了不少游客前来休闲与康养。

横向联动：为更好地推动遗产旅游的发展，各文化遗产地积极加强合作，实现联动发展。2023年10月13日，中国世界遗产旅游推广联盟大会正式推出中华文字、文化寻根等10条中国世界遗产跨区域主题游线路（见表5-4）。

表 5-4　2023 中国世界遗产跨区域主题游线路

线路主题	线路途经遗产点
"中华文字"之旅：中华汉字数千年，一笔一画皆智慧	河南（安阳殷墟—中国文字博物馆—天中山文化园）—浙江（良渚古城遗址）
"文化寻根"之旅：寻根追礼声声响，观南望北岁月长	山东（曲阜孔庙、孔林和孔府—孟庙孟府—泰山）—河南（登封"天地之中"历史建筑群—老君山风景名胜区）
"千年运河"之旅：壮美运河传神韵，河畔文脉续千年	江苏（蜀冈瘦西湖风景名胜区—扬州古运河—中国大运河博物馆—太湖鼋头渚风景区）—浙江（南浔古镇—运河·塘栖古镇—拱宸桥—杭州西湖文化景观）
"丝绸之路"之旅：驼铃古道丝绸路，胡马犹闻唐汉风	河南（丝路文化博物馆—龙门石窟—汉函谷关遗址）—陕西（大唐芙蓉园—大唐不夜城—大雁塔）
"园林村落"之旅：江山如故波光候，玉宇琼楼古韵幽	江苏（苏州古典园林—周庄古镇）—安徽（皖南古村落——西递、宏村）
"土司遗址"之旅：土司嵯峨气势宏，民族多元传千年	湖北（湖北恩施唐崖土司城址）—湖南（湖南永顺老司城遗址）—贵州（贵州遵义海龙屯遗址）
"石刻岩画"之旅：石刻遗韵画千年，古风余韵润心间	重庆（大足石刻—洪崖洞民俗风貌区）—云南（石林风景区—红河哈尼梯田文化景观）—广西（左江花山岩画文化景观—漓江景区）
"故都遗址"之旅：中华古都延千年，万古兴衰在世间	北京（明清皇宫—西周燕都遗址博物馆）—河南（殷墟—开封宋都皇城旅游度假区—洛阳汉魏洛阳故城遗址）
"京畿长城"之旅：纵横千里为和平，万里长城壮河山	河北（金山岭长城）—北京（司马台长城—古北水镇）—天津（黄崖关长城—梨木台风景区）—北京（八达岭长城）
"皇家陵寝"之旅：林木葱茏山水兴，京冀气韵皇家陵	河北（遵化清东陵）—北京（昌平明十三陵）—河北（易县清西陵）

此外，部分遗产地在跨区域横向联动上积极作为，已取得显著成效。流淌千年的大运河是世界上空间跨度最大、历史最悠久、影响最深远的运河类遗产项目，沿线有 58 处世界遗产点，涉及 8 个省市。2022 年 8 月 23 日，"2022 年中国世界遗产旅游推广联盟大运河高端对话"在京召开，活动展示了大运河文化带建设取得的效果，同时也倡议大运河沿线 8 省市文旅部门有责任、有义务、也有基础联合起来，发挥各自优势，形成一股力量，把大运河文旅资源推广好，把千年大运河文化传承好，把中国大运河故事讲好，进一步推动文旅高质量发展。

都江堰市青城山—都江堰风景名胜区（旅游景区）管理局联动大足石刻研究院、重庆市南川区金佛山管理委员会以及重庆武隆旅游产业（集团）有限公司在都江堰市融创水世界共同签署了《巴蜀文化旅游走廊世界遗产地景区战略合作框架协议》，拟在世界遗产保护传承利用、党建联建、市场营销、品牌推广、线路互通、人才交流等方面开展战略合作。

（三）打造文化IP，拓宽世界遗产价值

文化IP是文化产品之间的连接融合，有高辨识度、自带流量、强变现穿透能力，具有长变现周期的文化符号。文化IP对于讲好遗产故事，推介世界文化遗产，打造独特的世界文化遗产品牌具有重要意义。建构文化IP在本质上是利用文化遗产的基因激发特色文化的生长，是世界文化遗产特色文化的创造性转化、创新性发展。文化IP的打造对拓宽遗产旅游的维度，活化世界文化遗产，重新解构世界文化遗产的多元价值具有重要意义。

随着社交媒体的快速发展，遗产旅游已不单单是世界文化遗产资源的活化利用手段，遗产旅游已经成为遗产文化传播、教育、保护与价值共创的重要途径。各遗产地通过社交平台营销的文创产品层出不穷，世界文化遗产与普通大众之间的距离不断缩小，旅游者不断借助社会媒体进行价值重构与传播，不断赋予世界文化遗产新的价值与活力，如故宫的猫、西安的胖妞、河南博物院的盲盒。其正以一种易于接受的方式深刻地影响着世界遗产与大众的联系，对于消费个体而言，世界文化遗产又有了不一样的意义与价值。

（四）旅游数字营销，开创美好未来

环境的变化，也促使各遗产地尝试新的营销渠道与路径，越来越多的遗产地选择布局线上平台，"短视频+直播"等营销新场景成为不少文化遗产的选择。敦煌研究院联合腾讯发布的首款公益NFT（非同质化通证），用户可在线上观看敦煌莫高窟156窟全景，腾讯动漫与腾讯音乐也相继为其发布了动漫/音乐主题的NFT场频；2022年清明长假期间，黟县在线上开启2022年"嘿多好哇"短视频大赛，在抖音、微博、公众号等多家平台开启话题并发布预告，截至直播开始前，话题热度已达443万，新华网安徽开启"皖美春光——塔川寻梦"图文云直播，观看量达到50余万次；2022年5月14日至15日，武当山推行"武当论道·再聚英雄"湖北

网络主播带货大赛,由优秀主播和店播到武当山各大景区景点进行文旅踩线,全方位沉浸式游览武当盛景,为当地旅游引流赋能;泉州也积极加强旅游数字营销,利用抖音、微信、微博、头条等新媒体平台,讲好泉州故事,强化"宋元中国·海丝泉州"品牌引领,并积极与在线旅游头部企业合作,提高传播力和游客转化率。

数字时代,利用数字将不可移动的文旅资源数字化流通起来,这赋予了遗产无限的数字可能,通过"文旅+流量""文旅+互动"等方式,打造数字遗产全场景、全周期、全链路、全场景营销需求,创造更多丰富的消费场景,挖掘和匹配多层次、多样化的需求,打开全新的文旅行业发展图景。《关于深化"互联网+旅游"推动旅游业高质量发展的意见》中指出要优化"互联网+旅游"营商环境,以数字赋能推进旅游业高质量发展,到2025年,国家4A级及以上旅游景区基本实现智慧化转型升级。遗产地牢牢把握时代潮流,通过旅游数字营销,开创属于遗产旅游乃至整个旅游行业的美好未来。

第四节 世界文化遗产旅游典型案例

安阳殷墟是我国历史上有文献可考,并被甲骨文与考古发掘所证实的古代都城遗址,也是中国考古学理论与方法的试验田,其所展示的殷商文化,是中国古代灿烂文明的代表与象征,是中国古代历史上最具特色的、最具原真性的文化遗产。选取安阳殷墟作为典型案例,对其考古研究、遗产保护以及遗产旅游的现状进行分析,并总结其发展经验,以期为我国其他遗址类的世界文化遗产的考古研究、遗产保护和旅游可持续发展提供借鉴。

安阳殷墟位于中国历史文化名城——安阳市的西北郊,总面积约36平方公里,以小屯村殷墟宫殿宗庙遗址为中心,沿洹河两岸呈环形分布,现存遗迹主要包括殷墟宫殿宗庙遗址、殷墟王陵遗址、洹北商城等。殷墟是商代晚期的都城,代表了我国早期文化、工艺和科学的黄金时代,是我国青铜器时代最繁荣的时期,距今已有3300年的历史。殷墟凭借着其自身独特的文化价值和细致化的保护管理制度,具有典型示范意义,在我国世界文化遗产中占据着举足轻重的地位。近年来,殷墟在考古研究、遗产保护、遗产旅游三个方面都进行了创新性的探索并取得不错的成就,梳理其发展历程以及取得的成就,将其成功的经验总结如下:

（一）持续深入考古，守护文明根脉

认识殷墟离不开考古，认识中华文明起源离不开考古，这对探索中华文明起源具有重大意义。2022年10月28日，习近平总书记在河南安阳考察殷墟遗址时，强调考古工作要继续重视和加强，继续深入中华文明探源工程。[①] 殷墟一直秉持着这样的理念，聚焦中华文明探源工程、考古中国的重大课题，深入开展黄河文化研究，阐释好中华文明发展进程的脉络图景。党的十八大以来，殷墟实施的多项考古发掘项目，为科学阐释中华文明起源问题提供了珍贵的实物证据。殷墟的考古研究从考古学理论、方法与实践等方面出发，为构建中国考古学奠定了科学基础，确定了仰韶文化、龙山文化与商文化的文化谱系与年代学框架，成为我国考古学探索中夏商考古的重要支撑点。

殷墟遗址的规模之大以及其丰富的内涵和文化影响力，在世界上都是首屈一指的。殷墟是中华文明探源工程的起点和基石。自1928年中国考古人正式开展殷墟考古工作以来，在近一个世纪的时间内这里先后发现了不少古代遗址，出土了数量惊人的精美文物，全面系统地展现了我国商代晚期都城的风貌。习近平总书记指出，"殷墟出土的甲骨文为我们保存3000年前的文字，把中国信史向上推进了约1000年"。殷墟考古队伍的逐渐壮大，科研条件的逐步改善，为其考古工作的顺利开展奠定了坚实的基础。新时代殷墟考古坚持聚落考古理念引领，深化多学科、跨学科合作研究，力求揭示更加全面、真实、鲜活的商文化，阐释好中华文明脉络。目前，殷墟考古发掘工作仍在进行，殷墟国家考古遗址公园正在建设，未来殷墟考古将发挥更大价值，为梳理中华文明发展脉络提供更为全面的证明。

（二）讲好中国故事，积极走出去

殷墟在持续深入地推进考古过程中，依据殷墟对中华文明乃至人类文明的独特贡献和独特地位，将其遗产背后所蕴含的独特价值及内涵进行创造性转化、创新性发展，努力讲好中国故事，推动殷墟文化积极走出国门，为世界了解殷墟、了解中

[①] 《全面推进乡村振兴　为实现农业农村现代化而不懈奋斗》，《人民日报》2022年10月29日。

华文明提供了一个示范性的窗口。殷墟为其文字考古研究建立了专门的博物馆——中国文字博物馆，开馆至今，中国文字博物馆共接待国内外参观人数1200万人次，为中外观众提供讲解60000余场次。中国文字博物馆秉持传承与创新的文化诉求精心打造了面向国内外的大型文化展览——《汉字》巡展，系统全面地展示汉字的起源、发展、演变及应用，生动鲜活地再现汉字的书写艺术及数千年来积淀下来的妙趣精华。安阳邮政部门还将殷墟的殷商文化、甲骨文字等巧妙固化成明信片、邮票等实物，并借助全国邮政网络，和旅游部门开展推介活动，架起了让世界认知中国文化的沟通桥梁，增强中国文化的国际影响力和竞争力。如今殷墟已经成为安阳的一张文化名片、一个展现中华文化魅力的重要窗口、一个世界文化交流的平台。

（三）网格化分级保护，加强法治保障

建立健全网格化责任体系，扣紧责任链条。安阳于2019年成立殷墟管委会，把殷墟的保护工作放在第一位，逐步有序开展殷墟的提升工程。管委会实行网格化安全管理，将殷墟保护区分为四级网格治理：其中一级网格是区政府；二级网格是乡镇、街道办事处；三级网格是村、社区；四级网格是村和社会更细分的片区、楼院等区域，并将相关信息予以公示，并为迅速发现异常情况还建设了"智慧殷墟巡更系统管理平台"，将安阳殷墟的网格化管理落到实处。此外，管委会还印发《殷墟文物安全巡查问题交办、督办、问责办法》，层层签订《文物安全工作责任书》，多措并举，强化巡查，落实责任，采取多种形式，加大对重点区域的巡查力度，夯实殷墟文物保护的工作基础，让大遗址保护落地落细。

安阳市积极推进殷墟遗址保护的相关法律制度和司法保护基地的建设，严厉打击破坏殷墟世界文化遗产的行为，为殷墟的保护提供强有力的法律支撑，推动提升安阳殷墟的保护和管理水平。2021年7月30日，《河南省安阳殷墟保护条例》经省十三届人大常委会第二十六次会议审议通过，并于10月1日起正式施行。2022年8月3日，殷墟世界文化遗产司法保护基地建立，基地是运用法治力量和行政力量全方位保护殷墟古文化遗产的有益探索，对保护好、发展好、利用好古文化遗产，促进建设社会主义现代化活力古都出彩安阳具有重要意义。法律的完善与法治力量的落实到位解决了殷墟保护中存在的诸多困难与问题，为殷墟的保护与管理提供了强有力的司法保障，切实将殷墟世界文化遗产保护好、利用好、发展好。

（四）融入科技力量，为遗产旅游注入新活力

互联网的发展以及大数据的应用为文化遗产旅游的发展注入了新的活力。安阳殷墟牢牢把握这一时代趋势，抓住机遇，运用大数据快速获取信息，与流量平台合作，采用大众所喜闻乐见的形式，将静态的、严肃的遗址及文物转化为动态的、生动的文化产品，让文物"活"起来，让遗产以一种新的形式展现出来，绽放其独特的文化魅力，为遗产旅游增添了新的活力与生机。与央视联手打造的纪录片——《殷墟之谜》通过全景式梳理殷墟考古百年来的重大成果以及背后的故事，全方位展示殷墟近年来的考古发现和重大成果，自播出以来取得了一致好评。同时大型中华文明探源系列直播《文明的坐标》，通过镜头向网友解甲骨之谜，探青铜之魂，亦取得了不错的收视率。为更好地传播和传承殷商文化，殷墟还投资拍摄了网络电影《战神赋之妇好》。

除影视和综艺外，殷墟博物馆在文创研发方面也颇下功夫。殷墟博物馆以甲骨和亚长牛尊为原型，推出文创雪糕；以考古文物为原型推出了卧虎、蟠龙、殄鸟、跃鱼、踞鹿"肖生玉系列"等数字藏品，与梦幻西游打造联名款文创产品，吸引了广大文博爱好者纷纷前来打卡，提升殷墟知名度的同时也带来了较为可观的经济收益。殷墟还搭乘"元宇宙快车"，让千年殷墟"活"起来，不断拓展殷墟活化利用的新形式、新空间。首个考古文旅数字小镇于安阳纱厂启幕，让千年文明与文旅商业数实共生。科技力量的融入使这些文化瑰宝重新焕发生机，让遗产价值在新时代得到创造性转化、创新性发展，使其价值源于文化遗产又超于文化遗产，让殷墟在人类文明进步和世界文明进程中闪耀璀璨的光芒。

（五）产业融入生活，遗产与城市共生

安阳殷墟努力重构"文化遗产"的保护话语体系，在社会公正的基础上重塑地方性遗产观，在认知与实践层面更好地解决遗产保护与利用问题，并为此做了许多尝试，取得了初步成效。殷墟坚持让考古走进公众，把产业融入生活，活化文化遗产，融入城市发展，遗产与城市共生，主客共享美好生活新空间。殷墟通过创新展陈、解说和建构的方式，为安阳市注入新的文化内涵、新的动能和新的力量，以共

同价值为导向，以理性逻辑和共情叙事为支撑，讲好新时代的城市故事。

安阳市充分发挥殷墟价值，带动全社会参与殷墟的保护与利用，让殷墟成为新时代文化高地的地基，让更多的人亲而近之，让市民和游客感受到城市的生机和未来。组织"文字最早，安阳鼎好"征文、"文物赋彩全面小康"、"守护文化根脉，传承中华基因"、"守护大殷墟，法官在行动"等系列活动，带动全民自觉守护殷墟；并于2020年11月开启公众考古模式，面向全国公开招募考古志愿者，让公众走近考古，近距离感受殷商文明。殷墟管委会积极探索"管委会＋公司"景区运营模式，与知名企业、文化集团合作，大力推进文旅融合，建设文旅考古小镇，将殷墟的资源优势转化为发展优势。实施环境整治工程，建设生态停车场，推进三角地带入口广场环境整治工程，改善殷墟周边环境状况。

（作者简介：王欢，中国旅游研究院文化旅游研究基地研究员；谌天雅，中国旅游研究院文化旅游研究基地研究助理）

第六章 乡村文化旅游发展分析与展望

李 昊 张希燕

乡村文化旅游是乡村文化和乡村旅游融合发展的乡村产业发展新模式，是推动优秀传统乡土文化创造性转化和创新性发展的重要途径，已经成为全面推动乡村振兴的重要抓手。自《中共中央 国务院关于做好2022年全面推进乡村振兴重点工作的意见》提出"启动实施文化产业赋能乡村振兴计划"以来，文化产业赋能乡村振兴逐渐被纳入全面推进乡村振兴整体格局。乡村文化产业具有多重功能价值和综合带动作用，文化创意正成为乡村经济社会发展的助推器。各级政府积极引导和鼓励多元主体参与乡村文化创新，以文化为引领，产业为载体，巩固拓展脱贫攻坚成果同乡村振兴有效衔接。根植于地区乡土文化的乡村文化旅游有利于丰富乡村旅游内涵、提升乡村旅游品质、促进乡村旅游产品优化升级，对拓宽乡村旅游发展空间、培养乡村文旅融合新业态、推动乡村振兴至关重要，乡村文化旅游已成为乡村旅游发展的重要方向。

第一节 乡村文化旅游发展现状

（一）文化赋能激活乡村振兴政策利好

乡村振兴，既要塑形，更要铸魂。乡村振兴离不开乡村文化的振兴，在文旅深度融合背景下，发展乡村文化旅游已成为乡村文化振兴的重要途径，是推动乡村旅游高质量发展的必然要求。近年来，为深入贯彻落实习近平总书记关于乡村振兴、文化和旅游工作的重要论述，文化和旅游部积极引导乡村文化旅游深度融合发展，持续优化乡村旅游产品供给，不断推动乡村旅游融入乡村振兴大局。为全面贯彻乡村振兴战略，2022年3月文化和旅游部、教育部、自然资源部等六部门联合印发

《关于推动文化产业赋能乡村振兴的意见》，围绕创意设计、演出产业、音乐产业、美术产业、手工艺、数字文化、其他文化产业、文旅融合8个重点领域，为文化产业赋能乡村振兴建设提供全方位的引导。《中共中央　国务院关于做好2023年全面推进乡村振兴重点工作的意见》（2023年中央一号文件）明确提出实施文化产业赋能乡村振兴计划。2023年1月，文化和旅游部办公厅等五部门联合印发通知在全国开展文化产业赋能乡村振兴试点工作，《文化产业赋能乡村振兴试点工作方案》提出在2022—2025年遴选两批全国文化产业赋能乡村振兴试点县（市、区），共计100个左右。文化产业赋能乡村振兴是乡村文化振兴的重要手段也是实施乡村振兴战略的重要抓手，其核心在于对乡村文化元素的挖掘，其重点在于对乡村优秀传统文化的保护和弘扬。

为推动乡村文化和旅游高质量发展，加强乡土文化资源的挖掘和利用，文化和旅游部联合农业农村部、中国银行等多个部门从多方面鼓励支持乡村文化旅游发展。2023年6月，文化和旅游部、农业农村部联合印发《乡村文化和旅游带头人支持项目实施方案（2023—2025年）》提出每年培养支持500名左右的全国乡村文化和旅游带头人，要求各省级农业农村部门将乡村文化和旅游带头人优先纳入乡村产业振兴带头人培育"头雁"项目的培育范围并予以支持，为乡村文化旅游高质量发展提供人才支撑。2023年，全国文化和旅游赋能乡村振兴工作现场经验交流会在湖南省湘西土家族苗族自治州召开，此次交流会充分肯定乡村文化旅游在赋能乡村振兴方面取得的积极进展，鼓励乡村在发展过程中要更好发挥文化建设培根铸魂作用，把文化元素融入美丽乡村建设，推动乡村文化繁荣兴盛、乡村旅游蓬勃发展，助力"农业强、农村美、农民富"（见表6-1）。

表6-1　2022—2023年我国主要政府文件涉及乡村文化旅游内容

文件名称	发布部门/时间	涉及乡村文化旅游内容
《中共中央　国务院关于做好2022年全面推进乡村振兴重点工作的意见》	中共中央办公厅、国务院办公厅 2022-01-04	启动实施文化产业赋能乡村振兴计划。支持农民自发组织开展体现农耕农趣农味的文化体育活动。鼓励各地拓展农业多种功能，重点发展乡村休闲旅游、农村电商等产业。实施乡村休闲旅游提升计划。支持农民直接经营或参与经营的乡村民宿、农家乐特色村（点）发展

续表

文件名称	发布部门/时间	涉及乡村文化旅游内容
《关于推动文化产业赋能乡村振兴的意见》	文化和旅游部、教育部、自然资源部、农业农村部、国家乡村振兴局、国家开发银行 2022-03-21	支持各乡村引进文化骨干企业，引导文化旅游相关专业人员深入乡村开展对接帮扶和投资兴业；遴选一批文化产业赋能乡村振兴重点项目，加大项目建设和金融支持力度；鼓励各地因地制宜开展文化产业特色乡镇、特色村落建设；遴选文化产业赋能乡村振兴试点县（市、区），探索体制机制创新，总结经验做法，形成可复制、可推广的典型示范
《中共中央 国务院关于做好2023年全面推进乡村振兴重点工作的意见》	中共中央办公厅、国务院办公厅 2023-01-02	实施文化产业赋能乡村振兴计划，实施乡村休闲旅游精品工程，推动乡村民宿提质升级；发展乡村餐饮购物、文化体育、旅游休闲、养老托幼、信息中介等生活服务；深化农村群众性精神文明创建，拓展新时代文明实践中心、县级融媒体中心等建设，支持乡村自办群众性文化活动
《文化产业赋能乡村振兴试点工作方案》	文化和旅游部办公厅、教育部办公厅、自然资源部办公厅、农业农村部办公厅、国家乡村振兴局综合司 2023-01-12	发挥文化和旅游产业的社会效益，创新性挖掘活化乡村优秀传统文化资源；做强乡村特色文化和旅游产业，丰富乡村文化产品和文娱活动；加强文化和旅游人才队伍建设，制定支持文化和旅游人才、企业的扶持政策；推动文化和旅游项目建设运营，推动实施一批具有较强带动作用的重点项目；提升文化和旅游设施效能，加强功能融合，提高综合效益；统筹利用乡村文化和旅游资源，挖掘和活化乡土文化资源；探索文化和旅游产业用地模式
《"大地欢歌"全国乡村文化活动年工作方案》	文化和旅游部办公厅、农业农村部办公厅、国家乡村振兴局综合司 2023-02-17	加强协同配合，利用农闲组织农民群众广泛参与的文化活动；持续培育乡村群众文艺团队，开展基层文化队伍培训，深入开展乡村文化和旅游志愿服务；注重利用新媒体平台，全方位、多角度展示乡村文化振兴成果，以农文旅为重点，建立线上线下融合发展的文化产品供给体系
《关于推动非物质文化遗产与旅游深度融合发展的通知》	文化和旅游部 2023-02-22	加强项目梳理、突出门类特点、融入旅游空间、丰富旅游产品、设立体验基地、保护文化生态、培育特色线路、开展双向培训8项重点任务；支持将非物质文化遗产与乡村旅游、红色旅游、冰雪旅游、康养旅游、体育旅游等结合
《乡村文化和旅游带头人支持项目实施方案（2023—2025年）》	文化和旅游部办公厅、农业农村部办公厅 2023-06-02	搭建宣传推介平台和交流合作平台，营造乡村文化和旅游带头人队伍建设良好氛围；将带头人纳入文化产业赋能乡村振兴工作体系，享受文化产业赋能乡村振兴各项支持措施和优惠

续表

文件名称	发布部门/时间	涉及乡村文化旅游内容
《关于金融支持乡村旅游高质量发展的通知》	文化和旅游部办公厅、中国银行 2023-06-30	入库项目重点支持盈利模式成熟的休闲观光、康养度假、农文旅融合、文化展示体验、乡土研学等项目，面向文化和旅游活动策划、乡村文化和旅游创新创业基地等主体；共同加强对田园综合体、文化体验、研学基地、剧本娱乐、户外营地等乡村旅游新业态研究
《关于加强渔文化保护、传承和弘扬工作的意见》	农业农村部、文化和旅游部、国家文物局 2023-07-25	鼓励符合条件的渔文化重点区域申报美丽休闲乡村、全国乡村旅游重点村镇、中国传统村落、中国民间文化艺术之乡等，推动渔文化保护服务乡村振兴；推进渔文化和旅游深度融合发展，发展特色产业，发展集渔文化传承、体验、旅游、教育、研学等功能于一身的渔文旅产业
《国内旅游提升计划（2023—2025年）》	文化和旅游部 2023-11-11	开展文化产业赋能乡村振兴试点，推动提升乡村旅游运营水平。推出一批全国乡村旅游重点村镇、乡村旅游集聚区、国际乡村旅游目的地

（二）根植本土文化助力乡村出圈出彩

随着帐篷露营、乡村音乐节、艺术展览、非遗体验等业态引入乡村休闲旅游，近郊游、周边游、微度假持续火爆。在竞争日趋激烈的旅游市场环境下，缺乏文化特色的乡村旅游举步维艰，各地纷纷采取措施推动乡村文化旅游不断升级，以满足游客对高品质乡村旅游的需求。文化和旅游部不断推进"中国民间文化艺术之乡"建设，鼓励各地塑造"一乡一品""一乡一艺""一乡一景"特色品牌，打造有影响力的乡村文化名片，不断提升乡村文化建设品质。浙江省围绕"浙韵千宿""浙里演艺""浙里千集"等文旅品牌，相继打造"艺创乡村""唐诗乡村""中药乡村""非遗乡村""海岛乡村""宋韵乡村""旅居乡村"等特色样板乡村。安吉县厚植乡村文化底蕴，注重乡土元素挖掘保护，建立26个村落文化博物馆，丰富乡村文化旅游体验。贵州省将少数民族特色文化注入"体育+旅游"中，"村BA""村超""村歌"不断出圈，乡村文化旅游发展迅速。浙江省舟山村立足核雕文化，围绕"中国核雕第一村"定位，充分发挥地域文化特色，将核雕文化与乡村民俗文化相融合，打造了涵盖休闲旅游、亲子娱乐、手工艺、博物馆等周边配套服务的舟山核雕文旅项目，夯实乡村振兴基础。山西省阳城县积极推动"乡村文化记忆工程"

建设，围绕当地红色文化、农耕文化、古堡民居文化、地域文化等，在全县各乡镇建立各类乡村文化记忆馆 53 个，如北留郭峪村传统文化记忆展馆、禹珈豪蚕桑文化馆、白桑通义"义"文化展馆等，实现乡村文化的保护与传承。河北省承德市西道村依托草莓产业，将草莓文化与皇家文化、民俗文化深度融合，实现"美丽乡村＋扶贫攻坚＋乡村旅游＋产业发展＋农村特色文化开发＋农村电商＋沟域经济＋城乡统筹"八合一融合发展独特理念，成为河北美丽乡村建设典范。2022 年 12 月，广西大寨村和重庆荆竹村成功入选联合国世界旅游组织"最佳旅游乡村"，加上此前入选的浙江余村和安徽西递村，我国已有 4 个乡村入选世界"最佳旅游乡村"，它们以乡村独有的方式来讲述中国故事、传达中华文化、展现中国形象，推动中外文化交流。

（三）公共文化建设助推乡村文化旅游

乡村公共文化建设是实施乡村振兴的必然要求，也是改善人民生活品质的系统性工程。乡村公共文化建设水平的高低直接影响着游客的旅游体验质量，是乡村文化旅游高质量发展的重要支撑。乡村公共文化建设既包括乡村文化基础设施、乡村文化队伍等硬件方面的建设，也包含乡村思想文化体系、乡村公共文化服务体系等软件方面的建设。近些年，各级政府不断加强乡村公共文化建设，建设了一批乡村文化站、村史馆、图书室、文化广场等基础设施。一些乡村建立刚性投入机制，不断加大乡村文化基础设施建设资金投入，加强乡村公共文化设施管理，为乡村文化旅游的发展奠定了良好基础。文化和旅游部高度重视乡村群众文化活动建设，2023 年 2 月，文化和旅游部联合农业农村部、国家乡村振兴局启动"大地欢歌"全国乡村文化活动年建设，接连推出四季村晚、广场舞展演等 12 大品牌活动，不断推进乡村公共文化服务高质量发展。为将乡村本土文化资源有效整合起来，河南省积极推动"乡村文化合作社"试点建设，鼓励乡村文化艺术队伍发展，充分调动村民的积极性和创造性，有效激活乡村文化内生动力，提升乡村公共文化服务效能。目前已初步形成了政府引导、新乡贤返乡创业、文化能人带动、跨界深度融合等发展模式，为乡村振兴凝神铸魂发挥了重要作用。湖南省怀化市靖州苗族侗族自治县三锹乡通过乡村公共文化建设推动乡村文化旅游高质量发展，整合全乡各类便民服务场所和公共文化服务阵地资源，提升乡村公共文化服务体系建设，农林文旅齐头并进，不断提高村民文化生活质量和游客文化体验。

（四）艺术乡建赋能乡村振兴颇有成效

近年来，各地积极探索艺术乡建赋能乡村振兴实践，通过吸引优秀艺术家驻村、与艺术院校合作等方式，对乡村古宅民居、生产生活空间、田野景观等进行艺术化改造，结合乡村艺术节、美术展等活动，对乡村进行文化赋能，丰富村民文化生活，吸引游客参观游览。2007年被称作"中国艺术乡建元年"，源于广东工业大学渠岩教授团队在山西和顺县开启的"许村计划"。此后，2011年艺术家欧宁和左靖在安徽黟县发起"碧山计划"，也是我国艺术乡建实践的典型案例。近些年来，围绕"艺术乡建"所开展的乡村建设运动，已逐渐成为乡村振兴过程中不可忽视的力量，诸如福建省屏南县以文创激活乡村振兴的"屏南模式"，"中国乡村文明复兴的典型代表"广东佛山顺德青田村的"青田范式"，江西省浮梁县寒溪村的"大地艺术节"等都是我国艺术乡建赋能乡村振兴的典范。《关于推动文化产业赋能乡村振兴的意见》的出台，意味着艺术乡建作为文化产业赋能乡村振兴的重要组成部分，已被纳入国家发展战略并落实相关政策，为艺术乡建赋能乡村振兴指明了方向。2022年5月，浙江省委宣传部、省乡村振兴局、省文联共同印发了《关于开展"艺术乡建"助力共同富裕的指导意见》，明确了艺术乡建的目标任务和主要举措。经过多年实践积累，浙江已初步提炼了塑形版、共生版、赋能版等艺术乡建版本以及文联主导型、社会助力型、名家带动型、创客加持型、村民内驱型等五种艺术乡建模式。2022年7月，江苏省结合本省实际，制定了《关于推动文化产业赋能乡村振兴的实施意见》，提出深化非遗创意基地建设、实施"乡村旅游驻村辅导员行动计划"、驻村规划师等一系列举措。2022年7月31日，文化和旅游部在河南省信阳市光山县召开"文化产业特派员"制度试点启动会，河南在全国率先推行"文化产业特派员"制度试点工作，初步形成"政府＋群众＋资本＋特派员"多轮驱动的文化产业特派员模式，打造乡创乡建的"河南样本"。

第二节 乡村文化旅游发展存在的问题

（一）盲目跟风发展乡村旅游

有效的乡村管理体系是构建乡村良好秩序、实现乡村振兴的有效保障。但是，目前部分乡村对文化旅游理解较为片面，在缺少专业乡村文化旅游运营管理团队的情况下，盲目跟风发展乡村旅游，投入产出不成正比，造成了资源的巨大浪费。部分乡村忽视了乡村文化旅游发展的整体性和可持续性，重投资、轻运营，重建设、轻业态，导致乡村文化旅游在后期运营管理过程中面临种种难题。尽管各部门都在大力支持乡村振兴，但是由于缺少提前谋划，很多乡村难以将各项乡村发展资金进行统筹安排，不能锚定乡村文化旅游发展主题，将各部门建设项目与乡村文化旅游发展有机结合，导致重复性建设或者无效建设。又或者不考虑村民实际需求，以城市的方式建设乡村，盲目建设公园、广场、博物馆、健身房等，最终导致村民不喜、游客不爱。有些乡村不重视乡土文化的挖掘，一味跟风引进"网红"项目，又缺少人才培养和基础设施配套，造成项目粗制滥造、工作人员专业性不足、后期维护成本无力负担等现象，严重影响乡村文化旅游可持续发展。

（二）乡村文化挖掘缺少特色

文化是乡村旅游的灵魂，乡村旅游发展只有充分融入当地特色文化，才能可持续发展已成为共识。特别是文化产业赋能乡村振兴计划提出以来，各地都非常重视乡村文化的挖掘和培育，但是一些乡村的文化旅游资源开发仅仅停留在对乡村建筑、乡村风貌、生产工具等浅层次具象文化的展示，缺少对乡村民俗、非遗特色、风土人情等深层次抽象文化的创新性转化。一些乡村文化的展现形式缺乏创新，千篇一律的村史馆、农耕博物馆、乡愁记忆馆、文化长廊等让人审美疲劳，展示形式只有图片、景观塑造等，游客无法进行立体式体验，难以形成吸引力。一些乡村文化旅游的开展仅是对某"成功"乡村旅游项目的简单复制，缺乏对本土文化独特性、创新性、适用性的思考，难以形成独特的乡村文化符号，导致乡村文化旅游同质化现象严重，缺乏竞争力。

（三）村民参与主体地位缺失

乡村振兴不是一蹴而就的，更不能由某一单一群体完成，而应在多主体协同合作的基础上进行。乡村文化旅游发展受政府、村民、投资运营企业、乡贤、游客等多方利益主体的影响，但是村民应当是乡村振兴的最大受益者，以村民为核心的共建共管的多元主体协同参与是乡村文化旅游健康发展的保障。但是随着城市化进程不断加快，乡村年轻劳动力流失严重，乡村老龄化问题突出，且村民文化保护意识淡薄，文化素质普遍不高，更缺乏参与乡村文化旅游发展的专业性，乡村难以形成多元主体参与的共建共管发展理念。当前，以艺术乡建为代表的乡村文化振兴虽取得了一定成绩，但是在实际发展过程中，往往存在政府政策性引导，外来企业主体或者艺术家单一主导、其他利益相关者服从，乡村当地村民集体失语等问题。乡村文化旅游的发展关键在于人，外来企业往往以经济利益为目标，对乡村当地文化认识浅薄，只有充分调动村民的积极性，提高村民的参与度，才能增加村民对乡村文化的归属感和认同感，更好地推进乡村文化旅游。由于乡村发展基础不同，起主导作用的建设主体理应有所不同，但是尊重村民的主体地位不容忽视。

（四）乡村文旅产业融合不够

多业并举是文化产业赋能乡村振兴的基本路径，在乡村文化旅游发展过程中，如何通过文化旅游促进乡村一二三产融合发展是现实需求。但是由于快速城市化、过去重城轻乡理念等因素的影响，乡村缺乏人才、技术以及资金等多要素支持，乡村未能形成产业集聚和产业融合的基础平台。大部分乡村地区的产业仍处于初级阶段，产业单一，服务质量低端化，缺乏乡村文化旅游产业融合发展的前提条件，难以满足游客对高品质文化旅游产品的需求。此外，由于缺少科学的顶层设计，乡村文化资源利用不合理，乡村文化旅游产业开发不当，在一定程度上会影响乡村文化的传承与保护，降低游客体验，不利于乡村文化旅游发展。很多地方缺少龙头文旅企业，缺乏创新意识和创新能力，无力对乡村文化产品进行研发，也影响乡村文化旅游融合效率和发展质量。

第三节　乡村文化旅游发展趋势

（一）乡村文旅融合高质量发展

2023年2月，中共中央、国务院印发《质量强国建设纲要》提出必须把推动发展的立足点转到提高质量和效益上来，提升旅游管理和服务水平，规范旅游市场秩序，改善旅游消费体验，打造乡村旅游、康养旅游、红色旅游等精品项目。2023年9月，国务院办公厅印发《关于释放旅游消费潜力推动旅游业高质量发展的若干措施的通知》明确提出要开展乡村旅游提质增效行动，建设一批富有地域文化特色的乡村旅游重点村镇。2023年11月，文化和旅游部印发《国内旅游提升计划（2023—2025年）》对推动旅游业高质量发展作了进一步要求。一系列政策的出台，推动新时代乡村旅游高质量发展迈上快车道，文化与乡村旅游深度融合是乡村旅游高质量发展的应有之义。今后的乡村旅游发展应积极推动乡村文化基因解码工程，系统梳理乡村文化资源，找准文化发力点，以特色文化提升乡村产业内涵品质，推动各类文化业态与乡村旅游深度融合，发展农文旅、一二三产有机融合的乡村特色文化旅游产业。乡村文化旅游开发应注重传递乡村文化发展新理念，重视对乡村文化的创新性发展和创造性转化，不断催生乡村文化旅游新产品、新业态、新模式，持续推进乡村文化旅游高质量发展。

（二）优化乡村文化旅游产品供给

加大优质旅游产品和服务供给是推动旅游业高质量发展的重要措施，随着文化产业和旅游产业融合业态日益丰富，乡村文化旅游可将音乐节、戏剧节、艺术节、动漫节、演唱会、体育赛事、艺术展览、文旅展会等业态积极引入乡村，丰富乡村文化旅游业态。积极培育乡村多元特色文化旅游生态体系，创新乡村文化旅游产品供给，推动创意设计、文化演出、节庆活动、民俗演艺、研学等业态与传统的农业景观、美丽田园、农耕体验、休闲渔业、户外运动等乡村旅游产品进行深度融合，打造乡村文化旅游多元消费场景，拉动文旅经济增长。加强乡村文旅产业与其他产业融合，除了农文旅融合，有条件的乡村可将工文旅、商文旅等文旅业态引入乡村，打造农工文旅、农商文旅等新业态。此外，我国高度重视推动非物质文化遗产与旅游深度融合发展，文化和旅游部印发《关于推动非物质文化遗产与旅游深度融合发展的通知》大力支持非物质文化遗产有机融入乡村旅游各环节，鼓励乡村非遗工坊、展示厅、传承体验所（点）、代表性传承人工作室等的建设，发展非物质文化遗产旅游将成为乡村文化旅游产品提质增效的重要手段。

（三）数字化助推乡村文化旅游

随着人工智能、虚拟现实等数字技术的迅速发展，一批文化旅游新业态、新场景应运而生，数字化已成为文化旅游发展的重要方向。对于乡村来说，数字技术可以更好实现乡村文化资源整合、乡村文化内容创新、乡村文化产品宣传以及乡村文化旅游服务提升等，加快乡村文化旅游产业转型升级，促进乡村文化旅游创新发展。2022年5月，中央办公厅、国务院办公厅印发《关于推进实施国家文化数字化战略的意见》将文化数字化战略作为繁荣文化事业和文化产业的重要措施，明确提出要加快文化产业数字化布局，通过数字化发展乡村文化新产业，延续乡村文化根脉，助力乡村全面振兴。未来，随着数字乡村建设的大力推进，数字技术将与发展乡村实体经济、构建乡村治理体系加速融合，拓展农业农村大数据应用场景，为乡村文化旅游发展注入新的活力。在数字化乡村建设背景下，乡村文化旅游发展智能化水平将不断提高，基础设施功能更为完善。通过全息呈现、数字孪生、高逼真、跨时空等新型体验技术的应用，有助于乡村创新文化表达方式和呈现方式，例如在村史馆打造沉浸式文化体验，利用高科技丰富乡村夜间旅游活动等，更好地将乡村文化旅游体验融入乡村生活场景中。此外，发展线上线下一体化、在线在场相结合的数字化文化旅游新体验，实现乡村文化旅游空间场景更新。海量数据的收集和分析能更精准了解游客需求，有针对性地开发旅游产品，提高乡村游客满意度。

（四）乡村文化旅游建设品牌化

乡村品牌是乡村高质量发展的重要象征，随着乡村振兴战略的稳步推进和日趋多元化的旅游选择，游客对乡村生态环境、传统文化以及休闲度假的需求不断增强，迫使乡村必须走全域化、精品化、品质化的乡村文化旅游发展道路，打造特色化的乡村文化旅游品牌。国家高度重视品牌建设工作，2022年7月，国家发改委等七部门联合印发《关于新时代推进品牌建设的指导意见》，提出要发展乡村新产业新业态，围绕休闲农业、乡村服务业等，打造一批新型农业服务品牌等。树立乡村文化旅游品牌形象是增强乡村文化旅游吸引力、提高乡村知名度的重要手段，乡村文化旅游品牌塑造应当凸显当地文化价值，充分发挥创意设计在乡村建设、乡村产业、乡村文化等方面的应用，以新思路谋求乡村文化发展。通过艺术作品创作、文娱节庆活动、文创产品设计开发等多种创意创新手段，推动文化旅游与乡村产业有机融合，以创意打造乡村文化旅游IP品牌，激发乡村文化旅游新活力。

第四节 乡村文化旅游发展案例

（一）河南省郝堂村："文化 + 金融"赋能乡村振兴

郝堂村隶属于河南省信阳市平桥区五里店办事处，距信阳主城区20公里，地处大别山余脉，依山傍水，自然环境优越。但因地理位置偏僻，曾面临经济发展落后、农田撂荒、年轻人口外流、卫生环境差、基础设施老旧等问题，是省级贫困村。自2009年起，郝堂村在地方政府的大力支持下，寻求中国乡村规划设计建设院院长李昌平、画家孙君等乡创专家的帮助，从村庄规划、环境美化、道路改造、水系改造、桥梁建设等方面对乡村进行全面改造，保留乡村原始风貌，激活当地特色文化，不断吸引游客到访。先后荣获全国首批美丽宜居村庄示范、中国最美休闲乡村、中国乡村旅游模范村、中国人居环境范例奖等全国"美丽乡村"首批创建试点乡村。现有休闲农业与乡村旅游经营单位150多家，培育省、市级农业产业化龙头企业4家，年接待游客人数100多万人次，旅游年营业收入超过4000万元。

党的十八大以来，郝堂村坚持"尊重自然环境、尊重村庄肌理、尊重群众意愿，不挖山、不填塘、不砍树、不扒房"的"三尊四不"原则，借用外部力量和现代理念激活旧的资源，通过"改水、改厕、改厨、改房"，保护生态文化、提升绿色文化、培育民俗文化、复兴村落文化，走出了一条望得见山、看得见水的乡村发展之路。主要发展举措如下：

一是特色文化引领。平桥区地处豫南淮河两岸，是"淮上文明"和"古楚文明"的发源地，历史文化底蕴深厚。近些年来，平桥区委、区政府始终坚持文化立魂、文化赋能，不断夯实文化基础设施建设、丰富乡村文化旅游活动、壮大乡村文旅产业。建设"郝堂·茶人家"项目，围绕茶文化，引导村民修建茶馆、茶驿站、茶院等，在庭院前后种植花草，营造典雅静谧的茶文化环境，给游客提供体验茶文化的休闲消费场所。茶社里有村民对郝堂村茶文化历史以及制茶程序进行讲解，并提供立体式的茶文化体验。组织举办各种文化活动弘扬茶文化，丰富村民文化知识，提升村民文化传承意识，推动以茶文化为核心的多种文化共同发展，形成当地文化特色。

二是多主体参与。地方政府、村集体、乡创专家、村民和旅游经营者等多元化的治理主体是郝堂村可持续发展的关键。地方政府将郝堂村作为乡村可持续发展项目试点村，充分调动并监督各种资源项目在郝堂村的落地实施。李昌平推动设立郝堂村夕阳红养老资金互助合作社，以内置金融模式筹集启动资金，将村民有效组织起来。孙君坚持用最自然、最环保的方式来建设村庄，将老房子进行保留，吸取豫南传统民居特点进行旧房改造和新房建设。地方政府不断完善基层文化空间，强化乡村公共文化服务体系建设，连续举办"郝堂村晚"、乡村音乐会、传统制茶大赛、茶艺大比拼等活动，不断增强村民参与感和集体认同感。

三是坚持原真保护。郝堂村在乡村建设过程中，坚持保护乡村文化的原真性，在保留乡村原有文化、古民居、古建筑的基础上开展规划设计。孙君在乡建过程中坚持"把农村建设得更像农村"理念，宣扬要让鸟回村、让年轻人回村、让民俗回村，尽量还原和保留乡村自然肌理。该村整体建筑风格极具地方特色，又富有艺术美感，在满足村民基本生活保障的同时，又为游客提供艺术观赏价值。通过恢复乡村生态景观、改善乡村环境、活化乡村文化、完善基础设施等，郝堂村文化旅游发展不断深入。

四是打造文化品牌。2022年11月，郝堂村正式入选信阳市首批"乡村未来社区"试点和"中国乡村未来社区试点"，品牌化经营成为郝堂村未来社区试点建设聚焦的重点。郝堂村已正式发布"中华郝"系列村庄品牌、产品品牌和服务品牌，推出"中华郝土产""中华郝礼包"等特色产品，首批200位村民电商培训正式开班，郝堂村正以品牌重构、产业先行为引领，全面揭开"中国乡村未来社区"试点建设的序幕。

郝堂村紧抓美丽乡村建设和乡村振兴战略契机，秉持自然人文和谐发展理念，恢复乡村美学，保留乡土文化，演绎了农村由脏乱到干净、由干净到美丽、由美丽到富裕的嬗变，成为中国艺术乡建的样本。

（二）江西省寒溪村：一场落在大地上的艺术实验

寒溪村隶属于江西省景德镇浮梁县臧湾乡，该村史子园小组是1966年因新安江水库修建从浙江淳安来到浮梁的纯移民小组，经过几十年努力，这里贫地变良田，荒山成茶山，是一个特殊的"移民村"。该村山地地貌较多，生态资源丰富，乡间布满了茶田茶树，其中浮梁红茶最负盛名。从2021年开始，一场名为"艺术在浮梁"的展览将这里变为"没有屋顶的美术馆"，吸引众多游客前来打卡参观。从田野到茶园，从旧屋到场院，18平方公里的土地上，来自5个国家和地区的27件艺术装置点缀其间。这个只有200多户的村组，成功创建4A级乡村旅游点，累计接待游客人数超过20万人次，成为文化艺术赋能乡村振兴的典范。

"艺术在浮梁"项目最初能迅速落地，源自当地政府的高效推动，也基于浮梁创新发展的现实需求和独特的自然人文禀赋，三者缺一不可。其主要措施如下：

一是人居环境美化。该村秉承"生态立村、产业强村、旅游兴村"的定位，立足生态优势，做优绿色产业。2019年，借助"茶旅融合"契机，该村进行了整村整治，以建筑美化、村庄绿化、庭院洁化、水源净化、道路硬化"五化"为重点，建设"三园两馆两亭"（寒竹园、溪茶园、乡音园；村史馆、初心馆；史子亭、云溪亭），打造史子园精品村，走出一条"党建促发展、发展促生态、生态促转型"的绿色发展振兴之路。依托史子园厚重的文化底蕴和优美环境，成功吸引"艺术在浮梁"项目落户这里。

二是政府高效推动。2020年，浮梁县实施"乡创特派员制度"，建立以人才为核心的资源配置体系，以特派员助力乡村建设，以文化带动乡村振兴。推动浮梁发展集团与北京瀚和文化传播有限公司达成项目合作，孙倩作为首批26名乡创特派员之一进驻寒溪村，开启"艺术在浮梁"项目。"艺术在浮梁——村落计划"以助力乡村振兴为核心宗旨，以产业运营与持续发展为目标，通过外部资源的引入和产业联动模式，实现文化与乡村的多维链接，逐步推动产业发展，从而促进乡村振兴。

三是立足特色产业。该村充分利用拥有2600余亩茶园的资源优势，在完善基础设施的基础上,致力产业改造升级,引进瓷茶一体化机器人项目。以茶促旅,以旅兴茶,着力推出"采茶、制茶、品茗"主题产品,打造研学、体验等新兴业态,推进"茶海公园+乡村旅游"茶旅一体化发展。按照"公司+种植能手+脱贫户"的产业帮扶模式,成立了浮梁合心力农业开发有限公司,通过流转农户闲置土地,种植各类农作物近千亩及水果三百余亩,形成"公司运作、农户生产、效益共享"的良好态势,不断增强群众的自身造血功能,实现村民持续增收,村集体经济不断壮大。

四是专业团队运营。依托北京瀚和文化传播有限公司在中外文化交流中积累的经验、资源和专业团队,乡创团队运用"艺术创生"核心理念及方法论,将田间地头、闲置民房、废弃厂房和存量设施与公共服务设施实现复用,把移民历史、垦民文化、乡村生活等以综合丰富的艺术形式呈现,打造出了艺术场景化、生活艺术化的村落,为乡村的发展注入了新鲜的活力。此外,寒溪村与瀚和文化共同入股,成立拾八方(18^2)文旅发展有限公司,通过"社区化"管理将村民闲置房屋打造为精品民宿、风情咖啡馆等,并把各类农产品、风味小吃等设计成具有统一艺术标识的纪念品、艺术品等,带动了当地旅游经济发展,促进村民增收。

五是举办艺术活动。自2021年以来,"艺术在浮梁春秋展"、氛围音乐节、"之禾"服装秀、"溪望节(移民纪念日)"等一系列艺术活动在该村举办,先后邀请世界26位知名艺术家,以艺术轻介入、不打扰为原则,在尽可能保持乡村原有历史印记的前提下,将本地故事、村民生活、人文历史等,通过艺术作品的形式展现给观众,吸引国内外友人和知名舞蹈家前来旅游助演,提高了寒溪村的知名度,吸引了大量游客。

通过不断举办艺术兴村活动,寒溪村以其独特的艺术魅力,吸引游客纷至沓来。文旅融合发展为该村注入了无限的生机和活力,"艺术在浮梁"已成为一个通过文化艺术带动乡村全面振兴发展的区域性样板项目。

(作者简介:李昊,中国旅游研究院文化旅游研究基地研究员;张希燕,中国旅游研究院文化旅游研究基地研究助理)

第七章　旅游文创发展分析与展望

高春留

旅游文创在旅游业中扮演着越来越重要的角色，其地位逐渐得到认可和重视。尽管疫情对旅游业造成了影响，但 2023 年以来旅游文创产品仍表现出了较大的发展潜力。通过关注数字化创新、个性化体验、可持续发展、本土文化和安全卫生等方面，可以打造更具吸引力和竞争力的旅游文创产品，从而推动旅游业的复苏和发展。

第一节　旅游文创发展状况及其特征

从 2022 年到 2023 年旅游文创发展的实践来看，旅游文创行业将朝着数字化、个性化、可持续和跨界融合的方向持续发展，为游客提供更加丰富多样的旅游文化体验。

（一）旅游文创发展总体特征

1. 持续数字化和在线化快速增长

随着信息技术的不断发展，旅游文创业在 2022 年到 2023 年呈现出典型的数字化和在线化趋势。这意味着旅游文创业将更多地利用互联网和数字技术，提供在线预订、虚拟体验、数字展览等服务。

从 2022 年印发《关于推进实施国家文化数字化战略的意见》，到 2023 年 3 月《创新文旅消费业态推动产业高质量发展》指出以互联网、大数据、云计算等先进技术提升文化生产、创造、传播和体验，更好发挥数字技术对文化产业发展的促进作用，助推文化产业高质量发展。例如，2022年5月，安徽博物院联合新华网、淘宝等平台，先后推出3场直播。第一期"安博会客厅"直播开播，就达72万人次线上关注，38.4万观众跟随主播云端打卡"冰玉匠心——明清德化瓷器精品展"。超一万人次在线关注文创直播，了解文创背后的文物故事。同年国家博物馆官方App、小程序下载总量达150余万。

此外，2023年9月北京市文化和旅游局召开市级在线旅游平台联合行政指导会，其中去哪儿网、美团、抖音等京内主要在线旅游平台和部分重点京外在线旅游平台都参加了会议。以上都说明旅游文创发展将持续数字化和在线化快速增长。

2. 地方特色和文化传承稳步推进

在追求个性化和新鲜体验的趋势下，2022年到2023年旅游文创业更加注重挖掘地方特色和文化内涵。

其中，2021年11月农业农村部印发《农业农村部关于拓展农业多种功能 促进乡村产业高质量发展的指、导意见》，该意见指出培育乡村文化产品等，将乡村民俗文化、人文精神与现代要素、时尚元素和美学艺术相结合，深入发掘民间艺术、戏曲曲艺、手工技艺、民族服饰等活态文化，打造具有农耕特质、民族特色、地域特点的乡村文化项目，制作乡村戏剧曲艺、杂技杂耍等文创产品，创响"珍稀牌""工艺牌""文化牌"的乡土品牌。

3. 可持续发展和环保意识不断加强

随着可持续发展理念的普及，旅游文创业在2022年到2023年环保意识不断加强，推出了更多符合环保标准的产品和活动，并致力于打造更加环保可持续的旅游文创体验。

许多旅游景区文创产品通常使用环保材料制作，或者包装材料可降解、可循环利用。例如，一些旅游景区使用秸秆压制而成的牙签、用玉米淀粉制作的餐具等。文旅碳中和品牌"爱绿行"中神奇的碳中和种子是把长城旅游元素用种子纸的材质形式表现出来，将植物种子与纸浆混合，可降解也可种出植物；把日常使用品材质改为可回收循环利用再生的绿色环保软木袋子、软木本子和竹子书签，产品日常化的同时还体现了绿色健康和绿色环保理念；古建筑系列手工皂引入古建筑元素既可以做装饰品，其内置的硅胶片也可作为钥匙挂件使用。

4.融合创新和跨界合作有序产生

在寻求创新和多元化的发展路径下，旅游文创业在2022年到2023年更加倾向于融合不同领域的创新理念和跨界合作，推出更多融合音乐、艺术、科技等元素的文创产品和活动，为游客带来更加丰富多彩的体验。

其中，故宫通过各种跨界合作，形成了更大范围的宣传面和影响力。比如故宫博物院与奥利奥品牌携手推出"朕的心意"礼盒；故宫与毛戈平联名推出的系列彩妆，完美诠释了中国风；和农夫山泉合作推出的限量版"故宫瓶"等；再比如结合现在"90后""00后"消费主体推出文创和游戏联名发展。其中有天涯明月刀与永定客家土楼联名，体验国风电竞民宿；王者荣耀与峨眉武术联名，推出峨眉武术英雄"云樱"以及诛仙手游和南京夫子庙景区联名，将夫子庙庙会植入游戏场景等。

（二）旅游文创发展环境

1.政策扶持不断支持文创产业发展

整体来看，各国和地区纷纷出台支持文化创意产业和旅游业发展的政策，包括税收优惠、场地扶持、创意基金等，以促进旅游文创行业的健康发展。2022年1月，国务院印发《"十四五"旅游业发展规划的通知》，指出充分结合文化遗产、主题娱乐、精品演艺、商务会展、城市休闲、体育运动、生态旅游、乡村旅游、医养康养等打造核心度假产品和精品演艺项目，要加快旅游产品培育以及发展特色文创产品和旅游商品，丰富夜间旅游产品；2023年9月，国务院办公厅印发《关于释放旅游消费潜力推动旅游业高质量发展的若干措施》的通知，提出加大优质旅游产品和服务供给、激发旅游消费的若干建议，以推动旅游业发展（见表7-1）。

表7-1　2022—2023年支持旅游文创发展的部分政策措施

颁布部门	颁布时间	政策名称	相关内容解读
国务院	2022年1月	《"十四五"旅游业发展规划的通知》	加快旅游产品培育，发展特色文创产品
文化和旅游部	2023年3月	《组织开展2023年文化和旅游消费促进活动的通知》	创新消费场景，提升旅游产品质量

续表

颁布部门	颁布时间	政策名称	相关内容解读
国务院	2023年9月	《关于释放旅游消费潜力推动旅游业高质量发展的若干措施》	加大优质旅游产品和服务供给
文化和旅游部	2023年11月	《国内旅游提升计划（2023—2025年）》	优化旅游产品结构，创新旅游产品体系

2. 数字技术持续推动文创业态发展

在数字技术的推动下，旅游文创行业将继续向数字化和智能化方向发展，包括通过虚拟现实、增强现实等技术进行创新体验以及利用大数据分析提升用户体验和个性化服务。例如，2021年至2023年，国家京剧院联合中国移动咪咕公司，以"云大戏，过大年"为主题，连续3年在春节期间推出经典剧目《龙凤呈祥》"5G+4K+VR"海内外演播。京剧《龙凤呈祥》成为演播全流程商业模式探索的首个范例，在业内产生热烈反响，以"文化＋科技"的创新形式，讲好新时代国粹文化创新传承故事，提供了新的旅游业发展思路。2023年3月随着国家文化数字化战略的深入实施，文化产业和旅游业数字化转型步伐不断加快，科技与文旅融合发展成为新的行业趋势。文旅行业从业者纷纷利用大数据、元宇宙、人工智能等新技术，积极开展数字文博、云展览、云演播、网络直播等服务，推动线上线下融合创新发展，激活文旅新业态（见表7-2）。另外开始受到广泛关注，用户增强了浸入式体验感，而景区在宣传和营收方面收获丰厚。另外采取O2O模式，人们在线上浏览选择商品，并在旅游中寻找线下店铺，并在线上付费，这种数字化技术也将持续推动文创业态的发展。

表7-2　2023年文化和旅游数字化创新示范案例及内容

报送单位	类型	题目	相关数字化内容
北京爱奇艺科技有限公司	发展数字化文化消费新场景	《风起洛阳》	利用虚拟现实、动作捕捉等技术，通过场景还原、角色互动等方式提升观众沉浸感
北京百度网讯科技有限公司	促进文化机构数字化转型升级	百度文心大模型	通过学习文化资源数据，实现个性化生成美术品和音乐产品，如《富春山居图》《启航星》
北京雅昌艺术数据有限公司	发展数字化文化消费新场景	《红楼·幻境》	利用虚拟现实与沉浸式光影技术，还原打造不同红楼主体，全面展示红楼文化内涵

续表

报送单位	类型	题目	相关数字化内容
北京微播视界科技有限公司	促进文化机构数字化转型升级	《DOU有好戏、DOU有国乐》	针对文艺表演团队和优秀表演人才,通过横竖屏切换、多机位、节目单等功能,助力文化艺术表演数字化转型升级
国家图书馆	提升公共文化服务数字化水平	《永乐大典》高清影像数据库	利用5G全景VR数字技术探索数字内容展示新模式,推出了殷墟甲骨、敦煌遗书、居延汉简及明清档案四个核心专题
上海戏剧学院	创新文化表达方式	沉浸式戏曲《黛玉葬花》	利用VR技术,通过智能终端等科技设备,将虚拟的越剧表演与真实的舞台装置有机结合、叠加显示
苏州丝绸博物馆	促进文化机构数字化转型升级	丝绸纹样数据库	将丝绸纹样数据资源转化为数据资产,完成1300余件纹样数字化采集
浙江省文化和旅游厅	提升公共文化服务数字化水平	"浙里文化圈"小程序	整合浙江省图书馆、美术馆、文化馆、非遗馆、艺术院等活动信息和数字资源,构建公共文化资源库,为公众提供文化热点智能推荐服务
杭州市文化市场行政执法队	构建文化数字化治理体系	"文管在线"	调用归集公安、交通、市场、网信等业务数据,建设网络识别、旅游团队检测、景区客流统计等功能
黄山旅游发展股份有限公司	发展数字化文化消费新场景	黄山先游后付·信用游	利用游客信用积分,建立先游玩后付款的服务模式,全面提升旅游服务质量

资料来源：文化和旅游部官网。

3.消费升级推动文创产业个性化发展

随着人们生活水平的提高，消费者对文化体验和个性化需求的追求也在不断提升，这将推动旅游文创行业朝着更加多元化和个性化的方向发展。其中，2023年10月，国家统计局发布"党的十八大以来经济社会发展成就系列报告之十九"指出城乡居民消费水平持续提高，消费结构优化升级，发展型享受型消费日益提升。随着经济的发展和生活水平的提高，消费者的消费观念将向更加高端、更加注重个性化、差异化、特色化的方向转变，更加注重精神领域享受，在此背景下消费者购买具有创意和文化内涵产品的愿意也将不断加大，从而推动文创产业向个性化发展。

（三）旅游文创热门产品

在旅游业实现进一步升级发展的过程中，文创产品的发展也呈现出向好态势，在经济、社会、文化各方面发挥积极作用，以下是几个热门文创产品举例。

1. 冬奥文创

冬奥文创是北京冬奥会期间打造的文化 IP"冰墩墩""雪容融"衍生出的文创产品，包括手办、毛绒玩具、徽章等各类形式。以"冰墩墩"为例，将憨态可掬的熊猫形象和冰雪元素集于一身，它在传递中国价值与中国声音的同时也带火了国内的冰雪体育、冰雪旅游行业，此 IP 形象深受人们的喜爱与关注，据统计，在北京冬奥会期间仅是冰墩墩毛绒玩具销量就达 140 万只，最后甚至出现一"墩"难求的情形。

2. 神马系列

铜奔马，别名马踏飞燕，是甘肃博物馆的镇馆之宝，神马系列以铜奔马为原型。2018 年，甘肃博物馆就以铜奔马为原型制作咖啡拉花，既让游客对其文化价值印象深刻，又满足其口腹之欲。2022 年 6 月 11 日，铜奔马玩偶上线，6 月 26 日被网友拍到后以其别致的造型和特色幽默的神态爆火，此后甘肃博物馆还推出了拼接积木、绿马头套等新形式产品，组成神马系列文创，同样广受欢迎。在近些年的博物馆文创热潮流中，铜奔马文创带起一股新式让文物"活"起来的潮流，直到 2023 年，甘肃博物馆的文创购物店面依旧是人山人海。

3. 集章文创

集章文创是与集章式旅游共同兴起的一种文创形式。2020 年，故宫推出盖章活动，通过创新与发展，2022 年故宫的集章打卡出圈，引起集章潮流。此后从博物馆到各景区文创店、从火车站到高铁站，不论是大地点还是小地点都以自己的特色标志设计特色印章，提供集章服务，受到消费者，特别是青年消费者的青睐。集章文创具有纪念性和仪式感，并且在互联网时代，也更具有宣传力和吸引力。

4. 千里江山

千里江山系列文创来源于北宋时期王希孟创作的《千里江山图》，自 2022 年央视春节联欢晚会的节目《只此青绿》掀起热潮，吸引了人们对《千里江山图》及其背后故事的深入挖掘，进而衍生出与其相关的文创产品，如丝巾、茶具、折扇、展览、游戏、餐饮联名等。以五粮液的文创白酒"五粮液·千里江山"举例，其发布会现场的预定销售收入就已突破 3000 万元。《千里江山图》让舞剧、展览、文创、游戏等多个行业受益，也让更多人对传统文化的探索欲望与喜爱程度更进一步。

5. 长安十二时辰文创

长安十二时辰是中国首个沉浸式唐风市井生活街区，位于陕西省西安市曲江新区，2022 年 4 月正式开业。街区内不仅有 IP 衍生文创、翠竹、刺绣、葫芦、花灯饰品、茶具等各类唐风文创店，而且有各种非遗体验产品，如非遗竹编、非遗陶埙等非遗文创体验店。自开业以来，长安十二时辰日均客流量 8000 人，全网长期霸榜抖音、微博全国热榜 TOP1，成为西安乃至全国最热门的旅游景点之一。

第二节　旅游文创发展困境

（一）产品同质化严重，缺乏差异化

首先，由于旅游文创领域的兴起，市场上涌现出大量的文创产品，导致文创领域的市场竞争日益激烈，很多从业者看到了旅游文创产品的商机，纷纷涌入这个领域，导致市场上同质化产品数量迅速增加。例如，在成功推出玉渊潭樱花形状的雪糕、故宫"脊兽"雪糕、三星堆青铜面具雪糕后，各个景区纷纷开始"抄作业"，这一模式被迅速复制粘贴，文创雪糕快速成了各个景区、博物馆的"标配"。这种同质化现象可能来源于对市场需求的简单迎合，缺乏差异化创新，导致同质化问题突出。因此，从业者应该更加注重产品的差异化设计和创新，并关注目标消费者的需求和喜好。通过深入调研和了解目标市场，挖掘市场细分，找到特色和独特性的点进行创新，提升产品的差异化竞争力。

其次，缺乏独特的品牌定位和故事性。一些旅游文创产品在品牌定位和故事性上缺乏深入思考和独特性，导致产品同质化严重。消费者难以从众多的同质化产品中找到独特而真实的故事和品牌形象。对于从业者来讲，应该清晰地定位自己的品牌，并通过故事性的传播来打造品牌形象，为产品赋予情感和内涵。同时，要注重传递品牌的核心价值和独特卖点，在产品设计和开发之初，要明确产品的市场定位和目标客群。通过调研市场需求和消费者心理，确定产品特色和定位，为特定客群提供个性化的产品，增强差异化竞争力，以差异化的品牌声誉吸引消费者的关注。

最后，缺乏创新的产品体验和附加价值。一些旅游文创产品在产品体验和提供的附加价值上相似度较高，无法给消费者带来新鲜感和刺激感，导致缺乏差异化。对此，从业者可以通过引入新的科技手段如虚拟现实、增强现实、交互式体验等，以及合理设计的附加价值，提升消费者的感官体验和满意度。同时，与其他行业或者资源进行联动合作，提供独特的全方位旅游体验，从而突出差异化优势。

（二）产品质量参差不齐，缺乏可持续性

首先，一些文创产品从设计到生产的整个生产环节管理不规范，可能存在材料选用不当、加工工艺不合理、质检流程缺失等问题。如故宫博物院曾推出了爆款文创产品——故宫口红，随着这款文创产品的爆红，淘宝上出现了以各种不同文化元素为背景的口红产品，但由于质量参差不齐，这些文创口红的生产和销售很快出现了停滞。对于这一现象，需要建立完善的生产管理体系，包括原材料采购的选择和管控、产品加工工艺的规范和标准、质检流程的建立和执行、供应商的质量管理和监督，从而确保产品的原材料和生产过程符合标准。

其次，缺乏品质意识和质量管理文化。一些文创产品从业者缺乏品质意识和质量管理文化，对产品质量的重视程度不高。设计者可能更关注产品的外观效果，而忽视了产品的内在品质与可持续性。对此，不仅需要加强品质意识的培养，提高从业者对产品质量的重视程度，也要推广质量管理文化，包括建立质量管理体系、培训从业者的质量意识和技能等，追求持续改进和卓越品质。

最后，缺乏产品技术支持和创新改进。一些文创产品可能在材料选用和生产过程中存在环境污染和资源浪费等问题，导致不具备可持续性发展。因此，在文创产品的生产过程中，需要注重环保材料的选择和使用，鼓励生产过程中的节能减排

和循环利用、推动绿色供应链建设、优先选择符合环境标准的供应商和生产合作伙伴、加强对生产过程环境影响的监管和管理确保可持续发展。

（三）产品故事性不强，缺乏情感共鸣

首先，旅游文创产品的成功往往与其能否给游客带来故事性和情感共鸣相关。从当前文创市场现状来看，一些旅游文创产品缺乏情感表达的媒介和互动性，使得消费者难以与产品建立情感联系。例如，当前各大景区流行的文创公仔，除了质量问题外，产品可能过于静态化，缺乏互动性、故事性和参与性，无法引起游客的兴趣和激发游客的情感共鸣，使得产品缺乏吸引力。因此，需要产品在研发过程中通过引入互动性和情感表达的媒介来增强产品的情感共鸣。可以考虑采用虚拟现实、增强现实等技术，让游客更加身临其境地参与其中，或者设计互动展示和体验环节，让游客积极参与进来，从而激发情感共鸣。

其次，缺乏深度挖掘和独特故事。旅游文创产品通常围绕着特定的目的地、文化遗产或历史故事展开。如果产品缺乏深度挖掘和独特的故事，难以吸引游客的兴趣和情感共鸣。可能的原因是产品策划人员没有深入研究目的地的历史、人文和传统，或者缺乏对目的地独特性的理解。对此，在产品研发前期，需要进行充分的研究和调查，在目的地文化和历史资源中找到独特的故事和元素。通过深度挖掘和创新，打造出引人入胜、独一无二的故事，以吸引游客的情感共鸣。

最后，忽视消费者的情感需求。旅游是一种充满情感和体验的活动，而一些旅游文创产品忽视了消费者的情感需求。产品可能过于注重传递知识性内容，而忽视了触动情感和激发共鸣的设计。在产品设计中，需要考虑到消费者的情感需求，思考如何通过产品给予游客积极的情感体验。可以通过情感化的设计元素、个人化的体验和情感故事的呈现来增强产品的情感共鸣。

（四）产品数字化滞后，缺乏科技应用

首先，在旅游文创领域，一些从业者可能对数字化技术的应用和创新意识缺乏重视。他们可能局限于传统的产品设计和制作方式，没有意识到数字化和科技应用的重要性和潜力。从行业发展来看，增强从业者的技术意识和创新意识，加强对数

字化技术和科技应用的培训和教育，推动行业内部的信息交流和经验分享，引入专业技术人才参与产品设计和开发显得尤为迫切。

其次，文创产业缺乏数字化基础设施。一些旅游目的地或景区可能缺乏适应数字化需求的基础设施。例如，互联网接入速度慢、网络覆盖不完善等问题，制约了数字化技术在旅游文创产品中的应用和发展。加强数字基础设施的建设和完善，改善网络接入条件和速度，提高互联网覆盖率。政府和企业可以合作推动基础设施的建设，为旅游文创产品的数字化发展创造良好的环境；同时，缺乏投入和资源支持。数字化和科技应用通常需要投入大量的资金和人力资源，包括技术开发、平台建设、设备采购等。一些企业和从业者可能在这方面缺乏资金和资源支持，难以推进数字化的发展。政府可以提供资金支持和政策扶持，鼓励企业和从业者进行数字化升级和科技应用。此外，政府、企业和投资者可以共同合作，成立数字化基金或创新基金，为旅游文创产品的数字化发展提供资金支持。

最后，消费者接受度低，缺乏科技应用。旅游文创产品的数字化发展面临着消费者接受度的问题。一些游客可能对数字化技术不够熟悉或不习惯使用，导致对数字化产品缺乏兴趣，接受度低。旅游文创产品的科技应用可能过于局限于常规的手段和方式，缺乏创新性和前瞻性。一些科技应用可能只是简单的应用，无法为游客提供独特和个性化的体验。

（五）经济效益与社会效益缺乏统筹

首先，一些文创产品的从业者可能缺乏商业化思维和理念，将创作仅仅视为个人兴趣或创意表达，忽视了产品的商业化潜力。他们缺乏对市场需求和商业环境的分析和理解，导致产品无法与市场有效对接。因而，需要加强从业者的商业教育和培训，增强商业化意识和理念的重要性。从业者应该学会分析市场需求和趋势，了解目标受众的消费行为和需求，将创意与商业需求相结合，探索商业化的机会和模式。

其次，文化传承缺乏深度和真实性。一些文创产品在文化传承方面缺乏深度和真实性，侧重于表面化，忽视了产品与文化之间的内在联系和共鸣。产品可能只是简单地借用了某些文化符号或元素，而缺乏对文化内涵和精髓的理解和传达。深入研究和理解所涉及的文化，挖掘文化的特色和故事，从中寻找与商品相结合的创意点。通过创作有深度和内涵的产品，展现文化的真实魅力，增强产品与文化之间的互动和共鸣。

最后，缺乏持续运营和发展策略。一些文创产品的从业者缺乏持续地运营和发展策略，过于依赖产品初期的创作和推广，而忽视了产品的持续改进和发展。产品的商业化和文化传承需要长期的努力和策略。应制定详细的产品运营和发展策略，包括产品的更新和改进计划、市场推广策略、客户关系管理等；定期进行市场调研和分析，了解消费者的反馈和需求，及时调整产品策略和运营方向。

第三节　旅游文创发展趋势

（一）融合数字科技创新

随着科技的不断发展，旅游文创领域开始融合科技创新，例如虚拟现实（VR）、增强现实（AR）等技术被应用于旅游体验，提供更丰富、沉浸式的参观方式。同时，智能导览、移动应用程序等也提供了更便捷的信息获取和交互体验。

第一，虚拟现实（VR）体验。旅游文创产品将大范围地运用虚拟现实技术，为游客提供身临其境的体验。例如，近年来故宫博物院、敦煌莫高窟、秦始皇兵马俑、山西博物院、云南省博物馆、湖北省博物馆、辽宁省博物馆、四川博物院等推出的全景VR展使用虚拟现实技术展示历史场景，游客可以穿越时空，与历史人物互动，这种体验能够为游客带来全新的参观角度和沉浸式的感受。

第二，增强现实（AR）导览。通过增强现实技术，旅游文创产品可以提供实时的信息和导览服务。游客可以使用手机或AR眼镜在旅游目的地中获取附加信息，如历史故事、建筑解说、导览地图等。AR导览能够增强游客的互动性和信息获取效果。

第三，智能语音助手。旅游文创产品可以集成智能语音助手技术，如语音识别和语音交互功能。游客可以通过语音与产品进行交流，获得定制化的旅游建议、路线推荐、订票服务等。智能语音助手能够提供更便捷、个性化的服务体验。

第四，数据分析与个性化推荐。通过数据分析和人工智能技术，旅游文创产品可以深入了解游客的偏好和习惯，推荐个性化的旅游内容。例如，根据游客的历史兴趣和消费行为，产品可以向他们推荐相关的展览、景点、活动等，这些个性化推荐能够提升游客的满意度和参与度。

（二）个性化定制化服务

消费者对旅游体验的个性化需求日益增长，这推动了旅游文创领域向个性化定制化服务的方向发展。文创产品可以根据消费者的兴趣、需求和偏好进行定制，提供与众不同的旅游体验。

第一，定制化旅游线路。旅游文创产品可以提供个性化的旅游线路定制服务。例如，通过智能算法和用户偏好数据，产品可以根据游客的兴趣、时间和预算等因素，为他们设计独特的旅游线路，包括景点参观、活动安排、特色美食推荐等。这样的定制化服务能够满足游客的独特需求和偏好。

第二，定制化文创商品。旅游文创产品可以提供定制化的文创商品服务，让游客可以根据自己的喜好和需求，选择和设计独特的纪念品或礼品。例如，游客可以在博物馆或旅游景点定制自己的名字或照片的文创商品，如定制T恤、艺术品、手工艺品等。这种定制化服务能够让游客拥有独特的纪念品，增强他们的归属感和满足感。

第三，个性化的导览服务。旅游文创产品可以提供个性化的导览服务，根据游客的兴趣和需求，提供定制化的导览内容。例如，通过移动应用程序或导览设备，游客可以选择自己感兴趣的主题、艺术家或历史时期等，并获取与之相关的详细信息和解说。个性化导览服务可以让游客根据自己的兴趣来探索和了解旅游目的地。

第四，私人化的体验活动。旅游文创产品可以提供私人化的体验活动，满足游客对独特体验的需求。例如，游客可以参加私人导览、定制化的工作坊、特殊场景下的互动体验等，通过这些活动深入了解和感受目的地的文化、传统和特色。私人化的体验活动能够为游客提供与众不同的旅游体验，加深他们的参与度和情感链接。

（三）多元跨界联名合作

旅游文创领域与其他行业的跨界合作越来越多，例如，与艺术、时尚、设计、科技、餐饮等领域的合作。这种合作能够注入新鲜的创意和灵感，将不同领域的元素融入旅游文创产品中，为消费者带来独特的体验。

第一，艺术与设计领域的合作。旅游文创产品可以与艺术家、设计师和创意机构进行合作，融入艺术和设计元素。例如，在博物馆或旅游景点中展示艺术作品、雕塑或装置艺术，以增强游客的审美体验；或者与设计师合作设计旅游文创商品，提供独特的艺术品或设计产品。

第二，时尚与服装品牌的合作。旅游文创产品可以与时尚品牌合作，推出以旅游目的地为灵感的时尚服装或配饰。例如，与当地设计师合作，推出以当地文化和传统为设计元素的服装系列，让游客可以在旅行中穿梭和展示。

第三，娱乐与媒体行业的合作。旅游文创产品可以与娱乐和媒体行业进行合作，打造独特的娱乐体验和创意宣传活动。例如，与电影公司合作，推出基于旅游目的地的主题电影或电视剧；与音乐家或乐团合作，举办音乐会或音乐节等。

第四，科技和创新企业的合作。旅游文创产品可以与科技和创新企业合作，融入先进的科技和创新技术。例如，与虚拟现实（VR）公司合作，提供虚拟旅游体验；与智能硬件公司合作，推出智能导览设备或智能交互产品；或者与数据分析企业合作，提供个性化的旅游建议和推荐。

（作者简介：高春留，中国旅游研究院文化旅游研究基地研究员）

第八章 文旅小镇发展分析与展望

张晓峰

第一节 文旅小镇发展现状

（一）疫情影响，发展步履维艰

2022年是"十四五"的攻坚之年，也是旅游复苏的关键之年，有少部分文旅小镇正朝着高质量发展的征程进发，但更多的文旅小镇则是在疫情的循环往复中烂尾倒闭。在国内旅游市场不断萎缩及疫情影响旅游环境复杂多变的大背景下，一张"中国特色小镇死亡名单"在互联网广为流传，让不少文旅人人心惶惶。文章称，百余个特色文旅小镇或因资金链断裂、或因游客量过少、或因商户逃离而沦落为"空城"，目前尚未建成的处于烂尾状态，建成的则处于倒闭状态，从"扎堆开建"到"批量倒闭"，最终沦为"空心镇"和"鬼镇"，文旅小镇最终以极其无奈的方式，扯开了最后的遮羞布。不可否认，资金投入大、回报周期长、运营难度高是所有文旅小镇建设运营的通病，加之三年疫情的冲击影响，仿佛失败早已是定局。

（二）风口退去，关注度持续降低

皮之不存，毛将焉附。可以说，最近几年的文旅小镇是依附着特色小镇开发热潮而发展起来的。在特色小镇开发的初期，乌镇的大胆创新、古北水镇的一举成名、拈花湾的别出心裁成为小镇行业的标杆。这些小镇开拓者伴随着特色小镇开发的需要，被一再地宣扬与传播，无形中它们占据了旅游资讯的前沿；同时，其"文旅属性＋小镇载体"的鲜明特色让文旅小镇的概念也应运而生，在很大程度上也将文旅小镇一并推向了关注的风口。但自2017年8月以来，国家放慢了特色小镇开发的脚步，不再一味追求小镇建设数量，特色小镇和文旅小镇的关注度开始从峰值降落，这一现象可从二者的百度搜索指数窥探一二。与此同时，国家发改委不断发布条文进一步约束地方政府为相关文旅项目背书的条件，并收紧PPP项目，此等举措加速了特色小镇风潮的退却。2022年，特色小镇的风潮逐渐平息，依附在特色小镇"光环"下的文旅小镇的热度也持续降低（见图8-1、图8-2）。

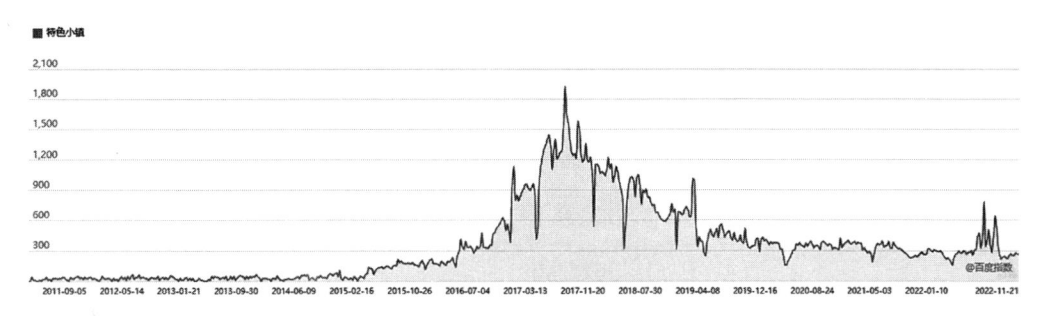

图8-1 特色小镇百度指数

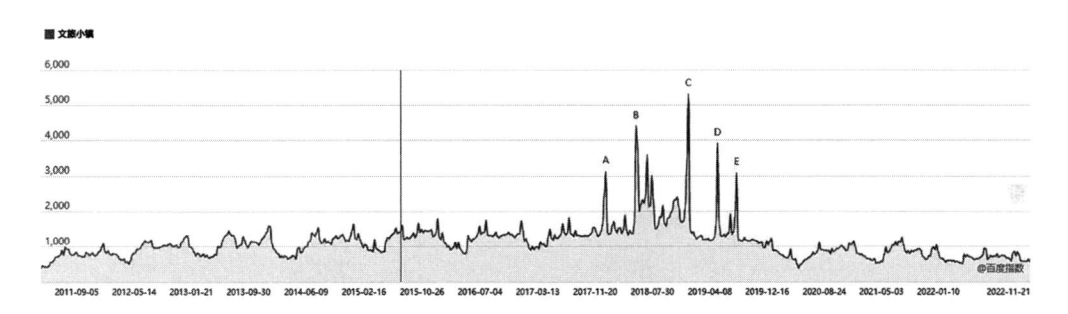

图8-2 文旅小镇百度指数

（三）投资萎缩，国进民退愈凸显

己之蜜饯，彼之砒霜？在疫情冲击的大背景下，对待文旅小镇，国资文旅集团和民营文旅企业给出了完全不同的态度，结合2022年上半年部分国有文旅集团业绩数据可知，包括浙江、四川、湖南、河南等地方的国资文旅板块，正在加速旗下文旅资源的整合和扩张。而民营企业的文旅板块，包括融创、万达、建业等企业，则在通过出售文旅资产回血。一进一退之间，文旅小镇的市场格局或将改写。

2022年，在不明朗的市场环境下，各地政府并未放弃对文旅小镇发展潜力的发掘。根据2022年上半年文旅小镇项目投资情况可知，即便面临巨大挑战，仍有许多文旅小镇新项目正在投建。在积极纾困的同时，各地文旅小镇开始纵横发力，转向了更为细致的规划，一方面，加强对文旅小镇在地文化深度的探索发掘，促进小镇产业发展提质增效；另一方面，拓展文旅小镇的广度，探索新的领域、新的发展模式、新的业态等。文旅小镇总体呈现不断迭代更新的状态（见表8-1）。

表8-1 2022年上半年各地文旅小镇投资汇总

序号	月份	项目名称	项目所在地	拟投资额（亿元）
1	2月	宏村艺术小镇	安徽	10
2		中国宣纸小镇	安徽	1.6
3		江西分宜螺蛳小镇	江西	10
4		沂源县青啤小镇	山东	30
5		怀化洪江市黔阳古城文创旅游项目	湖南	—
6		营山县芙蓉水镇	四川	80
7	3月	太湖演艺小镇（续建）	北京	80
8		绿地嵩山特色小镇	河南	16
9	4月	铜陵西湖铜艺小镇	安徽	14.75
10		渝乐小镇	重庆	70
11		世外乡村·高黎贡勐赫小镇	云南	8
12		寻甸凤龙湾小镇	云南	1.5
13		白银云客小镇	甘肃	11.38
14	5月	水墨圣泉古镇	安徽	80
15		怀宁县石牌戏曲文化特色小镇	安徽	12.17
16	6月	无锡吴越春秋鸿山奇境	江苏	70
17		含山县运漕镇艺术创意小镇	安徽	6
18		"雕刻时光"特色小镇	安徽	5
19		那拉提特色小镇	新疆	—

续表

序号	月份	项目名称	项目所在地	拟投资额（亿元）
20	7月	水东古镇文化旅游综合项目	安徽	1.86
21		广丰大唐时光小镇	江西	36
22		丹阳古镇	湖北	1.1
23		元通"熊猫古镇"	四川	—

数据来源：根据各省发改委公开数据整理，部分省市数据公开不全故未收录。

（四）地产爆雷，倾向文商旅融合

覆巢之下，安有完卵？2022年围绕地产的关键词被"爆雷""断贷"所刷屏。其实，自2021年下半年以来，爆雷房企可以说前赴后继，据不完全统计，爆雷房企已经超过60家，其中不乏千亿规模名企，包括恒大、佳兆业、碧桂园、世贸、建业、融创、宝能、奥园、阳光城……这些巨型房企纷纷布局文旅小镇项目。《2019中国文旅产业投融资研究报告》显示，当年全国总体文旅投资市场共计1.78万亿元，而文旅综合体和文旅小镇就占了其中的90.34%，平均每个文旅项目投资额为80亿元。目前，"爆雷"项目多以文旅综合体和文旅小镇为主，如北海湿地小镇、电影小镇、巧克力小镇、禅意文旅小镇、金塘文旅健康物流综合小镇、雪山艺术小镇、阿尔勒小镇等，其影响甚为深远（见表8-2）。

表8-2 被地产抛售的文旅小镇名单

序号	房企	抛售小镇名单	现状
1	宝能	北海湿地小镇	无消息
2	建业	郑州樱桃沟足球小镇	6亿元投资及9亿元建设用地或将成为无效资产
		只有河南·戏剧幻城	由河南老家文化旅游发展有限公司持股51%
		建业·华谊兄弟电影小镇	由河南老家文化旅游发展有限公司持股90%

续表

序号	房企	抛售小镇名单	现状
3	三盛宏业	禅意文旅小镇	无消息
		金塘文旅健康物流综合小镇	
		影视文旅小镇	
		芜湖文旅康养小镇	
		重庆五宝山水文旅小镇	
4	阳光100	雪山艺术小镇	房产销售困难
		阿尔勒小镇	停工状态
5	华夏幸福	大厂影视小镇	无消息
		香河机器人小镇	
		嘉善人才创业小镇	
		足球小镇	
6	恒泰地产	房车小镇	无消息

数据来源：根据各房企公开信息整理。

"抛售"文旅资产，就表示要放弃文旅小镇了吗？答案是否定的。对于像融创、万达、建业等已在文旅领域做出成绩的企业，出售文旅小镇或许只是权宜之计。原有"特色小镇＋地产"模式已崩塌，"国企＋文旅""文商旅融合"时代正来临，地产企业正与文旅专家一起沉下心摸索文旅小镇的本质所在和底层规律，在控制投资体量、优化合作模式、持续迭代产品等方面共同发力，探索出文旅小镇的核心资产应由国企或大集团企业持有，而运营工作则外包给杰出的文旅小镇运营团队的创新模式，实现专业的人干专业的事。同时，文旅小镇运营前置、精细化运作、创新化发展等思想已在房企中萌芽生根；地产企业已深刻认识到文旅小镇收益不会很快，更不会像地产般暴利，唯有细水长流，才能带给文旅小镇综合收益，促成投资方与文旅小镇的长期共赢。

（五）政策纠偏，进入全面规范期

循序渐进，规范有序。2021年9月，国家发改委、自然资源部、文化和旅游部等十部门联合印发的《全国特色小镇规范健康发展导则》（以下简称《导则》），围绕特色小镇发展定位、空间布局、质量效益、管理方式和底线约束等方面，提出基本指引。此次《导则》的出台是对前几个阶段特色小镇发展经验和实践的总结，预示着我国特色小镇发展已全面步入规范化轨道。它不仅对特色小镇的申报、建设和发展进行了全面规范，也释放了以下三大重要的信号。

一是方向纠偏，从提高数量逐渐转向提高质量。自2016年7月住建部、国家发改委、财政部联合发布《关于开展特色小镇培育工作的通知》后，全国培育的特色小镇，尤其是文旅小镇如雨后春笋般涌现，对外宣称为"特色小镇"的文旅项目数不胜数，当然内部掺杂了大量虚拟的"特色小镇"。截至2022年上半年，全国各省份清单内特色小镇约1500个，文旅小镇则为981个[①]（见表8-3）。

表8-3 特色小镇国家层面规范纠偏政策

序号	部门	相关政策与文件	主要内容	时间
1	国家发改委规划司	《"十四五"新型城镇化实施方案》	促进特色小镇规范健康发展	2022.07
2	国家发改委、自然资源部、生态环境部、科技部、工信部、商务部、文化和旅游部、农业农村部、体育总局、市场监督管理总局	《关于印发全国特色小镇规范健康发展导则的通知》	明确了普适性操作性的基本要求，给特色小镇划出"门槛"和"红线"，包括严守房住不炒、合规用地、债务防控、生态环保等底线	2021.09
3	国家发改委	《关于促进特色小镇规范健康发展的意见》	各省级人民政府要强化主体责任，对本省份特色小镇实行清单管理，择优予以倾斜支持；地方各级政府要加强规划管理，严守土地利用、生态保护、安全生产的红线，强化底线约束，同时及时纠偏纠错，对不合格的小镇予以整改或淘汰	2020.09

---

① 根据历年住建部公布的国家级特色小镇类别分布情况推测，2022年文化旅游类特色小镇占比约为65.4%。

续表

序号	部门	相关政策与文件	主要内容	时间
4	国家发改委	《关于公布特色小镇典型经验和警示案例的通知》	推广了来自20个精品特色小镇的"第二轮全国特色小镇典型经验",也公布了"虚假特色小镇""虚拟特色小镇"和触碰红线的特色小镇共10多个警示案例	2020.06
5	国家发改委、住建部、农业农村部等11个部门	组建调研组	赴已开展特色小镇工作的20多个省份开展拉网式排查,累计推动淘汰整改了错用概念或质量不高的897个"问题小镇"	2019.09
6	国家发改委	2019年全国特色小镇现场经验交流会	推广了来自16个精品特色小镇的"第一轮全国特色小镇典型经验",也布置加强淘汰整改的具体工作要求	2019.04
7	国家发改委	《关于建立特色小镇和特色小城镇高质量发展机制的通知》	提出统筹建立规范纠偏机制和典型引路机制	2018.08
8	国家发改委	《关于加快美丽特色小(城)镇建设的指导意见》《关于规范推进特色小镇和特色小城镇建设的若干意见》	提出建立规范纠偏机制,明确指出"对已公布的两批403个全国特色小城镇、96个全国运动休闲特色小镇等,开展定期测评和优胜劣汰",特色小镇迎来"大洗牌"	2017.12

二是清单管理,全面施行"一张清单管到底"。国家发改委要求各省份严格按照《导则》编制特色小镇清单,纳入清单的小镇应具备《导则》的基本要求,建成后要依照《导则》对各个小镇的各项指标进行验收。每年年底前公布特色小镇清单,并报送国家发改委纳入全国特色小镇信息库,坚决剔除清单外"小镇"。

三是严防底线,严防房地产化倾向,严控地方政府债务风险。《导则》提到,不符合要求的"特色小镇"都将被逐一清理,而纳入清单的特色小镇也将受到更严格的监管和持续性的约束。

第二节 文旅小镇发展存在的问题

（一）跨界进入，专业储备能力不足

文旅小镇是依附着特色小镇开发热潮而发展起来的。随着2016年特色小镇的各类政策倾斜，对于房产巨头、旅游企业、互联网公司等众多企业来说无疑是最好的升级跳板，高调公开宣布其动辄百亿、千亿元的投资数额的"小镇计划"。而近年来，随着小镇建设风潮退去，由于跨界进入，其前期的专业储备能力不足，发展步履维艰。

首先，跨界投资，专业程度不够。这批随着"特色小镇"开发热潮发展起来的"文旅小镇"，绝大部分是跨界群体，旅游专业人才不多，对文旅行业认知严重不足，专业储备不够。用地产思维管理文旅小镇，不适合文旅小镇的长期精细化经营理念，造成前期大量的战略误判。

其次，盲目自信，一拥而上。很多跨界的决策者不懂得游客需求，一味地按照自己的思维去推进项目的打造，放一些机械游乐设备，做几个无动力乐园，就认为是做旅游，而当时文旅产业的风口和政策利好，让部分抉择者忽略了其中的风险，无序大量扩张，最后导致资金链断裂，发展后劲不足。

最后，照搬照抄，缺乏专业创新能力。决策者们因为没有专业的文旅小镇建设运营经验，开发旅游就是三个老模式：先考察、后学习、再模仿。但每个地区的资源条件千差万别，客群市场也不尽相同，只是单纯地照搬抄袭，不加以创新改进，最终导致产品同质化严重，项目缺乏市场吸引力。

做好文旅小镇，更多的是经验的预判和学习力的不断填充。资金虽然重要，但掌控不了项目的生与死。思维定式成就了很多成功的企业家，但是无法用思维定式去运营文旅产业。惯性思维，在跨界步入旅游行业时就应该及时打破，否则前路必然多险阻。

（二）仓促介入，缺乏商业模式设计

只有投入没有产出，没有商业模式的文旅小镇完工之日，即小镇死亡之时。许多失败的文旅小镇在规划建设之初，策划和设计人员未对小镇的商业模式进行分析，导致最终走上资金无法变现的死亡之路。

商业模式设计不仅是指盈利模式的设计，而且是指小镇所有利益相关者盈利结构的搭建。文旅小镇的利益相关者是复杂多元的，涉及政府、居民、股东（社会投资者）。以文旅地产为思路建设的文旅小镇在建设之初以靠地产销售获取现金流来解决资金回流问题，只考虑到了股东的短期资金回收，而没有对政府"促进城乡建设、推进共同富裕"的长远诉求进行规划，更没有以"提供更多更好的就业岗位，引领当地产业兴旺，增加居民的收入和税收"的居民诉求为目标，因此很多小镇在地产行业不景气、资不抵债之时就提前烂尾。

哪怕小镇建好之后成功走到了运营阶段，只有门票和租金收入的单一盈利模式无法对后续产品的落地实施、运营方案的贯彻落实提供长久稳定的资金来源，最终导致小镇无法可持续发展。

（三）地产思维，规划设计受限制

以地产导向的文旅小镇建设热潮，其规划设计也受地产、城市商业设计等思维限制，规划设计从业人员来自地产设计与城市商业设计领域偏多，文旅规划设计经验能力的不足，产品设计不符合旅游运营的底层逻辑，这样设计出来的产品先天性不足，无法在后期开发中弥补。

首先，没有旅游规划，只有建筑设计。以地产售卖为核心的文旅小镇设计，只考虑了建筑设计和景观设计，缺乏设计之外的旅游规划。而以旅游开发为导向的文旅小镇内的任何建筑、景观必须将文化性、功能性和故事性合而为一，只有建筑和景观设计的旅游规划是不成体系的。如果没有对文旅小镇的统筹布局、开发方向与路径进行系统的规划设计，没有明确的旅游主题定位、市场定位、目标定位、功能定位、形象定位等，就会导致后期产品无从运营，这种既不瞻前，也不顾后，直接奔着"腰间"的设计程序而发力的项目，最终结果也将被"腰斩"。

其次，没有核心吸引物，只有地产配套。从产品设计的底层逻辑上看，地产运营思维打造的文旅小镇，表面上是文旅产业的大发展，实际上只是披上了一层旅游外衣。其规划之初的目的就是"盖房子"和更好地"卖房子"，其核心目的是打造地产的配套设施，即解决人来了玩什么的问题，而旅游运营思维不仅要解决人来玩什么，而且要解决人为什么来的问题以及来了之后如何留下来、住下来的问题。过度房地产化亦是导致众多文旅小镇高开低走的重要原因。

最后，没有场景营造，只有城镇空间。从空间设计理念上看，以商业地产理念打造的文旅小镇，把建筑景观按照城市商业街区和市政公园景观去设计，没有按照游客需求对建筑、立面、外摆、动线进行系统设计，没有从游客视角设计互动休憩节点，不仅投入大，还缺乏体验内容，留不住游客。

多数参与旅游开发的地产企业都有模仿地产案例的习惯，因为角色的转变意识不清晰，单纯模仿地产的规划设计思维，只有建筑景观设计，没有系统的旅游规划思路，忽略了核心吸引物和故事场景空间的营造的设计是无法吸引游客的，最终导致地产导向的文旅小镇开业时风风火火，最后却是门可罗雀。

（四）急于赚快钱，缺乏一以贯之的匠心运营

文旅项目投资大，回报周期长，运营管控难。8~10年的时间不仅对资金周转能力的要求很高，并且高度依赖规划、配套和资源，需要专业且经验丰富的运营团队来经营和操盘，需要长期的运营耐心，但很多企业往往耐心不够，缺乏一以贯之的匠心运营。市场上出现"爆雷"问题的小镇分两类：一类是以地产开发为主的小镇，一心想赚快钱，以小镇的由头拿地开发，重心不是文旅开发而是地产开发，急于求成，从一开始就没有长效运营的打算；另一类是以老旧城区改造为主的古镇类小镇，为了追求政绩投入大量的资金，对小镇立面进行初步改造，没有专业化、市场化的运营主体，其运营只体现在举办一哄而散的节庆活动举办和招租上，没有能力留住游客、留下消费。

以地产企业为投资建设主体的小镇在前期房地产销售结束后，对长期的运营缺乏耐心。许多以产权售卖为主的小镇没有构建完善专业的运营管理组织架构，只有租售和物业管理功能，没有统一管理、营销、推广的部门，导致小镇前期运营、中期营销、后期维护管理运营链条缺失，缺乏对小镇业态、配套与服务品质的管控，

因此出现同质化业态集聚、拉客宰客事件频发的现象，最终路人缘消耗殆尽，市场口碑与品牌一落千丈。

从当下古镇运营管理模式看，大多逐渐沉寂、衰落的古镇缺乏市场化运营主体，仅靠传统的"门票经济"模式和政府拨款来支撑古镇的保护和运维，难以适应当前市场发展的需求。以政府管委会、事业编制的国企单位为运营管理主体的文旅小镇缺乏市场化激励机制，没有大运营的概念，缺乏专业的营销团队和完善的营销体系，无法对外统一宣传形象，不能有效整合小镇资产和资源对外输出品牌和产品，从而导致小镇逐渐退出主流市场。例如，拥有"白鹿原"大IP的白鹿原民俗文化村开张仅4年就被拆除，便是由于缺乏统一运营主体和运营理念而导致失败的最好佐证。

文旅项目本质上是市场化项目，很难找到一个完全可以照搬照抄的运营模式，模式是否可行需要在实践中检验。在运营中要做到不断调整优化，而没有一以贯之的匠心运营团队和深入洞察市场、不断修正产品的运营理念，最终会被市场淘汰。

（五）市场变化，缺乏产品迭代更新能力

文旅小镇的产品随市场需求变化不断迭代，要维持流量的永续性，迭代升级是一个永久性话题。许多历史文化古镇在观光时代大受追捧，但随着休闲度假、追求一种生活方式体验的旅游理念深入人心，此类以古镇观光为主的小镇没有对产品研发更新，无法满足现有市场需求，从而导致产品品质无法提升，发展停滞不前。

第一，缺乏产品迭代思维。许多文旅小镇的决策者远离了消费群体，普遍不懂旅游市场的多变性，其思维仍停留在观光阶段，认为卖个门票、招一些商户就是运营了。而做产品设计的操刀人，也不能够理解新一代消费群体的需求，对消费趋势洞察不够，缺乏市场调查，没有产品迭代思维，最终导致被不断变化的市场所淘汰。

第二，没有产品迭代空间。有些处于老城区的古镇和以地产售卖为主的文旅小镇从一开始就没有给产品更新迭代预留发展空间，既没有土地拓展休闲度假业态，更没有组织协调能力带动小镇内商户提升其经营空间，最终导致其黯然退场。

第三，产品迭代能力不足。部分文旅小镇缺乏市场化运营主体，没有培养自己

的产品研发团队，缺乏拓展新产品的人员，也没有自营的资产业态去做产品更新研发，产品迭代更新的能力不足，想做升级也不知从何处下手，致使文旅小镇发展停滞不前。

对于文旅小镇而言，从最初以江南六大古镇为代表的观光旅游古镇阶段，到以袁家村、彝人古镇等为代表的休闲小镇阶段，而后到古北水镇、拈花湾等度假小镇，一批又一批的文旅小镇投入市场。除了少数优秀的产品能在浪涛中奔腾向前外，大量文旅小镇多是在旅游产品的类型、内涵、主题等方面难以维持自身产品的迭代更新，不能顺应客群市场的产品诉求，最终在这场竞争角逐中被淘汰。

第三节　文旅小镇发展趋势

（一）流量时代向品质时代转变

时代发展，旅游行业面临着重新洗牌和快速转型的大趋势，旅游市场也加速转变为买方市场，文旅小镇的市场竞争必然愈加激烈。

未来旅游行业面临从流量时代向品质产品时代转变的大趋势。迈向品质时代的文旅小镇必然将主要关注力从门票收入、客流量等传统指标转移，继而将复游率和人均消费指数作为发展评价的重要衡量指标。文旅小镇应将门票收入控制在总收入比例的合理范围内，并通过吸引旅游者进行小镇内的二次消费，从而相应提高住宿收入、餐饮收入、购物收入、休闲娱乐收入等经营性收入比例，最终实现文旅小镇的经营性收益和旅游客单价的提高。据统计，作为文旅小镇标杆项目的乌镇，2019年的960万名游客中有80%为散客，散客中有40%是多次游游客，而多次游游客中又有70%为过夜游客。对一个文旅小镇来讲，这是一个十分高的比例。

迈向品质时代的文旅小镇应注重通过经营品质的提升，补充完善综合性旅游体验项目，使营收结构趋向合理化、综合化，从而吸引旅游者进行重复消费和深度体验。

（二）洞察需求、精准定位成为增量主力

疫情后旅游市场呈现出来的最大特点便是市场不断细分。随着文旅消费主流群体"Z世代"的崛起，追求体验性、个性化旅游产品的出游诉求无一不在冲击原有的传统旅游市场。

不论从供应端角度出发，还是从需求端角度出发，均对文旅小镇提出了新的要求，文旅小镇不再能够享受"一招鲜吃遍天"的流量红利；而是需要运营者敏锐地洞察和捕捉旅游者的精神需求，通过旅游产品项目的精准定位，有针对性地锁定目标客源群体，提供相应的组合细分产品来满足游客需求，并通过优质的服务为旅游者创造最大的价值。例如，克度天文小镇敏锐地洞察如今全国科普研学旅游的市场需求，以"中国天眼"为核心，以"科普+文旅"为主线，打造"观天探地·世界唯一"研学品牌，带动县域第三产业实现11.8%的年增长。

当然，细分市场的目标客户并不是随机出现的，这促使文旅小镇进一步向更严格的标准、更精细的服务发展。明确细分市场，应注重将目标客群分为C端、B端、G端客户，并在项目建设之初便锁定不同客群的特点，才能充分有效地满足不同目标客户的需求。以乌镇为例，近年来，乌镇文旅小镇打造的旅游产品向个性化、定制化等方向靠拢，针对亲子游、研学游、家庭游、会议游等不同的专项细分旅游市场，均提供了系统化定制的产品打包方案。

精准洞察新时代不同旅游者的精神需求和出游特点，明确主题定位，细分客群市场无疑是文旅小镇避免同质化的关键，更是吸引旅游者、实现增量发展的重要方式。

（三）产品迭代成为发展新引擎

新时代的文旅小镇应该主导独特性生活方式和差异性文化要素等内容的表达，不仅注重带给旅游者新的生活方式体验，更强调文化价值观念的输出。因此，文旅小镇的内容创新、氛围营造、情景消费等迭代升级和旅游产品增值成为未来文旅小镇发展的重要新兴引擎。

第一，内容创新为文旅小镇的核心竞争力。内容创新是在保护独特的地域文化

元素和丰富的历史遗存的前提下，通过多层次利用的方法[①]，不断对场所空间内容进行填充和更新，实现传统空间的更新利用，最终完成从单一形态到内容实质、从单一建筑到文化内涵的转变，赋予传统建筑空间更开放、更多元的功能，不断制造内容的新鲜感，助力文旅小镇迈向内涵式发展之路，提高旅游者的黏性。例如，洛南音乐特色小镇在还原长安建筑风貌的前提下，创造各类音乐文娱体验活动场所，如民族乐器加工厂、温泉音乐酒店、音乐民宿、世界音乐鉴赏厅、露天音乐广场演艺中心等，全方位演绎音乐文化主题。

第二，氛围营造是文旅小镇发展主要方向。旅游者在经历了1.0观光游览时代和2.0主题娱乐时代，正在向3.0沉浸式体验时代转变。未来文旅小镇应将设计重点从景观设计转换成氛围营造，强调互动性、沉浸式的旅游体验。在营造优质的自然景观和丰富的人文景观的基础上，进一步增强旅游者的互动沉浸式旅游体验，形成旅游者与景观的良性互动。例如，九门邕州小镇通过沉浸式场景营造，凭借"沉浸实景+角色扮演+剧情演绎+交互体验"沉浸式文旅体验，实现传统景区迭代升级，成为广西现象级爆款文旅项目。

第三，情景消费是增加文旅小镇营收的重要渠道。情景消费是破解现状文旅小镇低端商业业态、实现更新迭代的重要途径，也是破解文旅小镇千镇一面的同质化现象的重要解题思路。如今网购App众多，线上交易发达，文旅小镇的购物店铺如何与方便又廉价的网络销售相对抗？有效的答案应该是，通过场景构建刺激文旅消费，即让游客感受到特定情境，从而产生消费行为。例如，朱备镇将田园景观、民俗文化和特色物品三者相结合，通过参观百亩油菜花田、百年油坊的木榨工艺，从而刺激旅游者产生高品质的品牌信任联想，完成感性的激情消费。

不断创新迭代的优质产品及内容才能经受不同旅游者的考验，成为打破文旅小镇同质化僵局的有力抓手和持续高质量发展的动力引擎。

（四）"文旅+"模式持续发力

当前，我国旅游业呈现"旅游+科技""旅游+健康""旅游+农业""旅游+体育""旅游+工业"等"旅游+"融合发展模式。在"旅游+"模式的驱动下，传

---

① 胡绍学，陈曦，宋海林，张维功. 我国近代滨水区旅游开发中的城市设计总体构思——烟台近代滨海景区更新研究[J]. 建筑学报，2004（5）：21-25.

统的文旅小镇纷纷进行提质升级，走融合发展的"文旅+"无边界模式，如："文旅+文化艺术""文旅+会议会展""文旅+康养疗愈""文旅+特色产业""文旅+沉浸式演绎""文旅+数字科技"等。

"小镇+文化艺术"的融合不仅是对传统文化的传承和发展，更多的是多元文化的融合。例如，结合濮院羊毛衫产业，濮院锁定青年时尚群体，主打时尚产业。"文旅+会议会展"是未来文旅小镇的重要发展方向。相关数据显示，在疫情前，乌镇一年大约有800多个会议，古北水镇一年大约有1000多个会议，会议会展等已经成为文旅小镇的重要组成部分。在疫情、亚健康等多重因素的影响下，当前我国健康养生市场超万亿元，18~35岁的年轻消费者占比高达83.7%，为"文旅+康养疗愈"提供新的发展机遇。例如，灵山小镇·拈花湾文旅小镇结合灵山景区，完善康养设施配套，定位为康养度假的禅意度假目的地。2022年北京冬奥会的成功举办，我国冰雪运动实现了跨越式发展，也为小镇实现"文旅+特色产业"拓宽了道路。例如，徐州茱萸山体育健康小镇推动与冰雪文体产业融合，打造"文旅+冰雪运动"的发展思路，仅2022年滑雪季吸引了约12万人次冰雪爱好者涌入；翁源兰花小镇依托兰花产业优势，形成"兰花产业+文化+旅游"的特色发展模式。

"文旅+"的文旅小镇发展模式的优越性正逐渐凸显，不仅进一步促进旅游产业的发展，更通过多元创新、融合发展的方式，不断提升其他相关产业的创新力和生产力。未来文旅小镇的边界感会愈发淡化，逐步向一个社会化、无边界的平台发展，为文旅小镇的多样化发展持续发力。

（五）运营前置成为新共识

文旅小镇在内的所有文旅项目均包含立项阶段、规划设计阶段、建设阶段、运营阶段等诸多环节，但随着项目进入后期的运营阶段，前期所有过程的投入均要靠后期运营来实现回报，因此运营的成败至关重要。

所谓运营前置的思维，就是在文旅小镇规划设计之初，便明确文旅小镇未来的运营主体、运营方式和商业模式等，并进一步从经营角度倒推文旅小镇的规划设计和建设施工。例如，古北水镇依托乌镇旅游团队实操经验，从项目建设之初便明确"整体产权"开发模式，保障项目一以贯之的持续性开发运营。

运营前置思维越来越被广大文旅小镇的开发主体所接受和认可。文旅小镇注重采用产品思维，明确自身定位，找准发展目标和方向，确定商业模式及运营模式。在运营前置思维的引导下，文旅小镇从整体出发，呈现从先做规划设计再招商转变为优先明确运营主体，从朝令夕改的经营理念变为一以贯之的运营思维等发展态势；从细节出发，呈现从传统的只注重建筑形态转型为更注重建筑的功能性、体验性，从仅注重文旅小镇的整体效果转型至重视每一个单体建筑、从仅关注整体氛围营销转变至注重单体建筑的场景语言营造等发展态势。

（六）"全天候""全时段"产品大有可为

随着经济发展和旅游者消费结构的改变，"全天候""全时段"的文旅产品逐渐成为旅游行业的新宠儿。"全天候""全时段"产品的重点，一方面，为增加旅游者的夜间消费；另一方面，为平衡淡旺季旅游业态分布。

近几年，夜经济得到了前所未有的重视。根据同程发布的《2022年暑期夜游报告》，超80%的旅游者认为目的地的夜游活动是最不能错过的环节。文旅小镇的"全时段"发展已经成为众多文旅小镇的目标和共识，文旅小镇夜间灯光效果和休闲氛围营造是发展夜经济需要着重考虑的问题，而餐饮、住宿、演艺等夜游项目也成为文旅小镇的重要消费方向和体验项目。例如，拈花湾小镇通过文化旅游休闲度假目的地小镇的市场定位，让旅游者慢下来、留下来、住下来；通过建设1600间客房，设计大量夜游活动，形成"白日游灵山、晚上宿拈花湾"的旅游方式。

旅游业一直不乏全季旅游的呼声和尝试，文旅小镇也致力于通过特色项目的植入，打造"全天候"旅游产品，如通过打造互动性、体验性强的博物馆、美术馆、剧场等项目，丰富旅游者的旅游体验；引入音乐节、艺术节、戏剧节等节庆活动，为旅游者提供别样的旅游体验；建设精品酒店、主题餐饮店、特色购物店铺等配套设施，将文旅小镇打造成为休闲度假旅游目的地。例如，安仁古镇通过探索"博物馆+新经济"消费体验新业态模式，构建"生产创作+展示交流+拍卖交易"文创全产业链，举办安仁论坛、天府古镇国际艺术节、成都天府古镇旅游节等节庆活动等途径，打破季节限制，实现年游客接待量超过700万人次[①]。

文旅小镇通过打造"全天候""全时段"的旅游产品，丰富旅游体验，力求在

---

① 中国指数研究院.文旅小镇破局的几种模式[J].中国房地产，2020(26)：17-21.

未来之变局中稳占先机,保持高质量、高水平发展。

第四节 文旅小镇发展案例

(一)濮院古镇

濮院有机更新项目规划总面积达3360亩,规划包含三大功能区。其中,核心景区占地面积约1287亩,计划总投资约71亿元;生态生活居住区占地面积约808亩(含河道),计划总投资约80亿元;时尚文化创意区占地面积约489亩,计划总投资约50亿元。该功能区块将与古镇旅游板块有机衔接。以水乡古镇资源、文化资源、产业资源为依托,以街巷、院落、水系为空间载体,项目建设以"中国时尚古镇"为总体定位,改变濮院老镇区基础设施落后、面貌脏乱差、功能不完善的现状。

一是规划改造,打造现代濮院核心景区。濮院镇,古为槜李墟,南宋改称"濮院",明清时名列江南五大镇(盛泽、震泽、王江泾、濮院、双林)之一,八百多年的建镇历史,拥有深厚的历史文化底蕴。濮院老镇区古建筑群保存较好,但也面临着秩序杂乱、管理无章等现实问题。自2013年开始,为全面改变老镇区房屋破旧、交通堵塞、环境脏乱的局面,计划打造核心景区、生态生活区、时尚创意区三大功能区,对历史建筑修旧如旧,让人望得见山水、看得见新貌,彻底实现旧城的美丽"蝶变"。其中,古镇核心景区于2023年3月开放运营。以"中国时尚古镇"为总体定位,濮院古镇充分利用江南水乡、美丽田园和毛衫小镇的特色,打造一个冒热气、接地气、有灵气的特色古镇,重现"日出万匹绸、嘉禾一巨镇"的繁华。

二是文化休闲,打造礼仪民俗亮点。濮院古镇因地制宜,以"一村一品"为文化民俗特色,推进非物质文化遗产传承创新。目前,已建公共图书馆1个、文化馆1个、伯鸿城市书房2家、农村文化礼堂13处。文化设施的丰富,极大满足了濮院居民的业余文化生活,为讲好小镇故事注入了濮院文脉。2018年,濮院镇被评为"浙江省首批文化礼堂建设示范镇",2019年,获评"全国民族团结进步示范乡镇"。

三是旅游观光,树立江南古镇旅游新标杆。濮院的香海寺、翔云观、关帝庙等景观曾享誉江南,多处景区被列入省市文物保护单位。古镇有纵横交错的水网布局,有分布在梅泾公园及周边的绿地及古树名木,有分布在濮院港以东占地面积31.8%的农田经济林。在濮院有机更新项目实施的同时,濮院深度挖掘"梅泾"文化,成立了嘉兴首家乡镇民间文艺家协会,开展了乡村非遗节、最美系列评选梅泾杯篮球赛、夏氏家族教育基金颁奖等活动。建立起多样化、多维度的旅游观光模式,塑造中国古镇旅游、文化休闲、产业升级的新样板,助力濮院国家级特色小镇建设,打造江南古镇旅游新标杆。

四是转型升级,打造产城融合型文化产业新城。项目建设以"中国时尚古镇"为总体定位,致力于将古镇历史文化与国家级特色小镇产业相融合,实现古镇、文化、产业为闭环的旅游业态新模式。区别于已成熟的江南六大水乡古镇,濮院古镇除了更成熟的水乡业态以外,多元化的时尚文化碰撞将成为这个小镇的魅力来源。以创意建筑设计力量与文化"脉络"持续回归赋能,逐步为空间载体导入融古汇今的定制化文旅内容,构筑文化可持续、可再生的消费与品牌生态社群;以文化创展、社区生活、美食娱乐业态为核心引擎,搭配满足家庭客群的零售、儿童业态以及少量生活配套业态,形成辐射江浙沪乃至全国的文化体验游、美食娱乐的首要目的地。

五是运营发展,运用独特的商业运营体系。多元化碰撞和多商业体系融合,有自己的运营发展内核,才是"新一代"濮院古镇的独特之处。在濮院古镇的未来规划中,时尚概念被完整的业态诠释出来,包含了首店街、走秀场、设计师之家等全产业链的深度规划。通过先期承办各类企业发布会、招商会等专业活动,检验景区运营能力和团队服务能力,确保景区尽快全面开放。业态上要加快速度,做出特色,打造网红传播点。招引更多特色品牌,串点成线、连线成片,形成独特的商业体系,体现古镇特色、时尚特色、艺术特色和商业特色。

景区在重现江南水乡之旧貌的同时,还加入濮院特有的商贾文化。景区深入挖掘濮院老业态商铺文化,打造白铁铺、陈记米行、大德桥商铺、小人书店、蜡烛街商铺、定泉桥茶楼等一系列商铺,恢复老濮院的烟火气。景区还将重现"濮商文化"。濮院自古是商业巨镇,数据显示,现如今的濮院经商户3万家,景区在旧址上保护修复的"濮商会馆"就是濮院曾经辉煌的商业历史,也是这个商业大镇发展的雏形。景区内留存的众多廊棚建筑,足以体现出濮商的经营细节。

（二）贵州乌江寨

乌江寨占地5.08平方公里，规划建设用地3063亩，规划建筑面积30万平方米，项目投资近50亿元，于2016年10月开工建设，2022年2月1日对外试运营，5月1日正式开放。

贵州乌江寨国际旅游度假区是融观光、休闲、度假、会展为一体的大型综合业态的旅游目的地景区，依托于恬静的山水，自然环境和浓厚的黔北村寨民俗氛围，结合自然山势与河道地形综合整治、修缮、复建和改建，呈现出一幅黔北民居群落画卷。度假区整体以"共生思想"为理念，共规划12个街区业态，以乌江河生态景观带贯穿传统工艺作坊区、沿江民居民宿区、民族文化表演区、地方小吃美食街、主题酒店区、茶马古道区、酱酒文化区、特色酒吧区、动漫创意区、高山亲子活动区、山谷野奢露营区、红色营地教育区。按照"一店一品"的布局打造各类经营业态96个。截至2022年8月底，乌江寨景区累计接待游客人数37.68万人次，实现营业收入5473.12万元。回顾乌江寨的建设历程，有以下几点值得行业借鉴：

一是坚持异质文化、生活方式为主导内容的表达。乌江寨是一个诠释生活美学的度假地，内有1家奢华度假酒店、3家主题度假酒店、9家风格各异的民宿、1家青年旅舍，共拥有800多间客房可满足宾客不同层次的品位和需求。乌江寨旨在为旅客提供一个远离喧嚣、舒适自然的小镇生活，创造出不同于常时的生活方式，让游客推窗看山水中享受逃离城市的闲致生活，既能体会到出世的心态，又能享受到入世的欢愉，输出专属于乌江寨的一种异于常规的文化社会价值观，令人不自觉地融入其中。

二是营造沉浸式互动体验的氛围。乌江寨善于利用风景，并在此基础进行风景叠加，增强游客的互动沉浸体验。以乌江寨独漂酒吧为例，通透的设计使室内与室外完美衔接，游客可以在这里围着火炉边喝酒边观赏独漂的景色。这里不仅是一个观景的地方，也是一个能让人静静发呆的地方。乌江寨有无人机灯光表演，在星河之下，夜幕之中，上百架无人机将这里点亮，上演科技与古朴交织的视觉盛宴。再与乌江星音乐水舞秀交相辉映，轻舟泛月，放歌行吟，夜幕下这里开启缤纷的狂欢。好的景色是景区赋能必不可少的元素，"风景叠加"无疑更能增强游客的互动沉浸体验。

三是非遗的植入和活化运用。对当地特色非遗进行了很好的保护和传承，通过"非遗+研学""非遗+演艺"的形式将非遗和谐地融入小镇之中。在乌江寨，游客可以在和平染坊内亲身体验2000多年的草木染技艺传承；可以斩竹漂塘、煮楻足火、荡料入帘，亲手做一张花草纸；可以邂逅钳与火的时代，感受活字印刷的魅力和汉字的温度；可以与竹编师傅一起编织，于傩婆婆花灯铺亲手绘制专属花灯，参与矮人舞、傩面舞、矮人舞、打簸鸡蛋等。乌江寨传承了非遗，而非遗亦成就了乌江寨。

四是打造多元业态，丰富产品品类。乌江寨有主题各异的酒店民宿、汇聚世界风味的特色美食，满足各类活动场地的会场，当地特色民俗表演、文艺体验、非遗体验摊位以及特色商铺等各类业态。单就餐饮而言，乌江寨有特色餐厅、风格酒吧、名优小吃等几十家大小餐厅，可提供不同规模、风格、档次、特色的聚餐宴请。独具特色的盐帮菜系刨锅汤餐厅，营业至凌晨一点的深夜食堂，还有民谣酒吧、精酿酒吧、独漂酒吧、威士忌酒吧、酱酒街等各类型酒吧，撑狗串、紫霞虾子羊肉粉、黔北米皮等特色小吃同样不少。会场有大小会议室几十个，可满足不同风格不同种类的活动场地需求，且户外场地众多，在绿意环绕中开展集体拓展、自助烧烤、私人party、主题餐宴等个性定制。不同业态的相互搭配，同一业态的不同选择，共同构成了乌江寨的多元业态，既保证了各类客群的诉求，也给游客更多不同的体验。

（三）赤坎侨乡小镇

赤坎古镇华侨文化展示旅游项目位于赤坎镇中心区域，由江北老街上下埠区域、河南洲、沙溪洲三片区域构成，总占地面积120多公顷。作为世界文化遗产所在地、国家历史文化名镇，地处中国第一侨乡江门，保存完好的骑楼和碉楼是赤坎地域历史文化特色的重要体现，也见证了华侨历史的繁荣与兴盛。凭借保存完好的民国风情建筑，赤坎成为南中国重要的影视基地，步入"因影视而旅游兴"的新格局。申遗的成功以及电影《一代宗师》的拍摄和热播，更大大提高了赤坎的国际知名度。江门市文广旅体局专设"侨都赋能"工程，将赤坎侨乡小镇作为江门文旅的龙头项目，赤坎古镇首期于2023年1月对外开放营业，"重生"后的赤坎华侨小镇预计每年吸引700万名游客。

赤坎华侨小镇具有自身的独特优势和特色，有以下三个方面尤其突出：

一是运营前置，稳健发展。赤坎侨乡小镇虽未对外正式营业，但运营入场却可追溯到十年前。2008—2010年，赤坎成立投资开发公司，开始控股型投资，并创立首只人民币基金和首只美元基金；2011—2015年，公司建立行业专注的投研体系，建造专业投管团队，此时累计在管资产规模已达1000亿元人民币，境内外LP数量突破200+；2016—2020年，公司开始进入机构化发展，此时团队规模已达到160人，并引入人民币PE三期基金；美元PE三期、GOF基金，此阶段开始了多元产品的选择。与此同时，赤坎邀请陈向宏先生作为赤坎华侨小镇的总规划师、总设计师。十多年来，赤坎在陈向宏团队的带领下，以运营为核心，以结果为导向，对赤坎华侨小镇进行整体的市场分析、客源分析、宏观中观微观环境分析，并制定各阶段的运营目标，不断进行战略分析与调整、资源配置、业态配置等的前置规划，做到"事有所出、财有所理、人有所用"的盘局统筹，从而保持赤坎小镇整个建设的通畅运作、有效落地。

二是守正创新，精准定位。江门市地处粤港澳大湾区"承东启西"的门户位置，不仅有遍布全球的400万名侨胞，更有海岸、森林、河谷、田园等地貌；赤坎古镇华侨文化展示旅游项目是继开平碉楼申遗成功后，开平确立全域旅游战略的点睛之笔。规划设计团队综合考量历史文化脉络与现实资源后，提出了"古镇推动、大景区带动、节点联动"的战略思想，并将赤坎古镇华侨文化展示旅游项目的总体定位确定为：以侨乡文化、古埠码头文化为特色，主打文化体验、休闲度假旅游品牌及会展文化，形成复合型旅游展示区。

三是注重细节，落地为王。首先，对古镇中心区集中梳理整治和提升改造，在保留原始街区风貌的基础上进行风格性修复。其次，对拆除不协调建筑后的区域进行再利用设计：以历史场景为脉络，形成古镇集商业、休闲、文化和景观的聚集带；改善路面、沿河的铺装，同时对外环境整治，增加绿化覆盖率；改善基础设施和管线，增加休闲集散广场，提高古镇品质；以围镇河槽控制旅游发展规模，集中新建艺术中心、华侨文化博物馆、剧场等文化场所，保障古镇未来文化业态服务需求；改造解放路两侧建筑，营造度假俱乐部片区，同时提升教堂广场的周边环境品质；设置碉楼世遗中心，结合旅游与保护内容，形成更多的参与和展示空间。再次，因地制宜地将游客服务中心功能分散在大区域的多栋建筑内，使游客在入口处就能领略赤坎的民居建筑与市井风貌。为了改善上下埠区域内交通和人车交通转换瓶颈，更北端新建大型停车场,提升区域旅游品质。考虑到赤坎多风雨天气与河流自然条件,景区内河两端将建设水坝,全河岸线建设防洪堤,满足未来古镇的防洪排涝需求。然后,充分利用河南洲特有的自然山水特色景观,将其改造为高端碉楼花园酒店;在中段建设高级别会展中心,配套高端会展酒店,满足未来景区的商务会展服务;在东端打造童玩馆与绿地公园,建设近代风格的摩天轮,满足更多年龄层次和群体的度假休闲需求;东侧末端依托地形,建设码头和鱼市场景观,充分展示赤坎的渔民文化。河南洲西侧河岸线参照江北区建筑风格打造骑楼商业街,形成河流两侧建筑景观的遥相呼应。最后,沙溪洲作为赤坎古镇后续发展配套用地,未来将与江北区和河南洲进行联动。计划营造艺术家聚落,提升周边相关地块的附属价值。每处角落都将从人性化的角度迸发其最大的利用价值。

(四)南京固城湾

固城湾位于南京市高淳区,景区北接高淳老街,东临固城湖,拥有丰富的历史文化底蕴与水乡特色资源。2017年,固城湾基于长三角高净值人群亲子度假与周边高端生活区品质需求,引入度假酒店、潮流餐饮、品质零售等业态,意在塑造高淳夜游目的地和时尚消费聚集区,项目总体规划用地729亩,总建筑面积约10万平方米,于2021年7月开园迎客。目前,固城湾凭借人气萌宠互动、国际品质无动力乐园、高淳首家儿童剧场等亲子组合打造南京生态亲子目的地和高淳综合性高端亲子营地,随后,又引入开元集团等各领域优质合作伙伴,固城湾已然成为南京高端亲子度假新地标。回顾固城湾在亲子小镇的进击之路,有以下几点经验值得行业借鉴:

一是立足本土文化塑造精神理念。固城湾挖掘高淳千年濑渚文化,选取了高淳非遗传说《白鹿遗踪》中的"圩田、固城湖、瑞兽"三个最具代表性的元素。以"生态与人文和谐发展"为精神理念,规划设计具有讲述高淳起源故事的"春秋阁"、展示中华传统瑞兽文化的"瑞兽馆",并相应地策划撞钟、放河灯、钓锦鲤等体验活动,为游客情感寄托提供空间平台。

二是打造夜游新产品助力消费回暖。作为"高淳四宝"的"一字街"曾是高淳商业繁荣的明证,固城湾顺应游客消费习性,并将高科技运用到消费体验场景建设中,重新定义"一字水街"。景区串联游船、创意灯光秀、音乐喷泉等沉浸式夜游体验场景，成为高淳"夜生活"的地标。

三是实施"亲子+度假"创新模式。固城湾在开发期间瞄准周边遍布高端住宅的优势，精准定位服务亲子客群，在景区对外开放的同时，积极引进开元度假酒店品牌，实施"亲子+度假"创新模式，并在周末及节假日丰富节庆活动极力彰显郊区特色优势，与高淳老街、桠溪国际慢城等高淳特色景点形成联动发展，成为高淳休闲度假产业链发展的全新增长极，为高淳全域旅游高质量发展增添新动能。

四是重资产扩张与轻资产运营结合。固城湖景区由亚达集团重资打造，邀请中青旅凭借运营乌镇、古北水镇等丰富的实战经验来提供运营服务。重资产和轻资产两种不同的运营模式可以降低固城湾发展的风险点，实现利益最大化。

（作者简介：张晓峰，中国旅游研究院文化旅游研究基地特约研究员，浙江旅游科学研究院院长）

第九章　旅游街区发展分析与展望

陈东丽　郭婷婷　潘曼佳

旅游街区作为文旅产业必不可少的要素，是夜经济的主要载体，是地方文化的承载者和传承者，更是旅游产业创新发展、高质量发展的重要抓手。首先，国家对旅游休闲街区重视程度在不断提高，《中华人民共和国国民经济和社会发展第十四个五年规划和2035年远景目标纲要》首次提出"打造一批文化特色鲜明的国家级旅游休闲城市和街区"。近两年，文化和旅游部相继发布三批共166条国家级旅游休闲街区，旅游休闲街区的文化属性、旅游属性更为明显，地方特色街区高度聚合了城市文化，主客共享，全天候、无门槛、有温度、多元业态的城市休闲游成为新的消费热点。其次，文化特色是旅游街区发展的关键，特色旅游休闲街区能够聚集人流、拉动消费，成为城市、旅游景区、特色小镇和主题公园配套的不二之选。最后，在过去两年里，旅游街区发展进入兴旺期，利用文化活动契机主动搭台，唱出了文旅融合的好戏。2022年受疫情的影响，本地游成为主流，"就地休闲"成为当下旅游消费热点，随之旅游街区休闲游需求不断扩大，2023年旅游街区通过"微改造""微提升"，活化利用了城市文化，延续了城市的历史文脉和特色风貌，成为主客共享的新空间。

第一节　旅游街区发展状况及其特征

（一）旅游街区发展现状

1. 模式和类型多样化

旅游休闲街区与商业步行街千篇一律的繁华景象不同，旅游休闲街区集城市文化、主题化、体验化、商业化于一身，更加注重文化的融合，旅游属性更加鲜明。我国旅游街区以开放式街区居多，根据场地分为室内旅游街区和室外旅游街区，例如深圳宝安大仟里的农市井 FARMLAND 是深圳首个自然生态、有机农创主题的室内街区。根据主题分为生态型旅游街区、文化型旅游街区、历史型旅游街区、复古型旅游街区、科技型旅游街区等，例如，重庆光环购物公园是国内首个城市自然共同体，将广场、社区和购物公园进行天然过渡，是旅游街区跨时代意义的全新体验式商业模式。长春网红商场"这有山"的火爆宣示着文化维度成了一个街区不可忽略的商业关注点，以文化打造差异化商业空间是时代趋势。南京夫子庙是历史文化型街区的典型代表，上海世纪汇 1192 弄是围绕老上海复古风打造的民国风情街区。太湖湾科创带利用 AI、AR、大数据、5G 等新技术实现智能化体验和管理，突出"科技＋旅游"的特色。根据场景可以分为沉浸式体验街区和运动型旅游街区等。西安长安十二时辰和大唐不夜城是沉浸式的行业标杆。青岛万象城 N 次方公园围绕"运动＋购物"紧紧抓住"80 后""90 后""新生代"主流消费者的关注。根据生长模式可以分为单体街区和景区依托型街区等。像北京的王府井、广州的北京路、上海的南京路等都是人们耳熟能详的城市 IP 街区，自身拥有极高热度和流量。而像云台山的岸上旅游休闲区和环球影城的城市大道依托景区打造餐饮、购物、娱乐体验一站式的旅游休闲街区，越来越多的景区游览起点和终点都在布局旅游街区。根据营业时间可以分为全天候街区和夜间街区，像开封的鼓楼区书店街夜市属于快收快放型夜间经营模式。2021 年文化和旅游部发布的行业标准《旅游休闲街区等级划分》（LB/T 082—2021）将旅游休闲街区划分为国家级旅游休闲街区和省级旅游休闲街区两个等级，将省级街区视为国家级旅游街区的前置条件。

2. 业态和内容多元化

旅游街区的业态丰富，涉及食、住、行、游、购、娱等，是一种具有地方特征的开放活动单位空间，常见公园、广场、滨江路、步行街、古镇等区域。旅游街区的业态布局、内容配套和产业发展更加多元化，衍生出更多街区特色，比如依托商圈建设的历史文化街区、逐步"网红化"的休闲街区、景区化的旅游休闲街区、创意产业聚集的文化创意类街、场景化复原的室内街区、以休闲空间营造为导向的传统生活街区。多元的业态、丰富的内容、产业的升级提升了街区旅游和休闲的舒适度和体验度。总体来看，旅游街区经历了从传统历史文化街区到商业步行街区，再到业态多元化的旅游休闲街区，逐渐呈现出 IP 化的发展趋势。同时《旅游休闲街区等级划分标准》对旅游休闲街区的业态布局以及所包含的业态类型进行了界定，规范了街区业态的发展和运营方向，对其进行规范化管理。例如，安徽省合肥市罍街将传统民俗文化融入现代街区中，将其作为一种综合文化场所，创建文化、旅游、商业三方合作共赢的新商业模式，并在此基础上进一步增强文化和商业的契合度，着重于文化表现和文化氛围的营造，为旅游休闲街区注入活力。以唐山宴为代表的室内旅游街区的出现，旨在为消费者营造"主题化的第三空间生活模式，深度的社交场"，在"逛"的同时，真正形成一种体验经济。德信唐域商业旗下文旅项目闲林埠老街是一个开放式室外旅游街区，以宋韵主题文化、互动沉浸式体验、文化夜游等多元场景和体验感，构成了自己独有的亮点和记忆点。

3. 数量和体量扩大化

随着各地文商旅项目迅速发展，实现了旅游街区文化符号标识在当代的有效再生。旅游休闲街区是一个城市的"气""文""食"的集中地，最能体现一个城市的文化魅力。同时随着近郊游、本地游、周末游和 City Walk 的不断兴起和火爆，涌现出众多火爆的文旅街区，旅游街区的数量和体量双重飙升，各地都在差异化打造新街区和针对性提升老街区，基本上每个市县都在打造自己的旅游休闲街区助力城市更新，景区、古城和特色小镇打造旅游休闲街区助推文旅融合。一大批历史街区、商业街区和特色街区被成功打造为城市文旅新名片，变身居民和游客的消费新场景和网红打卡地，并成为国家和省里重点支持和培育的旅游新品牌，呈现出数量急剧上升的发展趋势，据初步统计全国典型旅游街区多达 2200 余条。近两年文化和旅游部密集发布三批国家级旅游休闲街区，截至 2024 年 1 月，我国已有 166 家国家级旅游休闲街区，全国首批省级旅游休闲街区 316 条，第二批省级旅游休闲街区 264 条，其中云南在省级旅游休闲街区拥有的数量上居于首位，分别是第一批 30 条和第二批 32 条。街区体量也在扩大化，例如，陕西省安康市石泉县秦巴老街原本经济萧条，无人问津，通过政府规范调控开发，该街区重整光辉，平均每年接待的游客超过 170 万人，综合旅游收入达到了 5.1 亿元左右，成为该城市热门打卡地和文旅名片。湖南省长沙市天心区太平街街长 375 米，总面积 12.57 公顷，拥有 200 多家商铺，以名特老字号、特色休闲、旅游产品等传统行业为主体，是长沙古城保留最完整的街道之一，日均人流量达到 10 万余人，全年接待游客量近 3000 万余人次。

4. 标准化

《中共中央关于制定国民经济和社会发展第十四个五年规划和二〇三五年远景目标的建议》提出，建设一批具有鲜明文化特征的国家旅游街区。将旅游街区与国家需求与战略结合，加大扶持，对其进行动态管理，使旅游休闲街区成为"让城市留下记忆，让人们记住乡愁"的重要载体，为我国城市发展注入新的活力。2021年1月，文化和旅游部发布《旅游休闲街区等级划分》（LB/T 082—2021）行业标准，并于4月1日起实施。该标准提出，旅游街区划分为两个等级，从高到低分别为国家级旅游休闲街区和省级旅游休闲街区。该行业标准中，必要条件规定了国家级和省级旅游休闲街区分别需要具备的服务管理项目和硬件设施，例如，在街区中要培育和践行社会主义核心价值观，提倡文明旅游，节约食品和绿色消费，不提倡封建迷信，不允许出现庸俗、低俗、媚俗的现象；应具有明确的街区空间范围。国家级旅游休闲街区总占地面积不小于50000平方米或主街长度不小于500米，省级旅游休闲街区总占地面积不小于30000平方米或主街长度不小于300米；应具有稳定的访客接待量。国家级旅游休闲街区需满足年接待游客量应不少于80万人次，省级旅游休闲街区需满足年接待游客量应不小于50万人次。该行业标准中，一般条件规定了旅游街区的文旅特色、可进入性、环境特点、业态布局、综合服务、服务设施、卫生、管理、安全等，例如，街区应满足至少2个主要出入口；要有能够反映该地区和该街区的历史文化特征的文化标志；街区的建筑要有鲜明的个性，建筑的形态、体量和色彩要与周围的环境和谐统一。随后，文化和旅游部办公厅、国家发改委办公厅联合印发了《关于开展国家级旅游休闲街区认定工作的通知》，该文件中指出，认定对象要求是拥有鲜明特色的文化主题和地区特征的旅游街区，需要集文化体验、旅游休闲和旅游公共服务等功能于一身，具有住宿、购物、娱乐、观光、餐饮、休闲等多种业态，旅游街区可以同时满足外地游客和本地居民观光游览、休闲等需求。

5. IP化

随着游客的消费需求不断变化，旅游休闲街区作为一款含有文化创意的旅游产品，街区在打造过程中主题化、特色化将会更加鲜明。旅游街区逐渐成为城市热门IP，例如，陕西西安大唐不夜城从"不倒翁小姐姐"到"李白对诗"，再到"盛唐密盒"，近年来持续推出的一系列节庆活动与文化表演 IP，一直稳居商业街区内的"顶流"，吸引无数国内外消费者，成为西安独一无二的城市 IP。不夜城系列产品如安徽省马鞍山市长江不夜城、河北省石家庄凤凰不夜城、四川省筠连县南丝绸之路不夜城、吉林省梅河口市的东北不夜城、宁夏石嘴山市沙湖不夜城、山东省济南市的章丘台湾不夜城等步行街区通过差异化定位 IP 打造集游赏观光、购物演绎、休闲娱乐、特色美食和优秀在地文化融合的特色旅游街区。又如，江苏盐城的唐渎里、云南昆明的茶马花街、湖南长沙的文和友和内蒙古鄂尔多斯的嘉嘉青创·1980老街等都是在原有的基础上进行改造提升，形成城市独一无二的新 IP。同时街区也在创造自己的 IP，通过创造出原创 IP 场景和内容，或者将联合热门 IP 化场景和 IP 内容，在文化旅游空间和场所中，形成 IP 引领的主题内容、多种业态为载体的"情境"体验型消费情景，以满足旅游者对其自身所需要的休闲体验和美好旅游生活的期待。浙江杭州桥西历史文化街区围绕运河文化主题突出强化品牌活动和品牌业态的培育，打造世界级文旅 IP。街区常态化开展大运河文化旅游节、大运河戏曲廊道演出季、北关市集、大运河非遗花伞市集等四季品牌活动，持续提升街区大运河文化标识度、品牌度和影响力，为街区带来了"人气"及"烟火气"。

6. 沉浸化

"沉浸式＋实体商业"的模式因为场景更为多元、业态更为复合，使得实体商业拥有更多"场景＋流量"优势。沉浸式的街区体验感，已经成为顶流街区的标配，通过主题街区、生态艺术、街巷情怀或沉浸式体验等多元化场景，加强地方和消费者的联系，在满足旅游街区消费者的潮流、时尚、个性需求的同时，也能形成自身的特色亮点和记忆点。据统计，全国超 2000 个街区正在布局沉浸化场景和夜间消费模式，形成街区即景区、商铺即景点、商户即演员、服务即演技、产品即场景、消费即生活的街区休闲模式，例如，陕西西安的长安十二时辰"热门剧集 IP＋沉浸式娱乐＋主题餐饮＋国潮零售"，以"唐食嗨吃、换装推本、唐风雅集、微缩长安、情景演艺、文化盛宴"六大沉浸场景为核心，进而让游客产生对西安这座城市的兴趣。河南洛阳的汉服一条街内有汉服文化博物馆、汉服主题酒店、汉服服饰店、汉风茶馆、汉风餐厅等汉服文化相关的商业及文化设施，成为中国规模最大、最具代表性的汉服文化聚集区之一，沉浸式的古风热带动洛阳汉服产业繁荣并带动满城汉服似穿越。福建省晋江市五店市的传统文化旅游区，通过开展创意市集和美食市集，结合乐队表演、非遗表演、光影秀等众多活动，充分发掘街区的"沉浸"和"夜游"的潜能。旅游街区以沉浸式旅游体验为先导，形成以文化娱乐为动力，以休闲商业为抓手，以社区生活为支撑，以文化创意和沉浸式体验为主要特征的多元化街区。

（二）旅游街区发展特征

1. 主客共享理念不断深入

在旅游休闲街区的建设发展中，"主客共享"原则成为行业和政府管理者的共识，近悦远来才是当代旅游发展的流量密码。旅游街区作为主客共享新空间，在满足当地人休闲需求的基础上才能服务好外地游客，同时本地客流是街区消费的主力军。因为满足本地居民的休闲活动是外来游客进行旅游的先决条件，才有可能发展为一种旅游休闲吸引力，这也是旅游休闲街区的基本生存发展问题和基础市场，即以满足本地居民的休闲娱乐需求为第一位，其次再考虑外地游客的需求。例如，湖南长沙市的旅游发展将当地人舒适的生活方式打造为旅游吸引力，引导外地游客在大街小巷吃吃逛逛，感受城市风貌，促进了游客的深度融入，使长沙的旅游喜爱度从全国的第十七名跃升到第六名。重庆市贰厂文创街区目前已成为山城重庆工业旅游的新地标、新名片，街区突出休闲特色服务，进行智能化服务升级，建设多条轨道交通、城市公交、专线巴士等公共服务设施，该街区创建了"主客共享"的休闲旅游服务体系，为游客提供了多样化、多层次的旅游需求。

2. 头部效应愈发显著

旅游街区作为文旅商综合体的一个重要组成部分，越来越多的现象级 IP 街区瞬间火爆，多地显现出一条街"点亮"一座城的头部效应，吉林梅河口市东北不夜城以精致国潮文化为设计核心，融合东北地方民俗文化，形成街区之"魂"，通过"城市舞台"，用行为艺术表演的方式把最日常的东北生活状态和地域文化进行最为生动的表达，潮俗融合的匠心设计和首创高维的运维理念是街区火爆"出圈"的秘诀和法宝。江西九江新旅浔阳里 1723 选址科举考棚地，以文商旅综合体大作，响应城市发展理念，呼应人民生活所需，匠心缔造九江美好商业范本，成为九江不可或缺的人文精神载体。同时越来越多的头部文旅企业愈发关注街区提升和打造领域，一个个横空出世的文旅街区项目带来丰厚的经济和社会效益，2023年1—9月，华侨城集团文商旅板块共接待游客人数超1.14亿人次，与上年同期相比增长71%。根据中国旅游研究院发布的《2023年上半年旅游休闲街区客流监测报告》显示，2023年上半年，华东地区40个典型休闲街区游客人数超7371.2万人次，平均每个街区184.3万人次，其中，南京夫子庙商圈热度最高；对外省游客而言，上海迪士尼最具吸引力。东北地区25个典型休闲街区游客人数超5509.4万人次，平均每个街区220.4万人次，表现最为突出的是黑龙江省典型休闲街区，游客人数超3000万人次，哈尔滨市中央大街热度最高。西北地区17个典型休闲街区游客人数超2101.2万人次，平均每个街区123.6万人次，均表现出较高的旅游吸引力。

3. 在地文化融合日益突出

无论是商业步行街的改造提升，还是地摊经济或者夜经济的流量打造，从场景的营造到业态的拓展上，都在不断地将更多的精力投入优秀在地文化中，增强街区的场景感、体验感、穿越感等，营造或唐或宋或民国或未来的普通百姓生活场景，如长沙文和友的20世纪七八十年代的生活场景营造、长安十二时辰的古代大唐街市，昆明茶马花街的民国风情街区、梅河口市东北不夜城的关东文化都让游客产生新奇的好奇感，穿越时代，纵情古今。又如，开封宋都御街再现宋代御街风貌，汇聚灌汤包、炒凉粉、红薯粉等开封地道美食，汴绣、麦秸画等民间艺术作品彰显了开封丰富的文化底蕴。浙江省宁波市江北区的老外滩街区，通过对城市文化遗产和老外滩历史底蕴的深度挖掘，对"文化+商业+创意""文化+商业+科技"等多种类型的跨界互动进行探索，构建全新的消费场景。岚山根·运城印象步行街依托运城的历史文化，并以浓郁的运城民俗风情为重点，精心打造了一条名为"岚山根"的"运城品牌"街，一店一品，汇集山西和陕西的178种传统手工艺品和美食特产，具有地方特色，同时也具有潮流气息。

4. 向三、四线城市下沉趋势持续增强

2023年都市休闲市场热度持续扩散，大型都市旅游休闲街区客流增势平稳，中小型都市街区客流回暖更快，街区向三四线城市下沉的趋势愈发明显，三四线城市正在快速成长为新的掘金地。在消费升级的带动下，三四线城市的消费购买力也在迅速提升，如何占领三四线城市的旅游休闲市场，旅游休闲街区在此成为一个新的消费热点，焕发出活力。例如，周口的关帝老街由周口市人民政府和建业集团共同打造的具有明清复古风格、传承周口厚重文脉、展现现代商业活力的休闲旅游街区，开街即火爆，首日运营参观人数达到 1 万人，营收达到 500 万元。同时，根据城市旅游业的发展规划需求，对旅游休闲街区的旅游供给进行了进一步的改进，旅游休闲街区可以成为一个新的核心吸引力，许多城市都在对旅游街区进行发展改造和建设。对于大部分二、三、四线城市只要抓住旅游休闲街区的发展风口，就可以为当地文旅市场打开一扇新的大门。

以曲靖市罗平县主题街区为例，罗平县地处云南省东部，位于滇桂黔三省区交界地带。为填补县城特色旅游街区的市场空白，罗平县充分挖掘发扬罗平历史文化、产业文化、少数民族文化等特色文化，提炼出苗族、布依族、彝族等具有代表性的民族特色元素，有针对性地设计改造出一批鲜明特色的主题旅游街区：可以与传承文化、时尚创意、当地民族风情、艺术设计有机融合起来，将旅游产业链进行有效延伸，在各个主题街区中植入文创艺术和铺面业态，将罗平的民族文化风貌和区域特征充分展示起来，从而达到白昼、夜市和地摊经济相互融合、互为补充的发展效果，打造成了罗平县的"城市会客厅"。

第二节 旅游街区发展困境

（一）前期投资体量大，回收慢

旅游休闲街区的建设对城市的发展极具社会效益、经济效益，但打造旅游街区具有前期重资产投入大、后期运营风险大、收益周期长、短期收益低等痛点，同时旅游街区与夜间经济融合，打造不夜城的繁荣景象，运营形式并不是简单的夜市、地摊经济、低端商业小吃街、餐车广场，而是需要投入大量资金进行仿古建筑建设和亮化造景，投资体量大，如何将重资产投资转变为轻资产运营，如何应对专业人才的缺乏，如何突破技术壁垒都是街区应该认真思考的问题。例如，大唐不夜城的总投资额约为 50 亿元人民币，占地约 240 亩，其中建筑面积约 100 万平方米。大唐不夜城的投资可分为三个阶段。第一阶段是基础设施建设，包括土地征收、道路建设、水电设施建设等，投资额约为 10 亿元人民币。第二阶段是主题设计、建设和装修，包括景点设计、建筑设计、雕塑设计、景观设计、灯光设计等，投资额约为 20 亿元人民币。第三阶段是运营管理，包括人力管理、市场营销、财务管理等，投资额约为 20 亿元人民币，街区从规划到运营，时间跨度较大，需要长期持久的不断创新运营，大唐不夜城从"不倒翁小姐姐"到"李白对诗"，再到"盛唐密盒"不断输出创意 IP，才有持续的吸引力。同时街区 70% 以上的游客为本地人，本地人重游率虽高但是单次消费低，导致街区资金回笼慢利润低，面对这样的游客群体，需要对项目降低营收期望值，做好长期运营的准备。

（二）产品同质化严重

休闲街区省会城市客流量更大，夜间消费活跃度也更高，欠发达城市模仿一、二线城市造街经验和模式，形成短时间内的商业成功典范，但是没有成熟的街区运营模式和运营团队，酒吧、炸鸡和工艺摆件成为街区标配，像成都的锦里、北京的南锣鼓巷、上海的田子坊、桂林的阳朔西街形成千街一面的同质化运营景象，缺乏长久吸引力。同时与旅游休闲街区文化不符的商业业态注入较为普遍，过度商业化导致业态陈旧、无特色商品、纪念品雷同且低端等现象，无法展现当地的文化底蕴。以开封的街区为例，像宋都御街、双龙巷、珠玑巷、七盛角、书店街、万博广场都是采用宋代仿古建筑，从义乌小商品城批发的小工艺品，让街区陷入了同质化的发展之中，本地特色的工艺品或民间艺术的缺失影响了旅游街区的特色发展。总体来说，多地街区内的商品和服务尚未形成成熟的带有区域特色的业态，以连锁经营和传统的百货商店为主，餐饮、电影院、游乐设施等体验型的业态成了标配。必胜客、KFC 等遍地开花，品牌也都相差无几，创意品牌活动几乎不存在，主题不鲜明，对于居民休闲购物而言，越来越没有新鲜感。

（三）环境容量和配套设施不足

客流量小的街区处于苟延残喘的生存状态，人流量大的街区同样面临着环境容量小，配套设施不足，游客体验差的问题。例如，南京夫子庙是东部省份最受欢迎的街区之一，是初次到访南京的必游之地。每到节日和周末，大量人流涌入夫子庙，夫子庙的环境容量和配套实施略显不足的问题也同时暴露出来。首先，夫子庙餐饮文化是它的一大特色，传统的小吃备受游客青睐，但由于特色小吃店数量不足，一到就餐时间，小吃店里人满为患，这使得多数游客不得不选择麦当劳类的快餐；其次，大成殿前广场区域是最能体现夫子庙儒学特色的场所，广场最南端的洋池、照壁是绝佳的合影留念之地，这两个地方游客众多但周围给游人提供的休息设施不足，很多游人把洋池前的栏杆作为休息场所，既缺乏安全性又影响街区美观；最后，景区内缺乏完善的标识及导览系统，很容易使出游者在街区内迷失方向，影响游玩体验感。

（四）文化植入与游客需求匹配度有待提升

在旅游旅街区如火如荼的改造提升中，去地产化成了趋势，文化的植入成为街区商家的必争之地，成为街区建设和运营的关键所在。虽然街区建设相关部门对民俗风情、历史文化特色的建设也给予了一定的重视，但忽视了旅游街区文化植入与游客需求之间的匹配问题。旅游街区作为文旅融合新载体，城市公共空间新地标，政府在建造和运营过程中着重加大本地文化的植入，但是植入方式过于陈旧，植入内容过于单一，不能满足游客对新场景、新业态的体验和互动需求。特别是历史文化街区在产品陈列、网红点打造上仍任重道远，例如，街区的餐饮区最大的核心竞争力在于菜品味道、个性环境、文化体验、科技互动、极致服务等，这都突出了游客体验的概念，餐饮已经不是填饱肚子的简单需求，而是游客在用餐时都能沉浸在体验快乐之中的重要场景。如何提高街区文化植入和游客需求的匹配度，各地旅游休闲街区应在场景营造、丰富业态种类上下足功夫，加强形式创新，扩大经营单位数量，带动旅游消费增长。

第三节　旅游街区发展趋势

（一）厚植文化成为街区发展的主基调

旅游动机是吸引游客前往旅游目的地的重要因素，旅游街区应根据自身特色，以文化为导向。打造特色IP，利用多种多样的方式，深耕文旅融合，以"5D"场景设计理念，带给游客足够的新鲜感，在满足物质消费的同时也满足游客的精神需求，提高游客黏性，这意味着文化是吸引游客到访、再到访的核心要素。上海风潮作为中国新商业场景营造商，通过挖掘地方文化特色，结合 200 多个场景组合，打造合肥·中市街、深圳万科云街、杭州·融创 InS·Park、上海静安大悦城、黄石星云集市、宜昌夷陵烟火 YEAH 巷等近百条街区。同时历史文化街区的微改造和微提升也是街区未来发展的重点，是城市更新和老区盘活的主要抓手，为城市文旅发展赋能。例如，唐山市河头老街文化街区以河头文化为核心，盛唐元素为主线，将现代潮流文化与本土民俗文化、庙会文化进行全新包装与升级，通过科技赋能，搭建古今对话空间，丰富业态布局，为唐山注入新的发展活力和人文魅力，打响"夜经济·最唐山"的金字招牌。浙江省宁波市江北区老外滩街区深入挖掘城市文化遗产和老外滩历史底蕴，以文化为基石，探索"文化+商业+科技""文化+商业+创意"等多形式跨界联动，构建起消费新场景。

（二）夜间消费成为街区发展的主抓手

夜间是文旅消费的黄金时段和关键环节，大约六成消费发生在夜间时段。根据《2023 年上半年旅游休闲街区客流监测报告》调查显示街区夜间消费活跃度更高，全国典型休闲街区夜间客流集中时间为 18:00—22:00。其中，客流高峰时段为 19:00—20:00，次高峰时段为 20:00—21:00，第三高峰时段为 18:00—19:00，街区夜间热度的不断提升预示着文旅消费能力的复苏。大数据对夜间游客打卡占比进行分析显示，桂林阳朔西街、惠州水东街、重庆大九街旅游休闲街区、铜仁中南门历史文化旅游休闲街区、新疆新天润美食天街、喀什古城景区印象一条街—九龙泉特色商业街区、银川怀远旅游休闲街区、伊宁六星街历史文化街、合肥罍街、西安大唐不夜城步行街，成为 2023 年春季夜生活最热闹的十大街区。同时，银川怀远旅游休闲街区、铜仁中南门片区、惠州水东街、伊宁六星街历史文化街、合肥罍街也是文化和旅游部遴选的"国家夜间文化和旅游消费聚集区"。2023 年"五一"期间，银川怀远旅游休闲街区、铜仁中南门历史文化旅游休闲街区、桂林阳朔西街再上榜，成为夜间打卡最热的三大街区，推动着地方夜经济繁荣，成为畅通城市经济的毛细血管。洛阳市充分发掘特色历史文化旅游资源，文旅项目营业时间延长至 21:00—22:00，持续培育"吃、住、行、游、购、娱"等夜间消费业态，营造夜间消费氛围，老城区丽景门十字街、西工区西工小街、涧西区广州市场等每天客流如织、各式汉服云集，实现了古都文化与夜间休闲消费的深度融合。

（三）三、四线城市成为街区快速发展的主场地

一线和二线城市虽然经济发展成熟、消费力强、客流量大，是旅游街区选址的重点城市，但是部分热门城市出现街区饱和、吸引力不足和主题混乱的情况。2023年文旅复苏以来，旅游行业重拾增长，再现辉煌的大时代背景下，居民消费升级，下沉市场的消费水平也在快速增长，换言之，三四线城市、县镇下沉市场的消费需求亟待满足，文旅街区作为新的消费点将在下沉市场迸发生机。相对冷门的三四线城市旅游热度也在持续攀升，泉州、柳州、江门、潮州、台州、湛江等多城旅游十分红火，大街小巷游人如织。柳州因螺蛳粉"爆红"网络，打造"螺味"十足的街区，开发了广西第一个室内外结合的"非遗活态博物馆"窑埠古镇螺蛳街、中国首个以"螺"为元素的"5G+XR"主题街区乐园——柳州螺乐园，为游客打造全方位的"螺"体验。三四线城市旅游发展势头迅猛，旅游街区作为城市新地标，得到新的发展机遇，迈上了发展快车道。

（四）"沉浸式"场景体验成为街区发展的主热点

近两年，除了线上数字化手段，游客更注重线下旅游体验。越来越多的旅游休闲街区布局了游客互动的体验场景，聚焦"文旅文创成支柱"，抢抓文旅产业新风口，大力发展"颠覆性创意、沉浸式体验、年轻化消费、移动端传播"文旅新业态，着力打造全国沉浸式文旅目的地。特别是历史文化街区以自己的文化特色，借助媒体运营和网红流量打卡，让游客提前了解目的地文化特色和体验活动，提升城市功能品质与青年的契合度。河南省洛阳市牡丹节期间将创新的目光投向青年，策划了"全城剧本杀""博物馆奇妙夜"等年轻人喜欢的特色文旅活动，引来无数年轻人选择到洛阳来一次穿越之旅。洛邑古城推出"着华服免费入园"，不仅客观上宣传了传统文化，还让街区日均吸引客流量达2.5万人次，穿汉服的游客也成了街区别致一景。古城还引进VR体验项目，推出的"隋唐洛阳城国风穿越节"等活动，还原国风市集场景，让年轻游客"穿越千年古都、梦回隋唐盛世"沉浸式汉服体验

让洛阳收获更多"流量"。泉州市蟳埔村簪花女爆红网络之后,络绎不绝的游客来到蟳埔村体验簪花,许多蟳埔女直接在自己家中开始了簪花服务,同时也提供租借服装服务,形成了游客更深层次的沉浸体验。

(五)联合打造特色文化 IP 成为街区发展的主趋势

吸引力不足,是当前众多街区落寞的原因,面对瞬息万变的市场需求,旅游休闲街区如何把握消费趋势,满足游客不断变化的需求,增加旅游者对街区的情感依恋度,增强吸引力和扩展引领,带动街区乃至所在城市综合效益的提高,推动文旅商融合创新发展。越来越多的旅游街区采用合作联名的方式,将虚拟人物和场景实体化,通过全产业链延伸、营销,实现虚拟 IP 和粉丝流量的兑现,目标是对 IP 价值的深入挖掘和效益最大化,并创造新的客户和需求、引入更多流量。以北京环球影城为例,北京环球影城里主要有七个超级 IP 专区:哈利·波特、变形金刚、功夫熊猫、侏罗纪世界、小黄人、好莱坞和未来水世界。环球影城一正式开园就引爆了 IP 经济,除了各类娱乐项目人气爆棚,还带火了互动效果的魔杖、"魔法学院"入学装备、哈迷们必点的黄油啤酒、网红小黄人爆米花等火爆衍生品。像瑞幸咖啡与茅台联名推出酱香拿铁一样,重庆洪崖洞商业步行街区与世界级调酒大师 Jimmy 推出火锅宾治和百香果菲士鸡尾酒,河南建业与著名导演王潮歌携手打造"只有河南·戏剧幻城",打造出了划时代的现象级文旅新项目,由厦门轨道集团与建发商管倾力合作的商业巨作"漳州特房 T·ONE",淡化街区边界,举办不同主题和场景活动为游客提供情绪价值,打造了城市街区商业新样本。

(六)微观尺度成为街区打造的主尺度

在文旅街区的发展中,市场已经为我们检测出:缺乏特色的产品,难以具有足够的吸引力,不能实现差异化发展。尤其在旅游消费不断升级的情况下,同质化、盲目复制粘贴的东西注定会被淘汰,街区内的小尺度、精细化、差异化的打造,是实现商业和景观一体化发展"吸"金又"吸"睛的主要手段。如上海市十里云间项目原名云间新天地,以前同质化严重,忽略微观尺度的特色吸引力和主题概念,导致街区冷冷清清,租金下跌,招商率低,资本转化过慢等问题,通过以"传统文化+现代潮流"跨界结合的"国潮"设计上海松江的微观空间，成为沪上首个国潮文旅型慢步街区、松江时尚新坐标、吃喝玩乐目的地、生活达人和创意潮咖的打卡点，引领松江全新的生活方式。

第四节　旅游街区发展案例

根据主管部门批准的相关规划，明确要求旅游休闲街区总占地面积不小于3万平方米或主街长度不小于300米，且年接待访客量不少于50万人次，具备文化展示与体验、游览、购物、餐饮、休闲娱乐等功能，地方文化或创意文化的业态比例不应少于40%。在省、市层面具有较高知名度的旅游休闲街区，根据街区类型、接待游客人数及增长率、街区销售额度及增长率、网络曝光度、网络流量（点击量）、网红打卡点数量和热度、媒体关注度、IP数量、国家级称号、游客评价、文化创意内容、业态种类与数量、游客目的地意向感知、景观关注点、基础设施需求和对拥挤的态度等方面构建量表，遴选2022—2023年的旅游街区发展年度案例。

（一）北京环球影城城市大道：开业即顶流

北京环球影城城市大道作为整个度假区旅程的起点，也是所有游客结束游玩的终点，是北京环球度假区的标志性区域，每年可容纳游客量在1200万~1500万。整体景观设计借鉴中国文化和东方美学，配套3000米景观水系，通过建筑、装饰和灯光等强化科技赋能，展现中国传统文化"双龙戏珠"的意象。大道共拥有24家店铺，包括1家多功能影院，15家融合中西方特色的美味餐厅，8家世界知名零售商铺，以及11辆零售与餐饮的移动售卖车，通过打造"首店经济"的规模化、引进北京最大的商业IMAX银幕、场景化打造边吃边玩的新奇体验、创新本土品牌和融合中式风格与现代设计等五大特色亮点，配套超长营业时间，为夜间经济加速赋能，为游客提供丰富、独特的娱乐、餐饮体验和购物选择，是北京娱乐消费的目的地，更是City Walk的品质之选。

（二）大唐不夜城：文化 IP 街区的范本

大唐不夜城步行街以盛唐文化为背景，融入商业、休闲、娱乐、体验等多种功能元素，以唐风元素为主线，建有大雁塔北广场、玄奘广场、贞观广场、创领新时代广场四大广场，西安音乐厅、陕西大剧院、西安美术馆、曲江太平洋电影城等四大文化场馆，并设置大唐佛文化、大唐群英谱、贞观之治、武后行从、开元盛世五大文化雕塑。在2公里范围内，围绕唐文化设置景观节点和文化节点，每隔数十米就有一个互动式小品，在街区内部根据不同景观节点延展出小IP，"不倒翁小姐姐""石头人""敦煌飞天""李白对诗""盛唐密盒"等现象级文化IP，点击量近百亿。大唐不夜城借助绚丽的灯光，集合夜间观光游憩、文化休闲、演艺体验、特色餐饮、购物娱乐五大产业形成旅游集群，打造出一条类似主题乐园模式的沉浸式夜游路线。

（三）开封鼓楼夜市和黄山新安夜市：移动式的开放街区

开封市鼓楼夜市占地7000平方米，一共有237家摊位，可以同时容纳约1500人就餐，每天下午六点，统一制作的小吃车鱼贯而入，在半个小时内展开夜市面貌一直营业至凌晨三点，再现了《东京梦华录》中"夜市直至三更尽，才五更又复开张"的盛景。黄山市采用移动商业模式将一处近9000平方米的停车场改造为"新安月夜"主题夜市，开业14天，客流量便达到7.5万人次，营业额近120万元。运营时间为每天下午五点半至十点半，围绕"网红打卡、街边艺术、臻享美食、趣味玩乐"四大主题，组合成一个全新意义的移动开放式街区图景。

（四）超级文和友、这有山和唐山宴："城市记忆"新链接

长沙超级文和友以长沙老字号为核心，结合长沙20世纪七八十年代城市记忆文化，汇集美食、零售、休闲娱乐等多元业态，将近100户人家、20间商铺高度还原20世纪80年代的老长沙社区，让游客感受到原汁原味的长沙文化，通过"超大规模"+"美食体验"+"高逼真还原度"的一站式沉浸模式，形成了一个"流量"

的闭环。长春的这有山是一个融旅游、美食、商业、休闲为一体的 24 小时不闭店夜经济项目，形成休闲逛玩组团、小吃街组团、嘉年华组团、聚会餐组团、电影院组团、夜生活组团，以"这里就是远方"的设计基调，将北京王府井大街、上海南京路、成都宽窄巷子等传统街市的体验移植过来，领略到不同风景，获得一次完整的短途旅行体验。唐山宴通过吃、游、玩、品等形式，将唐山特色美食与文化旅游相融合，在品尝特色美食的同时，深入了解、感受唐山饮食文化内涵，形成一个集文物展示、互动体验、培训教育、餐饮消费等功能于一身的饮食文化博物馆，留住即将消失的"乡愁"。

（五）苏州平江历史文化街区：城市文化与形象的展示窗口

平江历史街区是苏州古城的缩影，基本保持着"水陆并行、河街相邻"双棋盘格局以及"小桥流水、粉墙黛瓦"独特风貌，是苏州古城保存最完整的历史文化保护区，入选为首批国家级旅游休闲街区。苏州平江历史街区作为历史街区，经久不衰，热度持续暴增，首要原因在于其"修旧如旧，保存其真"的建筑保护与创新，保留了游客对古城的记忆。其次是非遗体验模式，在"原汁原味"的姑苏古城中游客们可以在古城的传统风貌中体验传统文化活动，采用吴语徒口讲说表演的琵琶语评弹馆场场爆满，大儒巷的桃花坞木版年画展示展销中心现场，非遗传承人与游客现场互动，游客在互动体验中加深对非遗项目的认识和对传统文化的了解，在体验折扇制作过程中，打造独一无二的旅游纪念品，都增加了游客对街区的好评度。再次是友好邻里关系，近 1.3 万名居民生活在巷子里，与游客融为一体，和谐的居民关系和友好的接待态度也成为游客来访和重游的重要吸引力。最后是连片的旅游景区，平江历史文化街区是大运河苏州段七个遗产点之一。平江路，北接拙政园、狮子林，与观前街一巷之隔，东接耦园和古城遗址，构成旅游片区，交通便利、四通八达，是平江街区人流量密集和广受欢迎的重要原因。

（作者简介：陈东丽，中国旅游研究院文化旅游研究基地研究员；郭婷婷，中国旅游研究院文化旅游研究基地研究助理；潘曼佳，中国旅游研究院文化旅游研究基地研究助理）

市场篇

第十章 节庆活动发展分析与展望

王景盼 贾若词

节庆活动是在不同国家、不同民族、不同区域的长期生产生活实践中产生的一种特定社会现象，是在特定时期举办的、具有鲜明地方特色和群众基础的大型文化活动，体现了当地经济、社会及历史文化综合现象。我国节庆种类丰富，包含传统民俗、民族活动、群众文化活动、商贸活动、会展活动、体育活动等多元内容。节庆活动作为旅游业的重要组成部分，对于提振行业发展信心，增强旅游市场活力，推动新时代旅游业高质量发展具有重要作用。

第一节 节庆活动发展现状

（一）政府持续支持

节庆活动蓬勃健康的发展，离不开政府的持续支持。2022—2023年报告期内，多项重要规划和文件明确了节庆活动的创办、保障、监管等内容，为节庆活动发展提供有力支持。

《"十四五"旅游业发展规划》提出，推动旅游宣传推广与城市经济发展、节庆品牌塑造、商务环境改善等互动发展和一体发展。创新办好中国旅游产业博览会、中国（武汉）文化旅游博览会、中国义乌文化和旅游产品交易博览会、中国体育旅游博览会、中国森林旅游节。加强节假日等重点时段、重点环节、重要设施设备、重大旅游节庆活动及高风险项目等安全监管，强化旅游企业特种设备运行安全、食品安全等主体责任。以建交周年、高层互访为契机，办好中国文化年（节）、旅游年（节），开展多层次对话交流活动，促进人员往来、民心相通、文明互鉴，推动构建新型国际关系。

文化和旅游部等 6 部门发布《关于推动文化产业赋能乡村振兴的意见》，鼓励各地发掘乡村传统节庆、赛事和农事节气，结合中国农民丰收节、"村晚"、"乡村文化周"、"非遗购物节"等活动，因地制宜培育地方特色节庆会展活动。鼓励有条件的地方引入艺术机构，以市场化方式运营具有乡土文化特色的艺术节展。坚持以文塑旅、以旅彰文，推动创意设计、演出、节庆会展等业态与乡村旅游深度融合，促进文化消费与旅游消费有机结合，培育文旅融合新业态新模式。

《"十四五"文化发展规划》指出，要加强群众文化活动品牌建设，开展"我们的中国梦"——文化进万家活动，办好农民丰收节、农民文化艺术节、农民歌会、农民剧团演出、广场舞、"村晚"、"快闪"、"心连心"演出、大众歌咏、书画摄影创作等活动。

文化和旅游部办公厅发布的《关于组织开展 2023 年文化和旅游消费促进活动的通知》指出，组织开展的活动涵盖演出、展览、演唱会、音乐节、非遗体验、数字文化、主题公园、休闲娱乐、游戏游艺、运动健身、节庆展会、文创产品、旅游商品、文体用品、景区景点、餐饮住宿、红色旅游、乡村旅游，及其他文化和旅游领域行业门类。

国务院办公厅发布的《关于释放旅游消费潜力推动旅游业高质量发展的若干措施》指出，引导戏剧节、音乐节、艺术节、动漫节、演唱会、艺术展览、文旅展会等业态健康发展，丰富"音乐+旅游""演出+旅游""展览+旅游""赛事+旅游"等业态。开展中国文物主题游径建设和"读万卷书行万里路"文化主题旅游推广活动。

（二）节庆市场供需两旺

通过对百度搜索引擎、地市级旅游部门官方网站及地市级微信公众号搜索有关节庆活动的报道信息，经初步统计，2023 年我国 31 个省（自治区、直辖市）共举办节庆活动 1037 场。其中，华东地区节庆活动数量最多，占总数比例为 23.24%；西南地区、西北地区和华中地区次之，占总数比例分别为 15.72%、15.14%、14.66%；东北地区、华南地区和华北地区节庆活动数量较少，占总数比例分别为 13.69%、9.74%、7.81%（见表 10-1）。

第十章 节庆活动发展分析与展望

表 10-1　2023 年我国各地区节庆活动数量及占全国总量的百分比

地区	举办节庆活动数量（场）	占全国总量的百分比（%）
华东地区	241	23.34
华南地区	101	9.74
华北地区	81	7.81
华中地区	152	14.66
西南地区	163	15.72
西北地区	157	15.14
东北地区	142	13.69
合计	1037	100.0

疫情之后，各地举办节庆活动的热情高涨，2022 年新增的节庆活动 65 场（见图 10-1）。2023 年节庆活动持续发展的步伐进一步加快，新增节庆活动 137 场（见图 10-2）。通过统计数据显示，我国举办节庆活动的数量整体保持较快的增长速度和较大的增长规模。

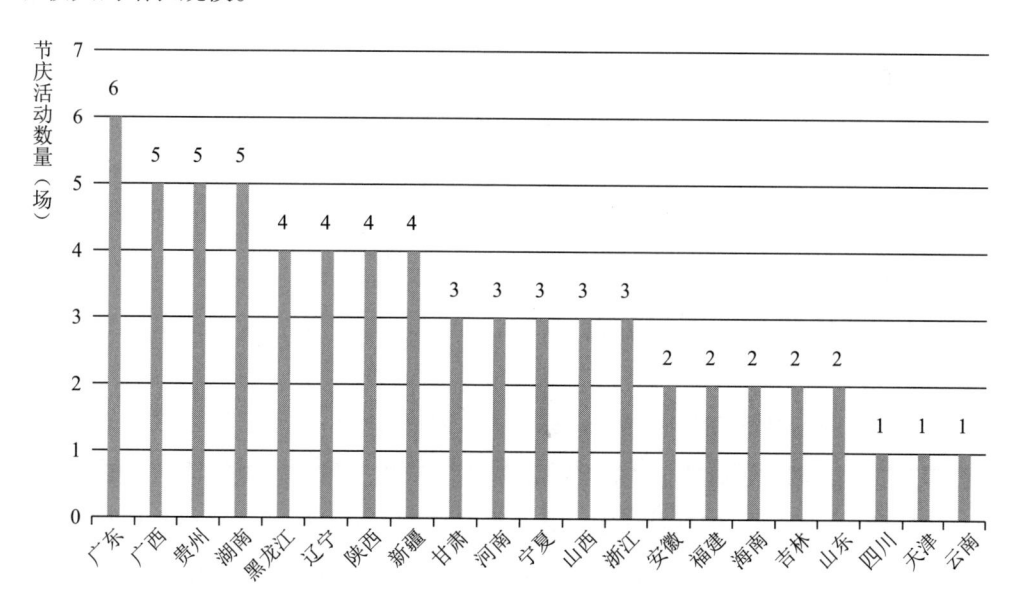

图 10-1　2022 年新增节庆活动地区分布

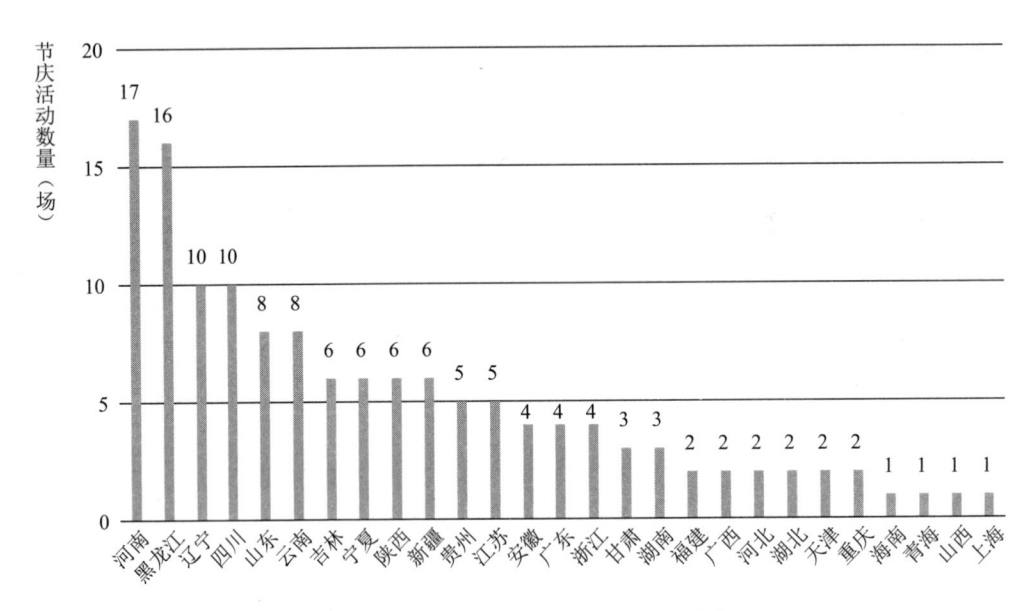

图 10-2　2023 年新增节庆活动地区分布

相对于节庆活动源源不断地持续"供给",游客对于节庆活动的"需求"也同样旺盛,活动现场人气满满,形势良好。如深圳市举办的首届"罗湖深港文化月",活动期间罗湖三大口岸通关人流量达 564 万人次,其中港籍旅客人数 420 万人次,占比约 74.37%;黑河市举办的第 39 届五大连池火山圣水节,吸引游客人数多达 20 余万人次;2023 中国·兴化千垛菜花旅游节,总接待游客人数 60 万人次;自贡市举办的仙市古镇第十届金秋旅游节,累计接待游客人数 8.69 万人次,创近年国庆"黄金周"人气新高。

（三）节庆活动下沉县乡村

随着乡村振兴战略在全国的深入实施和全面推进,广大基层地区结合自身优势培育和发展一大批特色鲜明、内涵丰富、贴近农民生产生活的节庆活动。据数据显示,2023 年非地级市(包括县级市、县、乡、村等)举办的节庆活动 310 场,占总数的 29.9%,在基层举办节庆活动的比重加大。节庆活动对于增加城市知名度,打造特色城市品牌的重要贡献是不言而喻的,但其已经不再是城市的专属。在农村,节庆活动对于巩固拓展脱贫攻坚成果,推动地方经济、促进文化传播等方面日益发挥独特作用。如池州市青阳县举办的 2023 年度青山之阳·九华原乡旅游季,预计全年为该县带来游客人数30万人次；长春市马鞍山村举办的"春季村晚"暨吉林·九台第六届山野菜美食文化旅游节，预计活动期间有6万~10万人参与，旅游收入及带动相关产业收入可达3000万元以上。

（四）云上节庆热闹非凡

"线上+线下"的办会模式渐已成为当前节庆活动"标配"。在无"网"不在的今天，线下活动与线上技术的结合，现实与虚拟的共融，为节庆活动注入新的活力和支撑。与线下节庆相比，"云上节庆"辐射广泛、互动高频，带来火爆人气。如伊春市举办的首届"林都伊春·魔幻森林音乐节"，开幕式当晚演出线上达到"亿"级曝光量。定西市岷县举办的2023年甘肃岷县文化旅游赛马节，开幕式在网上同步直播，累计观看人数达192万多人。

多数节庆活动借助网络直播连接线上线下、衔接供需两端的作用，采取直播带货和发放优惠券等形式，拓宽产品销路，激发消费潜力。毕节市赫章县举办的第八届樱桃节、2023中国新疆伊犁天马国际旅游节，均组织了电商直播活动；南阳市西峡县举办的非遗宣传展示暨"食尚小镇"康养美食节，举行了网红直播带货比赛。大安市首届嫩江湾国潮赏花美食节推出参与公众号等平台活动赢取门票或消费券的活动；东营市举办首届黄河口（东营）河海音乐节，通过小程序发放10万元文旅消费券。网络作为重要媒介，为扩大节庆活动及相关地区、品牌的知名度，最大限度发挥节庆活动的经济效益和社会效益做出了巨大贡献。

（五）多方协作，联合办会

目前，节庆活动呈现多地区、多部门、多行业协同合作的举办形式，对于整合资源、优势互补，促进文化流通，消费流动，实现资源共享，品牌共铸具有积极作用。

部分节庆活动采取多地区共同举办的形式，对于推动游客跨区域流动，消除区域藩篱，同频共振促进消费具有重要作用。有省域之间的联合办会，如北京举办的国际鲜花港2023北京菊花文化节，组织京津冀联动办菊展；2023龙江美食文化节暨第十二届东北美食节由黑龙江、吉林、辽宁共同主办，有来自三省的50多家参展商参加活动。有省内各区域的联合办会，如2023年吉林市非物质文化遗产消费节，由四平市、通化市、白山市、辽源市共同举办；西宁市举办的 2023 年"文化和自然遗产日"暨"非遗购物节"，主会场设置在省会西宁市，全省各地设置分会场。有跨省多区域的联合办会，如六安市举办的第十五届桃花节，上海市松江区文化和旅游局参与承办；2023 文旅市集·杭州奇妙夜邀请上海、南京、成都、苏州、开封、上饶、宣城、阿克苏 8 个国内热门旅游城市参加。

据统计数据显示，大多数节庆活动由当地政府主办，文旅、教体、广电、宣传等政府部门承办。如 2021 石家庄国际啤酒节是由石家庄市政府主办，市商务局及有关县（市、区）政府承办的；第九届酒泉华夏文化艺术节是由酒泉市委、市政府主办，市委宣传部、市总工会、市文旅局、市融媒体中心承办的。

部分节庆活动组织发动相关行业协会及企业共同参与，实现多方面联动互补。如银川市举办的 2023 年第七届鸣翠湖荷花节暨夏荷正当时·首届"碧"暑生活节，银川市摄影家协会作为承办单位参与；2023 张家界第六届万福温泉泼水节，有张家界万福温泉国际酒店有限公司、张家界五雷山旅游有限公司和张家界赵家垭旅游开发有限公司三家企业参与承办；深圳市举办的 2023 第三届龙岗喜剧节，深圳开心麻花华南总部基地有限公司作为承办单位参加。

第二节 节庆活动发展存在的问题

（一）存在"昙花一现"问题

虽然当前举办的节庆活动数量逐年增多，规模也越来越大，但是相当一部分节庆活动由于种种原因未能形成可持续发展的长效机制，只举办几届，甚至"首届"之后便销声匿迹。

根据数据显示，2022 年新增的 65 场节庆活动中有 33 场在 2023 年未能顺利举办"第二届"，此比例高达 50.8%。究其原因：第一，由于当前我国经济下行压力持续加大，各级政府的财政收入紧张，为节约开支，一些节庆活动被迫取消在所难免。第二，由于前期没有进行充分的游客调查和客源市场分析，导致活动的设计缺乏吸引力，首届举办的节庆活动未取得预期或理想效果，致使部分节庆活动生命短暂。第三，节庆活动的宣传效果不佳，前期信息获取渠道较为单一，出现只有部分群众知晓节庆活动信息，或活动信息获取不全面的现象。

（二）活动内容有待创新

通过对 2023 年举办的 1037 场节庆活动的具体活动内容进行统计整理，结果显示五种类型的活动举办场次最多，分别是展演类（如银川市永宁县举办的第二届葡萄酒文化艺术节，安排了葡萄酒展览展、摄影展等；定西市靛坪村举办的首届烧酒文化旅游节中，有酿酒工艺及酒文化展览、传统非遗文化文创产品展示等活动等）、比赛类（如 2023 年永州市柑橘采摘文化季组织了诵读比赛；在 2023 年湖南生态旅游节暨第十四届湖南·阳明山"和"文化旅游节上，组织了采茶制茶比赛和象棋比赛等）、市集类（如 2023 年"爱在恩施·土家女儿会"，安排了非遗市集；2023 年长葛市首届美食节，组织了由 100 多个网红摊位组成的集市等）、仪式类［如 2023 北部湾开海节举行的开海仪式；第十五届中国江北水城·两河明珠（聊城）葫芦文化艺术节举办了中华葫芦文化研究院揭牌仪式等］、采摘类（如 2023 济南市天桥区沃小番番茄文化旅游艺术节，安排了农产品采摘活动等）。其中展演类活动举办场次最多，有 505 场，占比接近 50%。通过统计数据不难发现，目前具体活动内容呈现类型集中、雷同现象，且存在体验感单一、参与度较低的情况。尤其是展演类、仪式类活动，均属于观看型活动。参加这种类型的活动，游客的角色是"观众""看客"，参与度较低，很少甚至基本上没有互动体验内容（见图 10-3）。

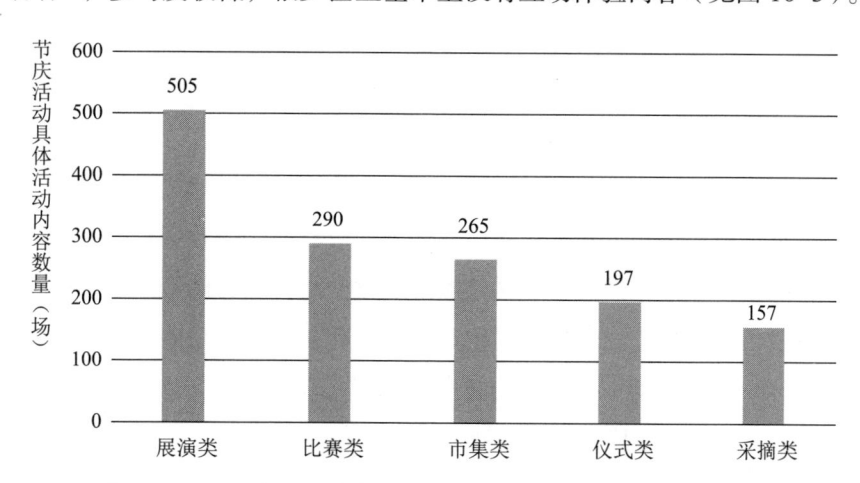

图 10-3 2023 年举办的节庆活动的具体活动内容类别与数量分布

节庆活动在设置具体活动内容时要顺应市场规律，适应社会发展。近年来，自驾游已成为新兴的重要旅游方式，以自由、灵活、个性化等特点被众多旅游者接受和喜爱。据携程的数据显示，2023年"五一"国内租车订单量同比增长574%，比2019年同期增长超过300%；2023年7月的国内租车自驾订单量同比增长超80%，较2019年同期增长352%。在国内自驾游兴起的情况下，根据数据显示，2023年仅有15场节庆活动安排了与"自驾"相关的具体活动内容，如探寻肃慎文化—鸡西兴凯湖冬捕节组织了兴凯湖自驾穿越活动；第五届阿勒泰"千里画廊·百车自驾"组织了七天自驾行程畅游阿勒泰的活动。

目前，以家庭为单位的出行变得越来越普遍。据携程数据显示，2023年"五一"假期亲子游订单占比近40%。但是2023年涉及"亲子"内容的节庆活动并不多，仅有35场，如2023乐源旅游体育文化节暨第四届广西大容山露营嘉年华，邀请亲子家庭进行少儿跑酷比赛、趣玩运动会等活动；中国·和龙金达莱国际文化艺术节组织了亲子民俗体验系列活动。

年轻游客已经成为旅游的消费主体，据携程数据显示，2023年端午节期间"90后""00后"游客占比超60%。但是涉及年轻人普通喜爱的项目的节庆活动场次较少，如有"露营"内容的节庆活动只有75均有"剧本杀"内容的节庆活动仅有9场。如第二届重庆露营文化节，组织了房车自驾分享、露营音乐LIVE、闲置露营装备交易、户外风格露营市集等活动。大邑县鹤鸣镇举办的2023年迎大运文旅季赏花活动，组织游客体验野外露营、拓展、登山、攀岩、滑翔伞等运动。2023常州市民文化乐享季暨"抖转新遗"常州非遗生活节为年轻游客准备了沉浸式全域寻宝、社交场景剧本游戏、沉浸式非遗体验、NPC零距离互动演绎等数十余项互动体验项目。

另外，在统计数据时发现，部分节庆活动安排的具体活动内容较简单。如鞍山市岫岩县举办的首届民俗文化节的具体活动内容只有品尝美食和观看民俗文化的展演、展示；阿拉善盟举办的观赏石文化旅游节暨交易博览会的具体活动内容只是宝石展销和观赏石作品展览。节庆活动内容的单一化、同质化现象尤其体现在县级单位以下的地区，这和活动举办单位的能力以及相关人才的素养息息相关。在需求主导市场的今天，这样的节庆活动显然缺乏吸引力和生命力。

（三）市场化程度有待加强

据统计数据显示，大多数节庆活动在举办过程中政府仍占据主导地位，政府运作痕迹明显，市场化程度不高。尽管市场化运作的程度和力度有逐年加大的趋势，相关企业也积极加入承办队伍，但政府仍是完成推动各项工作的主体，企业只是扮演了参与者的角色。相较于专业的市场化策划机构，政府缺乏足够的专业策划运营能力和专业策划设计人才，很大程度上不能迎合市场的需要、满足游客的要求，不利于节庆活动的长远发展，导致节庆活动绩效不够理想。

第三节 节庆活动发展趋势

（一）守正创新拓宽市场

全国旅游市场呈现出"稳开高走，持续回暖"的态势，节庆活动也是热闹非凡，前景向好，为进一步发挥节庆活动的经济效益和社会效益，守正与创新都必不可少。节庆活动的守正创新，就是要在立足当地文化的基础上，不断突破，推陈出新，努力满足游客对多样化、特色化、品质化、个性化方面的要求，推动节庆活动实现大发展、大提升、大跨越。

一方面，要立足当地特色文化，坚守文化内涵，把举办节庆活动作为弘扬当地文化的窗口和手段。如中国·伊春森林冰雪欢乐季，推出了冰雪森林摄影、冰雪户外运动、温泉康养、民俗美食、亲子研学等旅游产品，开展全国青少年冰壶联赛、全国新年登高健身大会、全国大众滑雪定向挑战赛等30余项冰雪文体旅活动，向游客展示当地深厚的冰雪文化，并以冰雪文化引领冰雪产业发展。另一方面，在坚守文化精髓和文化特色的基础上，需要增加活动"亮点"来迎合时代"热点"，设计丰富多彩的活动内容吸引不同受众群体，挑战新业态、新体验、新场景，才能让节庆活动更好地发挥效益和作用。

（二）做好大众参与工作

节庆活动的成功举办离不开当地群众的支持、参与和互动，只有群众性、大众性的节庆活动才具有生命力，才能营造出全民狂欢的节日氛围，给游客带来精神上的喜悦和满足。使节庆活动成为展示当地形象、展现文化特色、提升百姓幸福指数和扩大对外开放合作的名片，成为群众和游客踊跃参与的休闲娱乐盛会。

可以在节庆活动筹备期，让当地群众参与其中，如发动大家以投票、建议等形式选择节庆活动的具体内容等。设计当地群众及外地游客均乐于参与、便于参与的活动内容，同时根据时尚潮流和游客需求不断融入丰富的活力元素。可以通过互动游戏，角色扮演等方式，缩短或取消游客与舞台的边界，增加活动的体验性和参与度。利用网络自媒体的影响力，建立于游客的良好联系，实现线上种草，线下打卡，扩大节庆活动的活动影响力。

（三）需要政府职能更要市场思维

市场风向的变化就是游客需求变化的最直接体现，节庆活动应当遵循市场规律、顺应市场规律。未来的节庆活动应该以各行业的龙头企业为主导地位，紧扣市场风向，提供社会化、专业性的组织、管理、保障、服务工作，政府作为调控角色参与其中。在节庆举办初期，政府的支持和培养非常重要。政府相关部门和相关单位，如交通、住宿、餐饮、景区、公园等，是节庆活动得以成功举办的必要条件和重要保证。当节庆活动具有一定规模和市场知名度以后，政府应逐渐退出主导地位，发挥市场"看不见的手"的作用，实现政府职能的转变，推动由"政府主导"向"政府协调，市场运作"的升级转型，最终使节庆活动成为自觉的市场行为。

（四）用节庆活动讲好中国故事

节庆活动生动体现着我国文化繁荣、经济发展、社会和谐、人民幸福的时代面貌。一些节庆活动更是凝结着中华民族的精神和情感，是维系国家统一、民族团结的纽带，也是促进各民族友好交流和城市文旅发展的重要载体。

在推动中外文化交流互鉴方面，节庆活动已经成为讲好中国故事的重要资源。国之交在于民相亲，民相亲在于心相通，心相通在于文化交流与互融。节庆活动对于促进中外文化交流，践行文化自信、创新发展理念有特殊优势。2023年8月26日，第六届中俄界江文化旅游节正式开幕，这一活动由鹤岗市、汕头市、俄罗斯比罗比詹市、维柳伊斯基区共同主办，通过中俄文化摄影展、中俄文体交流互动、中俄四城市篮球赛、中俄名优特及绿色农产品展销会、中俄企业对接经贸洽谈会等丰富多彩的活动，促进文明互鉴、厚植中俄友谊、推动人文交流、深化开放合作。2023年中国—越南国际边关"春龙节"，由中国广西崇左市和越南高平省共同举办，通过舞蹈、书法展、农产品及非遗产品展等多种活动形式，搭建中越边民共叙友谊，共话发展的平台。

第四节 节庆活动发展案例

（一）第五届哈尔滨电商直播节

哈尔滨电商直播节创办于2019年，首届直播节就创下了开播4小时直播室吸引粉丝量1120万人次，实现4450万元成交额的好成绩。第五届哈尔滨电商直播节于2023年9月19日开幕，持续至11月30日，本次直播节期间，累计开展直播场次350余场，直播销售额超1.16亿元。电商直播节的成功举办背后是哈尔滨电商产业的有力支撑：

第一，依托当地良好的产业基础。哈尔滨依托物产资源，积极推动实体企业与新电商的深度融合，电子商务行业取得了长足的发展。2023年上半年，哈尔滨市实现电子商务交易额1160亿元，同比增长6.1%，占全省55.9%；网络零售额203.8亿元，同比增长46%，占全省56.6%。

第二，政府对电商产业的大力支持。一直以来哈尔滨政府大力支持电商产业发展，仅2023年就发布多项措施。如《哈尔滨市支持地方特色产品拓展国内市场的若干措施》指出，对符合条件并达到规定销售额的电商企业、电商平台认证服务商，以及提供城市前置仓服务的企业给予最高50万元、100万元不等的补贴。《人才新政30条》对达到规定销售额的直播销售员及企业，给予最高50万元、100万元不等的奖励。

（二）中国开封第 41 届菊花文化节

"中国开封菊花文化节"前身为"中国开封菊花花会"，创办于 1983 年，2012 年更名为"中国开封菊花文化节"，2013 年升格为国家级节会。2023 年 10 月 18 日至 11 月 18 日，中国开封第 41 届菊花文化节在开封举办。41 年来，开封市不断赋予菊花文化节新的内涵，不断探索、创新办会模式，节会影响力日益提升，国际知名度日益扩大，"开封菊花甲天下"的美誉家喻户晓。有以下几点经验值得借鉴：

第一，打造特色节会品牌。开封有悠久的种菊、赏菊的历史，据《东京梦华录》记载，汴京人重阳节要举办菊花展览和评选活动，宫廷和民间都会挂菊花灯、饮菊花酒、开菊花会、赋菊花诗。时至今日，中国开封菊花文化节品位不断提高，影响力不断增强。多项与菊花有关的吉尼斯世界纪录在往届开封菊花文化节诞生，如世界上最长的花卉结构、世界上品种最多的菊花展、世界上嫁接品种最多的植物等。2023 年 10 月 23 日，中国开封第 41 届菊花文化节的巨幅海报登上美国《纽约时报》广场的户外大屏。来自美国、澳大利亚、德国、西班牙、荷兰、巴西、罗马尼亚等国家的侨务代表团，国内友好城市代表等来到开封参加了本届菊花文化节。11 月 24 日，在第十四届中国菊花展览会上开封市斩获 100 个奖项，其中大奖两个、金奖 27 个、银奖 46 个、铜奖 24 个、优秀奖 1 个，成绩创历届之最，并以下一届承办城市身份参加接旗仪式。41 年来，开封菊花远销上海、天津、浙江、湖南、湖北、山东、山西、云南、四川、贵州等地，每年外销各类菊花 500 多万盆。

第二，把节会作为开放招商的平台。开封把菊花节会作为开放招商的平台，已有 29 年的历史。1994 年菊会上 30 亿元的投资额，开创了开封菊会招商的先河。2023 年菊花文化节期间，开封市围绕汽车及零部件、精细化工、农副产品深加工等主导产业，累计举办了 11 场专题招商活动，共计签约 92 个产业项目，总投资额 443.43 亿元。兰考县、杞县、尉氏县、通许县、城乡一体化示范区等均依托当地特色产业，举办一系列推介、招商、对接活动。

(三)寿阳县第十四届傩舞"爱社"艺术节

傩舞是中国最古老的民间舞蹈,被称为民间艺术的"活化石"。寿阳爱社也称"耍鬼",是流传于寿阳县极为古老而又稀有的傩舞形式,表现的是"黄帝战蚩尤"的传说故事。寿阳县的傩舞爱社原本是当地北神山轩辕庙会中表演的舞蹈,属于一种祭祀性仪式舞蹈。随着岁月的流逝,不断发生转变,逐渐从一种严肃的祭祀性仪式活动转变为祭祀与娱乐相结合的民俗活动,功能也逐渐从驱鬼逐疫转向愉悦身心。2008年成功申报为国家级非物质文化遗产。寿阳县傩舞"爱社"艺术节创办于2010年,为保护好、传承好、利用好国家级非遗做出了积极贡献。寿阳县第十四届傩舞"爱社"艺术节在平头镇韩沟村举行,2023年8月28日开始至30日结束。其成功举办有以下经验可以借鉴:

第一,"节庆+非遗"模式。寿阳县作为非遗"大县",先后有1个项目列入国家级非遗保护名录,9个项目列入省级非遗保护名录,32个项目列入市级非遗保护名录,77个项目列入县级非遗保护名录。利用节庆活动,全县的国家级、省级、市级、县级非遗项目进行集中展演展示,让游客在节庆活动中通过观看非遗表演、品尝非遗美食、欣赏非遗精品,近距离全方位体验当地非遗文化的魅力。

第二,吸引农民群众广泛参与。举办秋季村晚,切实调动农民的积极性、主动性、创造性,让农民乐于参与、便于参与。寿阳县邀请演员送戏下乡演出,开展文化惠民文艺展演、非遗项目展示展演及图书下乡活动。

(四)贵州省"美丽乡村"篮球联赛

贵州省"美丽乡村"篮球联赛是贵州省体育局打造的一项品牌赛事,也是贵州第一个以村民为参赛主体,贵州级别最高、参赛人数最多、周期最长的大型体育赛事。比赛时间从2023年3月到10月,持续约7个月。赛制采取市(州)、县、乡镇三级联动办赛,从乡镇海选赛到预选赛到各市州半决赛再到省级的总决赛,层层选拔进阶。该联赛由台盘村"六月六"吃新节篮球赛发展演变而来,被网友称为"村BA"。通过体育为切入点,传递着美好乡村文化,同时将全民健身的种子真正地落地生根,赛场内外处处展现着乡村体育的质朴与纯粹,丰富广大乡村人民业余生活的同时，也提升了村民的幸福感和满意感。8月28日，农业农村部办公厅、体育总局办公厅联合下发关于举办全国和美乡村篮球大赛（村BA）的通知，将"村BA"升级为全国和美乡村篮球大赛。

第一，接地气是最大的魅力。比赛场地在农村、由村民组织、参赛者以村民为主，奖品是黄牛、香猪、西瓜等地方农产品。助威道具是从家里带来铁锅、铁盆等。中场休息时的少数民族特色歌舞。球员们全力以赴投入赛事，为家乡荣誉而战。现场的球员、观众、工作人员，他们以不同的方式关注并保障赛事进行。看台内外爆满的观众以及众多的"云上观众"，每一个人都能沉浸其中、享受其中。这样接地气、亲民的比赛，让人们感受到了全民体育、全民健身最本真、最美好的样子。

第二，群众运动理念的普及。目前，台盘村有270多户1100多人，2/3的村民有打篮球的习惯，篮球运动在村里有良好的群众基础。台盘村举办篮球赛的历史可追溯到1936年，从刚开始周边村民的参与，到整个黔东南州各个县参赛。由于这样的文化根基，举办篮球赛时，台盘村家家户户都会出资赞助。

（作者简介：王景盼，中国旅游研究院文化旅游研究基地特约研究员，中共开封市委党校讲师；贾若词，中国旅游研究院文化旅游研究基地研究助理）

第十一章 研学旅行发展分析与展望

杨淑雅

研学旅行作为完善旅游产品供给体系的重要方向,是旅游业深化业态创新和产业融合的重要实践,更是文旅高质量发展的必然结果。此外,研学旅行延续了"读万卷书,行万里路"的传统教育理念,"双减"政策落地后更是一跃而成为当今素质教育领域的重要赛道之一。随着素质教育理念的深入和文化旅游产业的跨界融合,研学旅行面临难得的发展机遇,市场需求不断释放,研学旅行行业规模和市场空间广阔,发展潜力巨大,市场总体规模超千亿元,有望成为未来旅游市场的"主力军"。

第一节 研学旅行发展现状

(一)政策红利持续释放

2021年出台的"教育双减",明确提出进一步减轻义务教育阶段学生的作业负担和校外培训辅导负担,"双减"给研学旅行提供了更广阔的市场空间。2022—2023年报告期内,研学旅行相关利好政策层出不穷,为研学旅行市场的扩容升级提供了有力的制度保障。国家层面,国务院、文化和旅游部、教育部、自然资源部、农业农村部、国家发改委等政府部门持续关注研学旅行,相继出台高层次的政策法规,如《关于印发"十四五"旅游业发展规划的通知》《关于利用文化和旅游资源、文物资源提升青少年精神素养的通知》《关于实施"耕耘者"振兴计划的通知》《"十四五"考古工作专项规划》《关于落实党中央国务院2023年全面推进乡村振兴重点工作部署的实施意见》《东北地区旅游业发展规划》《三峡文物保护利用专项规划》《关于加强新时代中小学科学教育工作的意见》《关于金融支持乡村旅游高质量发展的通知》等，从产品设计、主题活动、实践基地、课程设置、安全保障、奖励机制等诸多方面支持研学旅行发展。地方政策层面，福建、云南、江西、北京、四川、湖南、浙江、甘肃、河南、江苏、天津等省市相关职能部门纷纷响应国家政策，陆续出台地方性的研学旅行政策文件，规范和推动研学旅行在各地的普及和深化。四川、湖北等地在进一步推进研学旅行的专项政策建设方面有创新突破。一系列利好政策支持下，研学旅行蓬勃兴起，研学旅行活动也越来越被学校和家长重视（见表11-1）。

表11-1 2022—2023年我国主要政府文件涉及研学旅行内容

政策名称	发布部门	涉及研学旅行内容	时间
《关于印发"十四五"旅游业发展规划的通知》	国务院	推动研学实践活动发展，创建一批研学资源丰富、课程体系健全、活动特色鲜明、安全措施完善的研学实践活动基地，为中小学生有组织研学实践活动提供必要保障及支持	2022年1月
《关于利用文化和旅游资源、文物资源提升青少年精神素养的通知》	文化和旅游部办公厅、教育部办公厅、国家文物局办公室	博物馆、纪念馆、开放的文物保护单位、考古遗址公园、红色旅游景区等设计研学旅行精品线路，综合运用专题讲座、文艺演出、解说导览、参与志愿服务等方式，推动青少年在感悟社会主义先进文化、革命文化和中华优秀传统文化中增强文化自信	2022年2月
《关于推动文化产业赋能乡村振兴的意见》	文化和旅游部、教育部、自然资源部、农业农村部、国家乡村振兴局、国家开发银行	鼓励各地加强"中国民间文化艺术之乡"建设，塑造"一乡一品""一乡一艺""一乡一景"特色品牌，形成具有区域影响力的乡村文化名片，提升乡村文化建设品质，充分开发民间文化艺术研学游、体验游等产品和线路	2022年3月
《关于实施"耕耘者"振兴计划的通知》	农业农村部办公厅	省级农业农村部门从本省份选择乡村治理效果好的村、带动能力强的农民合作社或家庭农场各2~3个作为研学基地，填写"耕耘者"振兴计划研学基地推荐表	2022年4月
《关于开展2022年中国美丽休闲乡村推介活动的通知》	农业农村部办公厅	亲子研学：以青少年研学产品为核心休闲产业的乡村。包括劳动教育、手工劳作、创意园艺、生活素质教育、家庭摄影采风、萌宠动物园等类别的亲子类研学基地	2022年4月
《"十四五"考古工作专项规划》	国家文物局	鼓励依托国家考古遗址公园、国家重点区域考古标本库房、考古研究基地和考古工作站开展考古工地开放日、考古研学游、考古夏令营等多种公众考古活动	2022年4月

续表

政策名称	发布部门	涉及研学旅行内容	时间
《关于开展2022年农业现代化示范区创建工作的通知》	农业农村部、财政部、国家发改委	实施乡村休闲旅游提升计划,发展旅游观光、农耕体验、民宿康养、研学科普等新产业新业态	2022年4月
《巴蜀文化旅游走廊建设规划》	文化和旅游部、国家发改委、重庆市人民政府、四川省人民政府	1.推进研学旅游发展。2.依托巴蜀地区丰富的自然和文化资源,打造一批高质量研学旅游产品,形成具有巴蜀特色的研学品牌体系。3.探索研学旅游标准化体系建设,打造一批研学资源丰富、课程体系健全、活动特色鲜明、安全措施完善的研学实践活动基地,逐步实现巴蜀地区研学旅游市场共建共享	2022年5月
《革命老区重点城市对口合作工作方案》	国家发改委	加强革命老区红色遗址保护和旅游基础设施建设,打造红色文化传承项目及载体,规范有序开展以红色文化传承为主题的研学实践活动,建设红色旅游目的地	2022年5月
《关于开展"赓续红色血脉 培育时代新人"红色讲解员进校园活动的通知》	文化和旅游部办公厅、教育部办公厅、共青团中央办公厅	鼓励相关部门创新开展面向广大青少年学生的特色教育实践活动和红色主题研学旅行,结合本次活动为青少年学生量身打造一批红色旅游研学线路,研发专属解说词,推出一批富有特色的红色旅游体验活动,开发一批红色旅游文创产品	2022年5月
《关于开展2022年青少年科学调查体验活动的通知》	中国科协、教育部、国家发改委、生态环境部、中央文明办、共青团中央	各级教育主管部门要鼓励学校积极参加,推动活动纳入中小学团队课、综合实践活动课程、研学活动、课后服务……	2022年7月
《"十四五"文化发展规划》	中共中央办公厅、国务院办公厅	推动旅游与现代生产生活有机结合,加快发展度假休闲旅游、康养旅游、研学实践活动等,打造一批国家全域旅游示范区、国家A级旅游景区、国家级旅游度假区、国家精品旅游带、国家旅游风景道、特色旅游目的地、特色旅游功能区、城市绿道、骑行公园和慢行系统	2022年8月
《文化和旅游部关于推动在线旅游市场高质量发展的意见(征求意见稿)》	文化和旅游部	发挥在线旅游经营者要素资源整合和产品开发优势,参与开发精品旅游线路和非遗、体育、文化等主题旅游线路,参与宣传推介红色旅游、乡村旅游、研学旅游、生态旅游、冰雪旅游、海洋旅游、康养旅游、老年旅游、露营旅游等	2022年11月
《博物馆运行评估办法》《博物馆运行评估标准》	国家文物局	教育活动:主要考察博物馆自主策划、实施各类品牌、特色教育活动(包括馆内教育活动、特色教育课程、研学旅行活动、流动博物馆活动等)的质量和水平	2022年11月

续表

政策名称	发布部门	涉及研学旅行内容	时间
《关于进一步加强新时代中小学思政课建设的意见》	教育部	丰富社会实践资源：各地各校要统筹爱国主义教育基地、红色教育基地、研学教育基地、综合实践基地、法治教育实践基地、文化场馆、科技场馆、博物馆等校外教育资源以及地方特色教育资源，建立一批思政课实践教学基地，共同开发建设各具特色的教学资源	2022年11月
《校外培训行政处罚暂行办法（征求意见稿）》	教育部	以咨询、文化传播、素质拓展、思维训练、家政服务、家庭教育指导、住家教师、众筹私教、游学、研学、夏令营、托管等名义有偿开展学科类培训的，情节严重的，处5万元以下罚款；情节特别严重的，处5万元以上10万元以下罚款……	2022年11月
《关于推动非物质文化遗产与旅游深度融合发展的通知》	文化和旅游部	非物质文化遗产馆、传承体验中心（所、点）、非遗工坊、项目保护单位等设施场所要增强互动演示、体验教学等功能，面向游客提供体验、研学等旅游服务，让游客切身感受中华优秀传统文化的独特魅力……	2023年2月
《关于落实党中央国务院2023年全面推进乡村振兴重点工作部署的实施意见》	农业农村部	鼓励发展教育农园、研学基地、乡村露营游、乡土文化体验游等新模式……	2023年2月
《关于组织开展2023年公共图书馆、文化馆服务宣传周活动的通知》	文化和旅游部办公厅	联合博物馆、美术馆、艺术馆、文物保护单位、旅游景区等不同主体，组织研学旅游、人文走读、主题分馆等文化旅游活动	2023年3月
《国家工业遗产管理办法》	工信部	鼓励利用国家工业遗产资源，开展工业文化教育实践，培育工业文化研学实践基地（营地）、高校思政课实践教学基地。创新工业文化研学课程设计，开展工业科普教育，培养科学兴趣，掌握工业技能	2023年3月
《关于推动在线旅游市场高质量发展的意见》	文化和旅游部	发挥在线旅游经营者要素资源整合和产品开发优势，参与开发精品旅游线路和非遗、体育、文化等主题旅游线路，参与宣传推介红色旅游、乡村旅游、研学旅游、生态旅游、冰雪旅游、海洋旅游、康养旅游、老年旅游、露营旅游等	2023年3月

续表

政策名称	发布部门	涉及研学旅行内容	时间
《东北地区旅游业发展规划》	文化和旅游部、国家发改委	推动资源共享和区域合作，支持开展富有东北特色的"避暑+研学""冰雪+研学""文化+研学"，建设一批高水平研学旅游基地（营地），推出一批研学旅游精品线路，打造一批研学旅游目的地	2023年3月
《三峡文物保护利用专项规划》	国家文物局、文化和旅游部、国家发改委、自然资源部、水利部、重庆市人民政府、湖北省人民政府	支持革命博物馆、纪念馆建设，提升革命旧址开放水平，打造批爱国主义教育示范基地和研学基地	2023年4月
《关于推进体育助力乡村振兴工作的指导意见》	体育总局、国家发改委、教育部、农业农村部、文化和旅游部等12部门	利用寒暑假、节假日组织开展以体育+研学为内容的青少年营地活动……	2023年5月
《基础教育课程教学改革深化行动方案》	教育部办公厅	加强科学教育实践活动，遴选一批、博物馆、研学基地、高科技企业等，作为中小学科学教育实践基地，结合科学课程标准，设计相应的科学实践活动，组织学生在实践探究中学习	2023年5月
《关于加强新时代中小学科学教育工作的意见》	教育部等18部门	用好现有彩票公益金项目，切实做好教育助学、中小学生校外研学工作	2023年5月
《关于金融支持乡村旅游高质量发展的通知》	文化和旅游部办公厅、中国银行	入库项目重点支持盈利模式成熟的休闲观光、康养度假、农文旅融合、文化展示体验、乡土研学等项目，面向乡村旅游规划建设运营、特色旅游商品和文创产品设计生产销售、文化和旅游活动策划、乡村文化和旅游创新创业基地、农家乐、乡村民宿等主体，重点采集客户名称、主体类型、融资额度、联系方式等基础信息	2023年6月
《关于构建优质均衡的基本公共教育服务体系的意见》	中共中央办公厅、国务院办公厅	加强劳动实践、校外活动、研学实践、科普教育基地和家庭教育指导服务中心、家长学校、服务站点建设，健全学校家庭社会协同育人机制	2023年6月
《关于加强博物馆暑期等节假日开放服务工作的通知》	国家文物局	针对第三方在博物馆开展的社会讲解、研学服务等，加强规范和监督，确保馆内正常参观秩序	2023年7月
《关于进一步提升暑期旅游景区开放管理水平的通知》	文化和旅游部办公厅	要强化消费引领，引导休闲、度假、研学等多元旅游消费，减轻传统观光旅游景区压力	2023年7月

续表

政策名称	发布部门	涉及研学旅行内容	时间
《关于加强渔文化保护、传承和弘扬工作的意见》	农业农村部、文化和旅游部、国家文物局	推进渔文化和旅游深度融合发展，鼓励依托渔文化相关文物和文化遗产建设文物主题游径，发展集渔文化传承、体验、旅游、教育、研学等功能于一身的渔文旅产业	2023年7月
《国务院办公厅转发国家发改委关于恢复和扩大消费措施的通知》	国务院办公厅	支持经营主体开发森林人家、林间步道、健康氧吧、星空露营、汽车旅馆等产品，因地制宜打造一批美丽田园、景观农业、农耕体验、野外探险、户外运动、研学旅行等新业态，拓展乡村生态游、休闲游	2023年7月
《用好红色资源培育时代新人红色旅游助推铸魂育人行动计划（2023—2025年）》	文化和旅游部、教育部、共青团中央、全国妇联、中国关工委	鼓励各地教育部门、共青团、妇联和关工委组织开展面向青少年的特色教育实践活动和红色主题研学实践，并纳入社会实践大课堂教学计划；组织"五老"及相关单位参与开展红色研学活动，重走红色路线……	2023年8月
《关于持之以恒推动乡镇综合文化站创新发展的实施方案》	文化和旅游部办公厅	发挥文化赋能优势，结合各地实际，在乡村文化和旅游资源丰富的乡镇发展乡村旅游，拓展乡村研学、文化体验等新业态，依托乡镇综合文化站建设乡村文化旅游服务中心，提供乡村旅游、乡土文化展览展示、宣传推介等服务，打造具有鲜明特色的乡村文化和旅游品牌	2023年8月
《关于组织开展2023年"全民国防教育月"活动的通知》	中宣部	开展国防教育进校园活动。结合主题党团队日、主题班会、研学实践等，扎实开展"学英模、爱英模"实践活动	2023年9月
《中共中央国务院关于支持福建探索海峡两岸融合发展新路建设两岸融合发展示范区的意见》	国务院	支持两岸高校在闽开展高水平合作办学与多元化合作，支持台湾优势特色产业企业以多种形式在闽参与职业学校股份制、混合制办学。建立一批两岸青少年研学基地	2023年9月
《促进户外运动设施建设与服务提升行动方案（2023—2025年）》	国家发改委等5部门	鼓励学校开展具有育人价值且适合青少年年龄、身体素质、兴趣爱好的户外运动项目教育教学，鼓励和支持大中小学在校生寒暑假充分利用户外运动设施开展研学活动	2023年10月

（二）行业市场逆势复苏

随着义务教育"双减"背景叠加新一代父母教育理念革新，与国家级政策对研

— 194 —

学旅行的大力支持，为研学旅行提供了更广阔的市场空间。出于安全考虑和政策限制，以学校为主体开展的研学旅行活动出现短暂停摆，但利用假期提升素养的需求一直存在，由机构组织的研学旅行、家长自发参与的亲子游蔚然成风。2023年，在旅游市场提振复苏的大背景下，研学旅行表现出更强劲的增长势头。中国旅游研究院发布的《中国研学旅行发展报告》显示，2019年参与研学旅行的人数增长至480万人次，2021年达494万人次，超过了疫情前的人数，2022年更是突破600万人次。艾媒咨询数据显示，预计2023年中国研学旅行将基本恢复至疫前水平，市场规模达到1469亿元，同比增长61.6%。可以预见的是，随着素质教育理念的深入和文化旅游产业的跨界融合，加之文旅部"推动文化旅游产业高质量发展"的战略助推，研学旅行行业规模和市场空间广阔，有望成为未来旅游市场的"主力军"。

（三）企业主体多元发展

研学旅行不仅符合"教育双减"，更贴合文旅融合的时代背景，成为众多企业、机构争先布局的重点。2022—2023年报告期内，开展研学业务企业的数量不断增加，众多学科培训机构、儿童体能适能培训机构、艺术机构纷纷布局研学业务，研学行业的企业主体更加多元化、竞争维度更广泛；同时上下游更丰富，产业生态也更加成熟。天眼查数据显示，截至2023年9月，我国现存研学旅行相关企业2.87万家。世纪明德、中凯国际、宝贝走天下等公司主打研学旅行，启行营地教育、夏山是营地教育等公司专注于营地研学旅行，中青旅、锦江、凯撒、携程、同程等公司主要销售研学旅行相关产品。新东方则成立"新东方国际游学"品牌，推出国际游学、国内研学、营地教育三种线路活动。

（四）产品概念迭代更新

2021年出台的"教育双减"明确提出进一步减轻义务教育阶段学生的作业负担和校外培训辅导负担。"双减"政策落地为研学旅行提供了更广阔的市场空间，随着素质教育理念的深入和旅游产业跨界融合，研学旅行市场需求不断释放。此外，经过三年疫情冲击，传统旅游市场受到了巨大的影响，文旅融合下的高品质旅游出行成了当前各类文旅企业和从业者的共识，加之文化和旅游部"推动文化旅游产业高质量发展"的战略助推，寻找传统旅游平替产品，成为当务之急。研学旅行不仅符合"教育双减"，更贴合文旅融合的时代背景，成为许多旅游企业争先布局的重点。

在遭受疫情持续性打击的同时，也促使研学旅行产品概念迭代更新。除自然生态、科技创新、国防科工、传统文化、安全健康、红色文化等热门产品主题外，"楼下研学"、社区研学、校车研学等创新产品概念相继出现，并迅速落地实施。2023年研学旅行产品丰富度明显提升。无论是在北京、西安、南京等历史名城打卡资源丰富的名胜古迹，还是在博物馆、科技馆等参观国宝文物、体验先进制造的应用成果，研学市场上的产品供给越来越多元化、主题化。此外，研学机构、旅行社等平台推出的"名校游"类研学旅行产品尤受市场宠爱。

（五）冰雪研学异军突起

随着冬奥会筹办工作的持续推进，国家及各级政府高度重视发展冰雪产业，持续出台系列政策，如2022年11月体育总局、国家发改委等多部门共同印发《户外运动产业发展规划（2022—2025年）》，提出要"形成东西南北交相呼应、春夏秋冬各具特色、冰上雪上协调并进的发展格局"。目前，我国已基本形成宏观政策引领、专项规划支撑、地方政策协同的冰雪产业政策体系。

北京冬奥会的成功举办推动了中国冰雪运动跨越式发展，实现了"带动三亿人参与冰雪运动"愿景，让中国进入冰雪运动新时代。搭乘冬奥会东风，冰雪研学旅行产业异军突起。冰雪研学旅行结合了研学旅行和冰雪旅游的特点，不仅给中小学生提供了近距离接触冰雪运动的机会，增强身体素质、学习体育知识，还能发挥冰雪资源优势，在青少年群体中弘扬"更快、更高、更强、更团结"的奥林匹克精神。冰雪研学旅行又能搭乘研学旅行的政策快车，带动当地经济发展。

东北地区冰雪资源丰富，在开展冰雪研学旅行上具有天然优势。冬奥会前夕，黑龙江省教育系统以"喜迎冬奥——感受龙江银色冰雪文化魅力"为主题，组织中小学校积极开展形式多样、丰富多彩的"迎冬奥"银色冰雪文化研学旅行活动，共有480余所中小学校、16万余人次参加冰雪研学实践活动。哈尔滨师范大学积极响应"三亿人上冰雪"国家战略，将中国国际"互联网+"大学生创新创业大赛萌芽赛道表彰与冰雪研学活动紧密结合，创新开展主题鲜明的"迎冬奥"冰雪研学活动,为北京冬奥会贡献"哈师大力量"。借助冬奥会、冬残奥会的重大机遇,冰雪运动的时空局限逐渐被打破,越来越多的南方学生也能在冰雪研学旅行中感受冰雪运动的乐趣。如四川省教育厅、文化和旅游厅、省体育局等部门联合支持省内各地因地制宜,遵循"宜冰则冰、宜雪则雪、宜仿则仿、无冰雪则轮滑"的原则,在峨眉山、西岭、曾家山、九皇山等景区开展常态化冰雪主题研学旅行,点亮南方学生的冰雪梦想,弘扬冬奥精神。绍兴乔波冰雪世界与雪帮雪业战略合作打造乔波悟空滑雪学校,积极开展"冰雪进校园活动",深入推进体教融合;组织开展高质量的冰雪研学旅行活动,让青少年悟科学学滑雪,快乐学滑雪,感受滑雪的无穷魅力,从而培养更多的"冰雪人才"。

第二节 研学旅行发展存在的问题

近年来,研学旅行发展势头迅猛。相关数据显示,2022年研学旅行行业规模达千亿以上。但是,研学旅行行业发展仍处于"从自发走向自觉,从小众走向大众"的初级发展阶段,研学旅行良性发展道阻且长,行业发展、产品质量、人才队伍、行业监管等方面的问题仍然存在,"多旅少学""只旅不学""只学不旅"现象有所改善,但距离"学旅兼得"的真正实现仍有差距。

(一)行业发展尚不规范

《关于印发"十四五"旅游业发展规划的通知》《关于利用文化和旅游资源、文物资源提升青少年精神素养的通知》《关于实施"耕耘者"振兴计划的通知》《"十四五"考古工作专项规划》《关于落实党中央国务院2023年全面推进乡村振兴重点工作部署的实施意见》《东北地区旅游业发展规划》《三峡文物保护利用专项规划》《关于加强新时代中小学科学教育工作的意见》《关于金融支持乡村旅游高质量发展的通知》等文件的出台,为新时代研学旅行行业的高质量发展规划了蓝图、指明了方向、提供了遵循。在研学旅行活动开展过程中,不乏一些优秀的头部企业,如新东方、世纪明德等。但研学旅行行业准入门槛不高,众多学科培训机构、儿童体能适能培训机构、艺术机构纷纷布局研学业务,导致开设研学旅行业务的企业良莠不齐、鱼龙混杂，存在研学旅行产品单一、浮于表面，研学企业缺乏资质以及缺乏相关行业标准等问题，影响到研学旅行的良性健康发展。

（二）产品乱象仍然存在

研学旅行作为文旅融合大背景下教育与旅游深度融合的时代产物，是"旅游+教育"跨界融合的新产品，区别于一般的旅行和常规教育，研学旅行产品既不是一般意义上的传统旅游产品，也不能被简单划为常规教育内容。在"旅行"中突出"研"和"学"，目的在于育人，旨在让孩子们"在路上"研有所得、学有所悟，以开阔视野、增长知识、磨砺意志、涵养情怀。而优质的研学旅行产品兼具旅游和教育属性，将知识性、科学性、体验性、教育心理规律等综合运用于产品当中。但是，2023年研学旅行相关负面新闻频上热搜，暴露出了目前研学旅行活动过程中仍存在一些不足与隐患。此外，中国消费者协会在2023年11月公布的服务领域投诉情况专题报告中提到，由于目前缺乏有效的监管，研学旅行频频出现货不对板、游而不学、质次价高等问题。这与当前社会对研学旅行产品的高期待不相匹配，也不利于研学旅行行业的持续发展。

（三）专业人才队伍短缺

研学旅行专业人才的质量高低决定研学旅行产品的专业化程度，也决定着研学旅行活动的开展，影响研学旅行的最终效果。2019年10月18日，教育部公布"研学旅行管理与服务"为《普通高等学校高等职业教育（专科）专业目录》2019年增补新专业，2022年，全国职业院校专业设置管理与公共信息服务平台公布了《2022年高等职业学校拟招生专业设置备案结果》。其中，开设研学旅行管理与服务专业的院校达到了96家。2022年6月，人力资源和社会保障部公示研学旅行指导师成为新职业，并将研学旅行指导师定义为"策划、制订、实施研学旅行方案，组织、指导开展研学体验活动的人员"。2023年8月，人社部发布通知，包括研学旅行指导师在内的66个国家职业标准正式面向社会征求意见。这些举措无不表明相关部门对研学旅行行业人才培育的高度重视。同时也表明，研学旅行行业存在专业人才短缺的现实困境，在一定程度上制约了研学旅行行业的可持续发展。

（四）行业监管力度较弱

尽管疫情持续了三年，无论是教育部门倡导的狭义上的中小学生研学旅行还是文化和旅游部门倡导的泛研学旅行，都持续火热。研学旅行的快速发展促使研学旅行行业迅速走向快车道。"多旅少学""只旅不学""只学不旅"现象有所改善，但研学旅行行业仍存在"货不对板""价高质低"等乱象，稀缺资源的高校研学和博物馆研学也存在"得其门而无法入"的现象，其深层次原因是研学旅行作为新兴行业，尚处于"从自发走向自觉，从小众走向大众"的初级发展阶段。此外，由于研学旅行所涉及的行业众多，主体复杂多元但优质供给缺乏，尚未形成一套完整的行业标准。虽有文旅部门、教育部门发文牵头促进研学旅行良性发展，但行业监管部门归属尚不明确，且市场监管滞后，无法对研学旅行行业发展乱象进行有效治理。

第三节　研学旅行发展趋势

（一）政策导向聚焦化

"双减"政策及其配套政策的落地实施，《关于印发"十四五"旅游业发展规划的通知》《关于利用文化和旅游资源、文物资源提升青少年精神素养的通知》《关于实施"耕耘者"振兴计划的通知》《"十四五"考古工作专项规划》《关于落实党中央国务院2023年全面推进乡村振兴重点工作部署的实施意见》《东北地区旅游业发展规划》《三峡文物保护利用专项规划》《关于加强新时代中小学科学教育工作的意见》《关于金融支持乡村旅游高质量发展的通知》等规划、通知的提出，在规范研学旅行行业发展的同时，也为研学旅行提出了新要求、带来了新机遇。可以预见的是，未来相关政策的聚焦性将会更强，着眼于基地营地评定、产品设计、指导师培养、奖补举措等方面的省市级研学旅行专项政策会持续出台，颗粒度逐渐变小。

（二）产业发展融合化

研学旅行作为后疫情时代下推动教育事业和文旅产业高质量发展的重要抓手，发展势头迅猛。但目前，研学旅行产业，尤其是上游和中游的参与者主要还是文化和旅游领域的运营商，尽管开发出一些较为优秀的研学产品，但行业内产品同质化严重、文化内涵不够丰富、教育意蕴不足等问题依然存在。随着人们消费水平的逐渐增加和对于研学旅行产品要求的不断提高，同质化的研学旅行服务将越来越难以满足愈发多元化、异质化、个性化的研学旅行需求。当前研学旅行的理念将不断深化，内涵和外延也会逐渐扩大，未来诸如科技、制造、能源、互联网等多个领域的佼佼者也将进入这个庞大的市场，开发出丰富多样的跨界融合研学旅行产品。

（三）产品内容个性化

随着研学游行业市场的成熟，没有核心产品竞争力的研学企业将面临较大的淘汰风险。研学旅行以质取胜竞争局势凸显，未来的市场竞争必将是产品的竞争。优质的研学旅行产品开发亟须改变以往以游、听、看为主的粗放发展模式，更注重用户的深度参与。在结合当地特色旅游资源、不同年龄段认知特点、不同层次受众感知水平、相关活动安排的基础上，对研学旅行活动主题、目标、单元、内容等方面进行创新安排，精耕细作、不断打磨，推出特色研学旅行产品。除了常见的跟着书本旅行、动植物探索等产品外，还可围绕在地文化、国防科技、体能拓展、地貌考察、古生物科研考察等主题的个性化研学旅行产品，以满足用户多样化需求。

（四）产品应用数字化

不可否认的是，研学旅行产品应用数字化是文旅融合发展趋势下的必然路径。绍兴市"研学游一件事"多跨应用2.0项目的推出是研学数字化建设的标志性事件。研学机构以及文博场馆推出的线上线下相结合的"云上研学"让万人同上一堂课成为可能。"天宫课堂"在中国空间站开讲，将遥不可及的太空科普变成现实。红旗渠元宇宙剧场之时空隧道亮相，成为助力红旗渠红色研学发展的新尝试。未来，越来越多的研学旅行企业将借助和运用元宇宙、人工智能、虚拟现实等数字新技术，开展研学旅行产品的设计，并利用好数字化工具提升企业智慧化水平，更好地服务研学旅行活动参与者，进而助推研学旅行高质量发展。

（五）人才队伍专业化

目前，市场上研学旅行产品的设计研发、营销运营等多个环节涉及多行业专业领域，专业人才缺口还很大。因此，专业化人才队伍建设必将是引领研学旅行行业快速发展的关键路径之一。研学旅行指导师作为一个新职业出现，是时代之势、产业之需，不仅体现了文化、旅游、教育融合发展新趋势，也是社会的产业结构调整以及社会分工的深化，在稳就业任务艰巨的当下具有重要现实意义。在可以预见的将来，研学旅行指导师将会明确人才培养方式、职业准入和退出机制，亦将有力缓解研学旅行专业人才匮乏的基本事实。其他研学旅行所需的营销、运营等环节专业人才培养也需要尽快提上日程。研学旅行要想规范有序发展，必须突破壁垒，探索人才资源跨区域、跨行业、跨部门的自由流动及共享使用模式，如尝试运用跨行业共享人才+大学+研究机构的合作模式解决研学旅行旺季人力资源不足的现实问题，其单项选择和多元化的组合也必将在研学旅行实践中得到探索与发展。

（六）行业监管规范化

研学旅行一边牵系教育，一边牵系旅行；一边牵系政府，一边牵系市场。研学旅行市场的蓬勃发展离不开旅游部门、教育部门的相关政策加持。而在研学旅行行业有序发展中，必须明确研学旅行行业监管主体，建立完善和推广业内普遍认可且可执行的行业规范和运行机制，加强对研学市场主体准入、产品开发、人员管理、业务开展、安全保障等全方位全过程的监管和引导，并实施动态准入准出制度，确保研学旅行行业监管公开透明。唯有如此，才能不断规范研学旅行市场秩序和主体行为，使研学旅行行稳致远。

第四节　研学旅行发展案例

（一）河南：行走河南　读懂中国

为贯彻落实文旅文创融合战略，河南省文化和旅游厅高度重视研学旅行工作，全力打造"行走河南·读懂中国"研学旅行品牌体系，持续坚持"聚焦一条线（黄河）、突破两座城（开封、洛阳）、点亮几颗星（林州、新县、鹿邑）"的工作思路，推进河南省研学旅行工作精品化、规范化、标准化、常态化。河南省文化和旅游厅与河南黄河河务局签订战略合作协议，共同携手深入挖掘整合黄河文化研学旅行资源，与清华大学团队合作，以"黄河少年"项目为突破，携手共建"黄河文化千里研学之旅"精品线路，打造"行走河南·读懂中国"研学旅行黄河文化品牌，共同命名10处黄河防洪工程为"黄河文化千里研学之旅实践基地"。开封实施研学旅行基地提升工程，打造非遗文化、戏曲文化、红色文化等研学旅行基地，叫响"研学开封·读懂中国"品牌。洛阳持续推动研学营地、基地建设，丰富研学课程，推出"文明之源、根在河洛"等六大研学板块，着力打造"行走洛阳，读懂历史"研学旅行品牌。世界研学旅游组织河南代表处于2022年8月成功落户古都洛阳，将深化河南省文旅行业对外交流、加强国际化研学旅游人才培养、塑造"行走河南·读懂中国"河南研学品牌。全省其他地市如林州、新县、鹿邑、商城等也都结合各地特点不同程度推动研学旅行发展，河南省研学旅行呈现出重点突出、明星闪耀的可喜局面。

推动研学旅行标准化、规范化发展，起草《研学旅行组织与服务规范》，建立资金奖补机制，安排3000万元奖补资金，全力支持河南各地研学旅行课程和特色研学基地营地建设。截至2022年7月，全省共有研学旅行营地17个、基地207个、课程2798节、从业人员5491人、研学导师941人，全国中小学生研学实践教育营地1个、基地22个，河南省中小学生社会实践教育基地133个，河南省研学旅游示范基地55个，河南省中小学研学旅行实践基地32个，获得中央专项彩票公益金支持的示范性综合实践基地9个，河南省研学实践教育精品课程39节、特色课程40节、精品线路4条。

（二）绍兴：一城诗书　研学古今

绍兴拥有厚重历史底蕴和悠久古韵文脉，有着浓厚的文教氛围，正适合开展学、游结合的研学旅行。

20世纪90年代，当全国旅游还普遍处在观光游阶段时，绍兴已经开启主题游的布局，并将主题锚定在了教育的要素之上。绍兴依托于自身资源优势和区位优势，率先在全国提出了"跟着课本游绍兴"的概念。这一概念的提出助力绍兴成为中国最早"旅游+教育"跨界融合的典范型城市。绍兴还将概念落到了产品端上，推出了一系列具有体验性的教育旅游产品，兼具趣味性和参与性。

2016年，教育部等11部门联合发布的《关于推进中小学生研学旅行的意见》标志着研学旅行在全国范围内的推进。在这一阶段，研学旅行对于绍兴来说，已经不再只是教育主题游，而是一个专业度很高的细分市场。为此绍兴将"跟着课本游绍兴"升级为"跟着书本去旅行"。教育主题游的积累为绍兴研学旅行的发展奠定了坚实的基础：绍兴市被原国家旅游局评为全国首批"中国研学旅游目的地"；"鲁迅故里"被教育部评为首批"全国中小学生研学旅行实践教育基地"。"跟着课本游绍兴"的品牌效应不断外溢，众多地方借鉴这一口号对本地资源进行教育化研发和主题串联。

绍兴举办系列活动进行研学旅行的推广与宣传。2022年暑期，绍兴市组织"爱绍兴·游绍兴"主题旅游年暑期研学暨文旅消费月活动，以"政府搭台、企业参与"的方式推动本地研学旅行的发展。同时，绍兴依托于自身"东亚文化之都"的城市品牌，开展境外研学推广活动，让绍兴的研学旅行走向世界。

在研学数字化建设方面，绍兴也走到了全国的前列。依托于浙江省数字化的基础优势，绍兴针对研学旅行推出了"研学游一件事"的数字化系统，并且快速迭代，实现了从数字化信息架构到场景化落地应用的升级。

（三）敦煌：游千年敦煌　品丝路华章

研学旅行已成为敦煌旅游的亮点品牌。推出独具敦煌特色的研学产品，让游客特别是青少年体验敦煌历史文化的博大精深和无穷魅力。现已成功入选首批中国研学旅游目的地、敦煌研究院被联合国教科文组织亚太世遗苏州中心确定为世界遗产青少年教育基地。敦煌市阳关景区,雅丹世界地质公园等14家单位被评为酒泉市中小学生研学旅行基地,"游千年敦煌·品丝路华章研学新时尚"成功入围"2022城市旅游高质量发展案例"。

近年来,敦煌认真贯彻落实习近平总书记视察敦煌时的重要讲话精神,坚定文化自信,创新发展思路,持续推动文化旅游与研学旅行互动借力,依托丰富的人文遗迹和自然景观,将敦煌文化融入城市的每一寸肌理,深入剖析每一个故事,推出一系列独具特色的研学旅行项目,差异化量身定制打造不同形式的敦煌研学专题、研学产品,开发了一批安全适宜的文化修行、科技探秘、户外拓展、励志教育、野营训练等主题研学旅游项目,推出了莫高学堂、阳关壮别、汉简学堂、雅丹地质、戈壁徒步、民俗体验等独具敦煌特色的研学产品,将文化和旅游深度结合,让悠久的敦煌文化焕发勃勃生机。

自2022年以来,敦煌市深耕"敦煌文化",破冰"冬春旅游",引领错峰旅游新风尚,联合敦煌研究院共同推出"敦煌文化研学季"活动,组建由航空公司、景区景点、会展场馆、宾馆酒店、旅游公司、演艺演出、餐饮娱乐等各方参与的敦煌文化研学季联盟。并将冬春季设立为"敦煌文化研学季",推出涵盖世界研学旅游组织合作认证基地——莫高学堂和鸣沙山·月牙泉、玉门关、阳关等国家A级旅游景区、研学基地的敦煌文化研学精品线路,发布"敦煌文化研学季大礼包"及配套旅游优惠政策,助推敦煌文化旅游研学季品牌塑造,助力敦煌文化进校园。

(四)白马滩镇:农旅研学体验 激活乡村经济

白马滩镇位于陕西省延安市黄龙县东南部,距县城43公里,区域总面积476平方公里。全镇辖7个村委会、48个村民小组,总人口8350人,农业人口6580人,由于地形地质原因,人均仅有耕地2.3亩,主导产业农副产品核桃、毛栗子、蜂蜜等,由于市场波动、品种等原因,农业产业经济收入较低。脱贫攻坚能否与乡村振兴有效衔接,关键在于是否有产业支撑。白马滩镇从发展之初就找准了自己的发展定位:依托白马滩镇生态资源优势,大力发展乡村生态旅游,将农业和旅游业有效融合,让农产品变身为旅游商品,形成从生产端到销售端的全链条产业发展模式,增添乡村振兴活力。

近年来，白马滩镇依托丰富的生态资源、深厚的文化底蕴和良好的旅游基础设施，不断丰富旅游业态，在"研"和"学"上下功夫，探索"旅游＋庭院经济＋劳动实践"的发展模式，通过"村集体＋企业＋农户"的合作，打造了"印象圪崂"劳动教育实践基地，推出农事体验、劳动实践、猎鼓学习等特色课程，突出"劳动实践、传统文化、生态科普、非遗传承、乡愁体验、美育文化"等特色研学旅行产品，2022年累计接待研学团队、康养度假团等22批1890人次，实现经济收入221.8万元，公司、农户、集体按5、3、2比例分红，参与研学旅行活动的20户群众共分红达67万元，其中最多的一户分红达4.6万元，并带动53名群众就近就业，实现了研学旅游激活乡村经济的新突破。

2022年，世界旅游联盟联合中国国际扶贫中心，向社会各界广泛征集相关案例，《陕西延安市黄龙县白马滩镇：研学旅游激活乡村经济》成功入选2022世界旅游联盟——旅游助力乡村振兴案例。

（作者简介：杨淑雅，中国旅游研究院文化旅游研究基地助理研究员，郑州商学院管理学院教师）

第十二章　夜间旅游发展分析与展望

张英俊　郭玉龙

夜间旅游具有极强的服务消费属性，其发展不仅延长了消费时间，同时也进一步拓展了消费空间，创造出更加丰富的消费场景。相关研究报告显示，2023年夜间消费需求全面恢复，夜间旅游供给持续扩容。2023年1—8月，游客月均夜间出游频次为3.27次，夜间出游意愿达95%。2023年国家5A级旅游景区夜间开放率超2020年2倍；文化场馆夜游的常态化需求已经凸显，2023年"5·18国际博物馆日"，有三成的一级博物馆延长夜间开放时间。文化和旅游部专项调查显示，端午假期参与夜间游的游客比例达22.3%。与夜间旅游密切相关的两个词语，"烟火气"入选"2023年度十大网络用语"；"消费提振年"入选"2023年度中国媒体十大新词语"。

第一节　夜间旅游发展现状

（一）国家政策文件支持现状

夜间文化和旅游消费是促消费的重要领域，既是民生保障工程重要组成部分，也是城市经济发展活力重要体现，对释放消费潜力具有重要作用，是各级政府关注和政策支持的重点领域之一。自2022年以来，从中央到地方出台了一系列促进夜经济发展、提振消费活力的利好政策。2022年8月，《"十四五"文化发展规划》提出，加快发展新型文化消费模式，发展夜间经济。2023年7月，《关于恢复和扩大消费措施的通知》提到推动夜间文旅消费规范创新发展，引导博物馆、文化馆、游乐园等延长开放时间，支持有条件的地区建设"24小时生活圈"；打造沉浸式演艺新空间，建设新型文旅消费集聚区。2023年7月24日召开的中央政治局会议要求推动文化旅游等服务消费。9月27日,国务院办公厅印发《关于释放旅游消费潜力推动旅游业高质量发展的若干措施》(以下简称《若干措施》)提出了推动旅游业高质量发展的30条工作措施,其中第13条明确要"引导夜间文化和旅游消费集聚区规范创新发展。完善夜间照明、停车场、公共交通、餐饮购物等配套服务设施。鼓励有条件的公共文化场所、文博单位等延长开放时间"。2023年10月,文化和旅游部印发贯彻落实《若干措施》的通知,要求各地结合本地区实际研究细化释放旅游消费潜力、推动旅游业高质量发展的工作举措。

夜间文化和旅游消费集聚区是城市文化和旅游发展活力的重要标志,也是拉动城市休闲消费的新引擎。截至2023年年底,文化和旅游部已公布两批共243个国家级夜间文化和旅游消费集聚区名单,确定60个集聚区重点辅导培育对象。文化和旅游部办公厅印发了《国家级夜间文化和旅游消费集聚区建设指引》,从创新消费场景产品供给、提升夜间服务质量、带动二次衍生消费、丰富消费惠民惠企措施、加强宣传推广品牌营销、营造良好消费市场环境、搭建产业沟通合作平台、强化数据监测动态管理8个方面加强引导。目前,从国家级夜间文化和旅游消费集聚区数量看,四川坐拥13个聚集区名列榜首,山东、上海、浙江、江苏、重庆等占据12个席位并列第二。

(二)地方政策文件支持现状

自2023年以来,北京、上海、广州、天津、重庆等地结合国际消费中心城市建设,发布促进夜间经济发展的若干措施,举办夜间消费节等系列活动,激发城市消费活力。部分省区市出台了省级层面的政策文件,加快释放旅游消费潜力,推动旅游业高质量发展(见表12-1)。

表12-1 2023年各省涉及夜间旅游政策一览表

序号	省区市	文件名称	发布时间
1	广西	《关于加快文化旅游业全面恢复振兴的若干政策措施》	2023年1月
2	重庆	《进一步支持市场主体发展推动经济企稳恢复提振政策措施》	2023年2月
3	江苏	《关于促进全省文旅市场加快全面复苏的具体政策举措》	2023年2月

续表

序号	省区市	文件名称	发布时间
4	青海	《青海省促进消费持续恢复升级若干措施》	2023年2月
5	山东	《关于进一步促进文化和旅游消费的若干措施》	2023年3月
6	山东	《关于促进文旅深度融合推动旅游业高质量发展的意见》	2023年3月
7	湖南	《湖南促进文旅业复苏振兴若干措施》	2023年3月
8	江西	《关于实施积极财政政策并加力提效促进经济回稳向好的若干措施》	2023年3月
9	福建	《新形势下促进文旅经济高质量发展激励措施》	2023年4月
10	新疆	《2023年自治区恢复扩大消费工作实施方案》	2023年4月
11	河南	《进一步促进消费若干政策措施》	2023年4月
12	甘肃	《关于推动文化和旅游深度融合实现高质量发展的实施意见》	2023年5月
13	河南	《进一步促进文化和旅游消费若干政策措施》	2023年5月
14	河北	《关于推动文化和旅游市场恢复振兴的若干措施》	2023年5月
15	辽宁	《辽宁省文旅产业高质量发展行动方案（2023—2025年）》	2023年5月
16	新疆	《关于实施"旅游+"多产业联动促进文化和旅游消费助企惠民行动计划的通知》	2023年6月
17	安徽	《关于深化文旅融合彰显徽风皖韵加快建设高品质旅游强省的意见》	2023年7月
18	江西	《关于进一步促进和扩大消费的若干措施》	2023年7月
19	福建	《福建省促进文化和旅游消费的措施》	2023年8月
20	云南	《关于加快推动旅游高质量发展守护好云南旅游金字招牌的意见》	2023年8月
21	河南	《关于实施文旅文创融合战略推动文化产业高质量发展的若干政策措施》	2023年8月
22	湖南	《湖南省恢复和扩大消费的若干政策措施》	2023年8月
23	云南	《云南文化和旅游强省建设三年行动（2023—2025年）》	2023年9月
24	西藏	《西藏自治区关于促进夜间经济和假日经济高质量发展的措施》	2023年9月
25	辽宁	《辽宁省支持文旅产业高质量发展若干政策措施》	2023年9月
26	湖北	《关于推动文旅深度融合加快新时代湖北旅游业高质量发展的意见》	2023年9月
27	吉林	《吉林省旅游万亿级产业攻坚行动方案（2023—2025年）》	2023年10月

续表

序号	省区市	文件名称	发布时间
28	上海	《上海市加强消费市场创新扩大消费的若干措施》	2023年10月
29	甘肃	《关于释放旅游消费潜力推动旅游业高质量发展的实施方案》	2023年11月
30	黑龙江	《黑龙江省释放旅游消费潜力推动旅游业高质量发展50条措施》	2023年11月
31	吉林	《加大文旅消费十八条措施》	2023年11月
32	广西	《关于推进文化旅游业高质量发展的若干措施》	2023年11月
33	内蒙古	《关于促进文旅深度融合推动旅游业高质量发展的意见》	2023年11月
34	山西	《山西省恢复和扩大消费若干政策措施》	2023年11月
35	江苏	落实《关于释放旅游消费潜力推动旅游业高质量发展的若干措施》工作方案	2023年11月
36	广东	落实《关于释放旅游消费潜力推动旅游业高质量发展的若干措施》工作方案	2023年12月
37	宁夏	《关于释放旅游消费潜力 推动旅游业高质量发展行动方案（2023—2025年）》	2023年12月
38	浙江	《关于进一步促进文化和旅游消费的若干措施》	2023年12月
39	安徽	《关于进一步释放旅游消费潜力促进文旅经济高质量发展的通知》	2023年12月
40	陕西	《关于加快文旅产业发展的若干措施》	2023年12月

资料来源：根据公开资料整理（截至2023年12月）。

在夜间文旅消费集聚区培育上，2023河南省文旅文创发展大会提出推动建设国家级夜间文化和旅游消费集聚区和省级夜间文化和旅游消费集聚区。江苏省提出到2025年，全省新增国家级集聚区10个左右、省级集聚区50个以上。2023年山东省旅游发展工作会议提出创新突破淡季旅游，大力发展夜间旅游，创建国家级夜间文化和旅游消费集聚区，2023年推出省级夜间文旅消费集聚区不少于20家。安徽省提出力争到2025年全省创建国家文化和旅游消费示范城市1~2家，创建国家级夜间文旅消费集聚区10家、省级20家。江苏省提出认定第三批省级夜间文旅消费集聚区建设单位30个左右；到2025年，全省新增国家级集聚区10个左右、省级集聚区50个以上。浙江省提出到2027年，创建国家级夜间文化和旅游消费集聚区15个以上，建成省级夜间文化和旅游消费集聚区60个。云南省提出打造60个以上旅游休闲街区和夜间文旅消费集聚区。福建省明确鼓励各地培育文旅消费新模式，积极申报、建设国家夜间文化和旅游消费集聚区。新疆维吾尔自治区提出大力培育自治区级夜间文化和旅游消费集聚区，支持各地、州、市申报第三批国家级夜间文化和旅游消费集聚区。青海省提出大力发展融观光休憩、文艺体验、体育健身、特色餐饮、时尚购物等多元业态为一体的夜间消费集聚区。

在消费空间拓展上，北京拟对夜京城特色消费地标、融合消费打卡地、品质消费生活圈进行动态评估，将打造10个"夜京城"特色消费地标、30个融合消费打卡地、40个品质消费生活圈、5~10条全市夜游精品线路，培育10条市级"深夜食堂"餐饮街区。上海市提出做亮夜间经济，围绕"24小时城市"愿景，实施《上海市夜间经济空间布局和发展行动指引（2022—2025）》，加快打造15个地标性夜生活集聚区和10个水岸夜生活体验区，支持15个地标性夜生活集聚区申报国家级夜间文化和旅游消费集聚区。黑龙江省明确规定各地在2023年末打造3~5处夜间经济示范街区，累计培育140家以上龙江老字号企业。陕西省提出打造50条以上特色突出、商文旅融合的商旅名街、特色街区。重庆市提出规划打造一批夜间经济街区。湖南省提出要开展新消费空间拓展评定，指导支持国家级、省级新消费空间创建。浙江省提出，拓展浙江文旅市集品牌，培育打造一批文旅市集、文旅消费集聚区。

在消费场景打造上，上海市提出加快建设"一站式"商旅文体展联动新载体，打造一批标杆性剧院演艺综合体、游乐综合体、体育综合体。浙江省提出打造旅游新业态新赛道，推广"商业＋旅游""体育＋旅游""工业＋旅游"模式，培育场景化体验产品，推动演艺进景区、进街区、进综合体。四川省提出打造40个"商文旅交体康"多元融合的消费新场景，全面激活文化和旅游消费潜力。山东省《关于进一步促进文化和旅游消费的若干措施》提出，打造"一区一品"特色文旅消费项目。西藏自治区出台促进夜间经济和假日经济高质量发展的措施，打造夜间消费新地标，发展文旅体消费，完善夜间经济功能配套等。

在资金奖补上，力度持续加大，奖补对象更加多元。河南省提出每年培育5~10个具有较大影响力的省级夜经济集聚区，省财政给予每个集聚区所在县（市、区）300万~500万元奖励。海南省对获评国家级夜间文化和旅游消费集聚区、省级夜间文化和旅游消费集聚区、国家级旅游休闲街区的分别给予300万元、200万元、100万元奖励。广西壮族自治区对新获评国家夜间文化和旅游消费集聚区的，给予200

万元奖励。河北省、辽宁省、黑龙江省对新获评国家级夜间文化和旅游消费集聚区的，给予100万元奖补。吉林省对新获评的国家级夜间文化和旅游消费集聚区，给予一次性最高奖励50万元。湖南省对评定为省级（含）以上夜间消费聚集示范区（含文旅）的市州，最高奖补50万元。新疆维吾尔自治区联合中国银联新疆分公司推广实施"红火计划"，将乌鲁木齐市大巴扎景区等4个国家级夜间文化和旅游消费集聚区辖区内的文化和旅游小微企业纳入支持范围，对上述企业银联二维码交易产生的手续费，按照一定比例予以返还。

奖补的对象也有较大差异。从省级层面看，奖补的对象为夜间文旅消费集聚区所在地政府，奖补金额50万~500万元；从市级层面看，奖补的对象为夜间文旅消费集聚区管理运营主体。奖补金额由于级别不同而有差异：省级奖补金额大体在10万~50万元，国家级奖补金额一般在20万~200万元。还有地区仅对国家级夜间文旅消费集聚区实施奖补。此外，还有一些地方推出了针对夜间经济街区、门店的奖励措施。

表12-2 部分城市夜间文化和旅游消费集聚区奖补政策一览表

序号	相关单位	发布时间	奖补标准（省级）（万元）	奖补标准（国家级）（万元）
1	陕西西咸新区	2022年10月	50	100
2	江西赣州市	2023年1月	—	40
3	河北雄安新区	2023年2月	30	—
4	浙江杭州市	2023年3月	30	50
5	湖北恩施市	2023年3月	—	20
6	湖南益阳市	2023年3月	10	20
7	陕西宝鸡市	2023年5月	50	100
8	新疆生产建设兵团第一师阿拉尔市	2023年7月	10	30
9	甘肃庆阳市	2023年8月	30	50
10	海南陵水黎族自治县	2023年8月	10	20
11	广东广州市白云区	2023年9月	30	50
12	山东青岛市	2023年9月	50	200

续表

序号	相关单位	发布时间	奖补标准（省级）（万元）	奖补标准（国家级）（万元）
13	浙江瑞安市	2023年9月	20	50
14	四川雅安市	2023年11月	—	200

数据来源：根据公开资料整理（截至2023年11月）。

在夜间配套服务上，广西壮族自治区提出有序发展夜间经济，完善夜间照明、停车场、公共交通、餐饮购物等配套服务设施，引导夜间文化和旅游消费集聚区规范创新发展。吉林省规定，长春市主城区各级馆夏季闭馆时间不早于21:00，地级市主城区各级馆闭馆时间不早于20:00，其他县级城市各级馆闭馆时间不早于19:00，冬季参照夏季闭馆时间提前1小时执行，营造夜间消费氛围。浙江省深化打造"游浙里""浙里文化圈"等应用，以便捷线上文旅服务助推消费升级；统一运营"浙文旅"应用，推进浙江"文旅码"与"社会保障卡"深度融合，加大移动支付，打造文旅服务和消费融合生态圈。

在夜间经济宣传上，河北省提出加强组织策划，举办"跟着四季游河北""夜游河北不一样的美"等特色宣传推广活动。上海启动了第四届夜生活节，发布了100个夜生活好去处，推出了200余个具有国际范、上海味、时尚潮、烟火气的特色活动。广西提出大力发展夜间经济，鼓励各地举办形式多样的夜间文化和旅游消费主题活动，致力于打造"中国不夜城 浪漫夜广西"夜间经济品牌。

在第一批国家级夜间文旅消费集聚区推出后，各地区纷纷跟进，把评定夜间经济街区、集聚区、城市作为推动工作的有效抓手。目前，开展省级夜间文化和旅游消费集聚区认定批次最多的是贵州，达到四批；从认定省级夜间文旅消费集聚区的数量看，排在前三位的是山东、河南和江西，分别达到84个、69个和54个。从经营上看，2023年前9个月，云南全省10个国家级夜间文旅消费集聚区入驻商户3.12万家，营业收入244.5亿元，同比增长77.3%；全省游客人均消费达1215.4元，恢复到2019年同期的90.6%。

表 12-3　部分省级夜间文化和旅游消费集聚区

序号	省份	批次	数量
1	贵州	四批	36
2	山东	三批	84
3	河南	三批	69
4	江西	三批	54
5	江苏	三批	48
6	山西	二批	29
7	云南	二批	56
8	湖南	一批	20
9	陕西	一批	17
10	广东	一批	7

数据来源：根据公开资料整理（截至 2023 年 11 月）。

在发展态势上，夜间消费增长态势明显，夜间经济持续火热。根据数据监测，2023 年端午节期间，243 个国家级夜间文化和旅游消费集聚区夜间客流量 3625.3 万人次，平均每个集聚区每夜 4.97 万人次，同比增长 38.8%。2023 年前三季度，243 个集聚区累计夜间客流量 24.7 亿，同比增长 47.6%。2023 年，累计夜间客流量 31.2 亿，同比增长 56.4%。银联商务数据显示，端午假期夜间实物商品消费金额同比增长 44%，其中夜间餐饮消费金额同比增长 65.9%；夜间服务消费金额同比增长 32.3%。美团、大众点评数据显示，自 2023 年暑期以来，"夜游""夜市"搜索量同比增长约 80%，大众点评相关的攻略笔记同比增长 160%。各地集聚区有效带动夜间经济提质升级，成为促进文化和旅游消费的重要载体，发挥了促消费"主阵地"作用，深受广大市民游客的青睐。

（三）主要夜间经济城市发展现状

当前，全国各地夜间经济呈现出别样的"一千零一夜"，打造各具特色的夜间消费新场景，赋能夜间经济发展新业态，构建夜间经济发展新格局。2023 年，青岛、福州、南京、深圳、武汉、洛阳、三亚、长沙、成都、扬州十个城市入选"2023 夜间经济十大新锐城市";福州三坊七巷、河南老君山风景名胜区等入选"2023 夜间旅游十大创新案例";南京旅游集团、山东金东数字创意股份有限公司等入选"2023 夜间旅游十大创新企业"。其中,成都市拥有 5 个国家级夜间文化和旅游消费集聚区,在"十城"中位列第一。

青岛市采取多种措施推动文旅夜经济的高质量发展。在政策支持上,在山东省率先出台了大力提振文旅消费 12 条措施,发布了《青岛市促进文旅深度融合推动旅游业高质量发展若干措施》。要求每个区(市)至少打造 1 条啤酒特色餐饮休闲街区,一次性给予合格街区运营主体 100 万元奖补并予以授牌。"海上夜游"航线成为夜游"爆款","浮山湾夜景灯光秀"成为网红打卡点,"明月·山海间不夜城"吸引大量游客。在配套服务上,推出旅游旺季公交、地铁 21:00 后"一元通城"服务。

福州夜间文旅消费持续升温。福州市印发了《关于促进文化和旅游消费若干措施》,积极拓展文旅消费新空间。鼓励三坊七巷、上下杭 2 个国家级夜间文化和旅游消费集聚区举办各类文旅促消费活动。近年来,福州市共投入 7 亿多元建设了各具特色的 15 个夜色经济体验示范街区,打造"夜福州、幸福城"夜间经济品牌。联合美团启动"七溜八溜 榕城很惠玩"2023 福州文旅消费季(中秋·国庆)专场,连续 3 天发放超 500 万元文旅消费券;联合同程,推出"有福之州 超'惠'玩"福州文旅中秋国庆网络消费季。在重点街区培育上,制定了首店品牌、招商、网络促销、抽奖发券等一系列政策,从空间布局、业态提升、文化赋能等多个方面持续发力。

南京市先后出台《关于推进南京旅游高质量发展行动方案》《关于推动南京艺术 Mall(街区)建设的三年行动方案》《关于夜间文旅消费的实施意见》,进一步推动夜间文旅发展。在消费促进上,实施文化"小店计划"。在节会活动上,深入实施消费促进"四季有约"行动计划。在业态培育上,发挥老门东、熙南里、长江路等国家级夜间文旅消费街区的带动作用,评定夜间文旅消费集聚区 17 家,打造"夜泊金陵"文旅消费品牌。推进金陵 STYLE 浪漫中心、西五华里沉浸式游船项目建设,推出《金陵王府·夜瞻园》《心印·中华门》《甘宅雅韵》等沉浸式常态旅游演出。建成了西城·夜未央街区三期项目,成为南京市首个 24 小时消费街区。在乡村夜间经济上,举办音乐节、烟花秀、灯光秀、露营烧烤、露天电影等特色活动,带动了乡村夜间消费热潮。

深圳市着力打造独具特色的夜间经济 IP。2022 年出台了《深圳市关于加快建设国际消费中心城市的若干措施》及实施细则，把打造都市夜间消费新场景纳入规划，出台相应扶持措施，每个项目最高支持 200 万元。自 2023 年以来，深圳千方百计扩内需促消费。线下，以节兴商，以节聚势，举办露营节、创意市集、咖啡节、"港·潮流"购物节、罗湖深港文化月等促消费活动。线上，大力引进培育电商平台，开展"网上年货节""双品网购节""618 网上购物节""2023 广东流量消费节"，做大做强直播带货、社交电商、社群团购等新兴消费，积极打造具有国际影响力的直播电商之都。在特色品牌项目培育上，连续举办三届深圳光影艺术季，还与新加坡灯光节签约合作。在配套服务上，深圳地铁基本逢节假日就延长服务时间，还优化公交夜宵线路，提供诸如接驳车服务一站式直达的夜市配套设施等措施。

武汉进一步推动夜间文旅消费能级迭代升级。在政策支持上，出台《关于进一步促进文化和旅游消费若干政策》《关于进一步促进夜游经济发展若干措施》，为开展夜游的景区、街区兑现财政专项补贴资金 1400 余万元，贷款贴息 2000 余万元。在夜游核心品牌打造上，长江灯光秀、知音号游船、《夜上黄鹤楼》和《汉秀》4 个夜间大型实景演艺项目备受欢迎，长江夜游逐步成为武汉都市旅游核心品牌。在景区夜游上，全市有 15 个景区相继自发组织开展夜游，夜游景区和产品数量不断增多。在夜游线路培育上，全市 30 余个夜游区域和项目整体联动，初步形成了十大夜游产品体系和"璀璨夺目之长江夜游"等 10 条夜游精品线路。

洛阳市围绕"颠覆性创意、沉浸式体验、年轻化消费、移动端传播"理念，打造夜间文旅消费新业态，营造多元化夜间文旅消费新场景。在品牌构建上，打造了"古都夜八点""古都新生活"等文旅消费品牌。在新场景营造上，各大博物馆以"沉浸式戏剧＋中国传统游戏＋夜宿"的形式，推出"博物馆奇妙夜"系列活动，打造博物馆"晚间特展"；西工小街等通过"微改造"的方式，打造具有民国风特色的消费街区；天心文化产业园引入剧本娱乐、相声新势力、旧城记沉浸式餐厅等新业态，实现老厂房换新颜；大河荟文旅商综合体推出中国首部数字行浸式演出《寻迹洛神赋》，广受年轻群体关注。在新业态培育上，洛邑古城将主导业态由非遗逐步调整为"汉服＋"相关产业。在节会拉动上，2023 年河洛文化旅游节期间，策划举办汉服秀、美食节等活动；以"青春洛 Young 潮享消费"为主题，举办 2023 洛阳青年时尚消费季活动，促进旅游"流量"转换为消费"增量"。

三亚围绕建立健全夜间经济发展机制等方面提出多项举措，致力于创新供给、业态升级，重点培育和打造一批多业态的夜间消费聚集区。在业态和龙头企业培育上，《亚特兰蒂斯C秀》《三亚千古情》《红色娘子军》等夜间演艺拉动三亚夜间经济。在节会培育上，2023三亚之夜群星演唱会、三亚亚特兰蒂斯"粉色之夜"夜场主题活动为三亚增加夜色。围绕民宿生活，加强度假业态创新，将睡眠空间与美食、美景有机融合，变为多元化的生活体验场景。

长沙夜间经济蓬勃发展。在政策支持上，出台《关于创建国际消费中心城市的实施意见》，提出打造具有"时尚之都""快乐之都""活力之都""休闲之都"美誉的国际消费中心城市。在品牌培育上，孵化了文和友、茶颜悦色等全国著名消费品牌80多个。在业态培育上，培育了北辰滨江文化商业区、浏阳市"焰遇浏阳河"文旅消费集聚区、五一商圈、阳光壹佰凤凰街、梅溪湖（梅澜坊）街区、红星街区等，24小时书店、24小时米粉店、24小时健身房等消费业态越来越多。在配套服务上，成立了"夜间经济服务中心"，在夜间8点至次日凌晨2点营业，专门为夜间外出消费的市民、游客和商家提供保障服务。

成都持续推动市县联动，放大夜间经济效应。在政策支持上，武侯区出台了《夜间经济发展十条措施》《夜间集市备案管理办法（试行）》《夜间集市管理规范》等政策。在促消费举措上，成都以"月月有主题，周周有活动"的"新十二月市"活动为主线，按照"场景营城、平台赋能、创新引领"的内在逻辑，策划开展促消费活动，不断塑造"成都服务""成都创造""成都消费"的城市品牌；成都高新区联合美团发放2000万元的"嗨高新·潮成都"金秋消费券，开展多项促消费活动。在配套服务上，成华区推出"夜耍巴士"，将东郊记忆、339天府熊猫塔等辖区内的美食坐标和夜消费经典场景"一网打尽"，随车发放《干杯成华·夜生活图鉴》，展示各消费场景的特色和优惠信息；武侯区推出《武侯区消费场景示意图》和《武侯区夜间经济消费地图》，成立了"武侯区夜间消费联盟"，助力打造优质夜间消费场景。

扬州加大夜间消费支持力度。在政策支持上，出台《促进和扩大消费工作方案》，加快建设瘦西湖、北护城河、明月湖等一批夜间文旅新地标、新空间、新场景，创新夜游、夜演、夜读、夜跑等夜生活业态。在促消费上，出台"扬州的夏日"文旅消费季奖励政策，推出多项文旅促消费活动及惠民福利。市县联动发放惠民券近4000万元，新开各类品牌首店达39家，首店经济带动效应日益显著。通过高密度的文旅活动，在"四季旺游"基础上拓展"日夜旺游"。作为扬州文旅品牌大 IP，蜀冈—瘦西湖风景名胜区聚焦"白＋黑"全天候畅享、"食＋住"多业态发展、"陆＋水"全范围覆盖，在大力发展夜游、夜演、夜市等夜间文旅消费方面下足功夫（见表12-4）。

表12-4 2023夜间经济新锐十城、夜间文化和旅游消费集聚区一览表

城市	国家级数量（个）	省级数量（个）	2023夜间旅游十大创新案例	2023夜间经济创新十企
青岛	2	9	—	有
福州	2	—	有	—
南京	3	6	—	有
深圳	1	2	有	有
武汉	3	—	—	—
洛阳	3	9	有	—
三亚	2	3	有	—
长沙	4	2	—	—
成都	5	—	—	—
扬州	1	5	—	—

数据来源：根据公开资料整理（截至2023年11月）。

许多城市出台了鼓励夜游经济发展的"真金白银"政策。例如，杭州市拱墅区对商业主体、特色街区在灯光提升、大屏改造等方面单个项目投资在1000万元以上的，按投入金额的10%给予扶持，最高奖励100万元；加大对商业外摆等的支持力度，鼓励综合体延长营业时间，按照延长天数，最高给予10万元扶持。有的城市推出了亮化补贴等举措，如哈尔滨市对主要商圈店铺橱窗亮化、24小时营业门店给予补贴。

（四）行业联动情况

政产学研各界对夜间旅游给予高度关注，通过案例征集、试点培育、行业论坛、报告发布等方式共同推动夜间旅游的发展。

2023年7月,文化和旅游部发布了20个沉浸式文旅新业态示范案例。其中,有7个沉浸式演艺案例、5个沉浸式夜游案例(包括西安大唐不夜城、四川成都夜游锦江、北京国际光影艺术季"万物共生"、广西崇左奇妙·夜德天、四川巴中梦境光雾山)、4个沉浸式展览展示案例、4个沉浸式街区/主题娱乐案例。其中,与夜游直接相关的项目达到16个,占比达到八成。2023年8月,文化和旅游部公布第一批"全国智慧旅游沉浸式体验新空间培育试点名单",24个试点项目均与夜经济密切相关。

2023年10月,"2023中国夜间经济论坛"在三亚举行。论坛发布了《关于夜间经济高质量发展的"三亚倡议"》,提出注重新"夜"态内核打造,政府部门联动,提升夜间经济智慧化水平,提升夜间服务质量和专业水平,健全管理体制机制,打造夜间经济项目及城市品牌,以夜间经济新发展助推新发展格局构建。

全联旅游业商会文旅夜游专业委员会主办的"2023中国文旅夜游大会"在北京召开,发布了《促进夜间文旅产业高质量发展倡议书》(以下简称《倡议书》)和"数字夜游策划师"职业技能培训项目。《倡议书》强调以创新驱动引领夜游经济高质量发展,激发夜间文旅消费活力,促进夜间文化和旅游经济协同发展。"数字夜游策划师"项目是经全国工商联人才中心批准设立的职业技能证书,共分为"初级、中级、高级和师级"四个等级,是目前夜游行业国内第一个也是唯一的由国家相关部门认定的职业技能岗位。另外,江苏理工学院成立了"全国夜间文化和旅游消费研究中心",浙江省建立了省级夜间经济专家库,这些研究机构和人才培养项目,对夜游经济可持续发展无疑将产生积极作用。

此外,广东省和深圳、三亚、成都、广州等城市也发布了年度城市夜间经济发展报告。《2023年上半年广东省夜间文旅消费高质量发展报告》显示,上半年广东省夜间文旅消费规模为7102.3亿元,消费支出占全天文旅消费支出的61.62%,夜间文旅消费活力已超过白天。

(五)夜间经济发展新特点

1. 形成了一批特色夜游品牌

近两年,各地充分挖掘本土文化,提炼主题,推出乡村露营节、灯会、音乐节、美食节、少数民族节事等活动,塑造了一批特色夜游品牌。例如,江苏省涌现出南京"夜之金陵"、苏州"姑苏八点半"、扬州"二分明月"、常州"龙城夜未央"、无锡"今夜'梁'宵"、徐州"国潮汉风·夜彭城"、泰州"凤城河夜泰美"等一批夜游品牌。河南省形成了洛阳"古都夜八点"、开封"大宋不夜城"、郑州"奇妙夜郑州"、信阳"信阳八点半·美好夜相伴"等夜游品牌。浙江省体系化推出"浙夜好生活"系列活动,打造杭州宋韵国潮之夜、宁波商港之夜、嘉兴南湖之夜、衢州共富之夜等区域夜经济子品牌(见表12-5)。

表12-5 部分省、市夜间旅游品牌

序号	省份/城市	夜间旅游品牌
1	北京	夜京城
2	天津	夜津城
3	上海	夜生活节
4	浙江	浙夜好生活
5	湖南	夜潇湘
6	广东	粤夜粤美
7	广西	中国不夜城 浪漫夜广西
8	重庆	不夜重庆
9	呼和浩特	夜青城
10	乌鲁木齐	丝路天山不夜城
11	南京	夜之金陵
12	苏州	姑苏八点半
13	扬州	二分明月
14	徐州	国潮汉风·夜彭城
15	常州	龙城夜未央
16	无锡	今夜"梁"宵
17	泰州	凤城河夜泰美
18	杭州	忆江南·夜杭州
19	福州	夜福州、幸福城
20	郑州	奇妙夜郑州

续表

序号	省份/城市	夜间旅游品牌
21	开封	大宋不夜城
22	信阳	信阳八点半·美好夜相伴
23	焦作	夜焦作
24	武汉	夜江城
25	长沙	越夜越长沙
26	广州	Young 城 Yeah 市
27	佛山	夜佛山　越夜越精彩
28	江门	夜侨都
29	东莞	乐购寮步
30	惠州	夜色惠精彩
31	六盘水	盛夜凉都
32	西安	夜西安
33	洛阳	古都夜八点

资料来源：根据公开资料整理。

2. 旅游惠民服务举措更加多元

围绕食住行游购娱等文旅要素，各地创新服务手段，完善服务设施。例如，山东省举办"秀出新夜态"短视频大赛，指导有关机构发布夜间文化和旅游消费地图、专题榜单和消费指引。广东省联合高德地图推出全省夜间文旅消费地图，包含了133个省内热门文旅目的地；组织开展首批"粤式新潮流"广东文旅消费新业态热门场景征集活动，50个项目入选；推出了7000万元的文旅出行专属打车优惠。南京推出了"小摊夜食"文旅消费手绘地图，为游客们提供了"舌尖向导"；集成演出展陈、酒店民宿、夜间小食等城市文旅资讯，推出"南京文旅消费"一码通。武汉市发布了《2023武汉夜游指南》，向广大市民游客图文并茂推介了"1个夜游核心品牌""2个夜游新秀""3个国家级夜间文化和旅游消费集聚区""10条夜游武汉精品线路""十大夜游产品"以及"44个夜游网红打卡地"等。深圳市发布了"夜试深圳"2023深圳夜间消费地图。成都市依托新媒体矩阵，推出"到成都街头走一走——街头漫步热力地图",提供一键打开6大类、20种街头漫步便捷方式。"五一"假期,济南市上线了"济南夜经济攻略地图""济南各区县五一期间夜经济活动指南"。西安市推出《西安夜间消费攻略》和《西安夜间消费手绘地图》,公布了一批夜间消费聚集区、夜间消费地标、夜间消费网红打卡点。上海发布了《上海潮流夜生活指南》,为消费者提供多元化、精准化消费攻略。乌鲁木齐市发布多条夜游线路,包含了吃、喝、购、游、阅等多种要素,深受市民游客喜爱。

推出惠民举措,刺激夜间消费。例如,2023年南京市累计发放五批次"南京文化小店"消费券,吸引近300家文化小店参与。广东省推出总价值约2000万元的文旅出行专属打车优惠、酒店和旅游优惠礼包券等。青岛市发放文旅惠民消费券1254万元,参与企业169家,拉动消费1.36亿元。杭州拱墅区面向香港同胞发放1000万元"迎亚运·香港同胞乐游拱墅文商旅消费券",面向市民推出2000万元迎亚运大武林商圈消费券。

3. 夜游公共服务体系更加健全

夜游是一项系统工程,涉及市场监管、城市管理、交通调度、社会治安、交管秩序和电力保障等多个公共服务职能部门,需要统筹相关部门完善配套设施,便利游客市民夜游消费。

当前,地铁、夜间巴士等夜间出行公共交通愈发便利,共享单车和共享电单车在一定程度上补齐了城市短途交通的短板。艾媒咨询数据显示,预计2023年的共享单车投放量将达到18.94万辆。

为激发"夜经济"消费活力,在交通和停车便利化上,洛阳地铁规定自2023年7月1日—8月31日每日19时(含19时)后至运营结束期间,使用洛易行App或微信小程序(城市通)扫码进站的乘客,可免费乘地铁,且不限乘车次数。宁波市于2月13日—6月30日,每晚8点起夜间时段和法定节假日,地铁全线免费乘坐。南通推出"夏夜出行·地铁免费乘"活动,自4月28日—8月31日每日20:00后至运营结束,乘客享受免费乘坐地铁,不限里程、不限次数。南昌地铁2023年暑期(7月1日—8月31日),每日21:00(含)后至运营结束,通过"鹭鹭行"乘车码进站的乘客免费乘地铁。福州地铁2023年8月28日—12月31日开展领电子消费券享夜间、周末及节日免费乘地铁活动。重庆市两江新区把夜市旁边的空地改造成停车场,在周边制作和安装了车辆、行人引导牌、交通指示牌等。哈尔滨市根据重点商圈、景区景点的闭店时间和客流需求，完善夜间公交线路运营保障。淄博市实行个性化管理，在全国率先实行车辆免费停放政策，助推淄博烧烤火爆出圈。山东省则鼓励有条件的地方减收或免收夜间特定时段停车费。

在餐饮夜市管理上，为打造良好的城市夜市品牌，福州"潮溜街"夜市明确要求"酒类不能卖、油烟大的不能卖、大排档不能卖"；达明美食街专门成立游客服务中心，设置消费投诉台、游客服务台。重庆市完善摊位准入、环境卫生保洁等各项管理制度，为夜市行业管理树立起新的标杆。上海在安义夜巷、新天地活力街区、BFC外滩枫径等地打造周末限时步行街区，以精细化管理完成街区功能的切换；首创夜间区长和夜生活CEO制度，完善夜间交通、停车、垃圾清运、公共厕所等精细化治理体系，让夜生活集聚区秩序井然。九江市八里湖分局创新夜间警务"4+4"模式，即统筹派出所、特巡警、机关巡逻民警、经开志警四方警务力量，常态化开展联巡、联查、联防、联值"四联"巡防活动，促进夜间经济商圈治安秩序持续向好。

第二节　夜间旅游发展趋势

（一）政府主导特征将更加明显

据统计，2018年到2023年，地方政府印发了促进夜间经济发展的政策文件139份，有力促进了夜间旅游的发展。随着《若干措施》落实工作的持续深入，各地政府愈加重视夜间旅游的发展。夜间旅游是典型的新型消费，是促进消费、扩大内需、拉动投资的重要领域。可以预见，未来会有更多地方政府出台包括夜游在内的促消费政策，从而形成政策文件与夜游经济发展的良性互动。

要借助夜间旅游发展浪潮推动城市夜间经济发展，政府需要关注几个方面：一是加大政策扶持力度，最大限度发挥夜间经济对扩内需、促消费的作用，大力扶持夜间文旅业态、项目的生产创新，鼓励夜间文旅消费集聚发展。国家层面，将会持续推出第三批夜间文化和旅游消费集聚区，同时对前两批集聚区进行验收复核，推动品质提升。要提升城市旅游基础设施和接待服务能力，解决游客关心的交通出行、食品安全、环境卫生、噪声污染等问题。二是要打造具有当地特色的标志性夜游项目。建设网红打卡点,如西安大唐不夜城、洛阳古都夜八点、青岛浮山湾夜景灯光秀、长沙"茶颜悦色"等,形成夜游地标。三是丰富夜间文旅业态。除了传统的灯光演艺项目,强化文化植入、科技赋能,结合 VR、AI 等新科技手段,打造体验式、交互式、体验性强的夜间文旅产品,推出"音乐+夜游""演出+夜游""展览+夜游""赛事+夜游"等多元化旅游业态。四是严格准入门槛,提升服务质量,把控好夜游品质,保障游客合法权益,提高游客夜间消费的满意度。

(二)创新创意将成为出圈王道

创新创意是文旅产业保持生命力的关键,是夜游企业的制胜王道。随着夜游市场规模不断扩大,越来越多的资本、技术和企业进入夜经济赛道,夜间旅游竞争日趋激烈。各个城市想要在众多竞争对手中脱颖而出,在夜间旅游发展上出圈出彩,需要着重在产品创新、模式创新和服务创新等方面发力。

在产品创新方面,除了传统的夜间消费如 KTV、餐饮、购物等,沉浸式演艺、剧本秀、光影秀、音乐节、演唱会、Livehouse、汉服游园、博物馆夜游等新的体验项目不断催生出新的消费需求,代表着未来的发展方向。如西安大唐不夜城融合文创产品、乐队驻唱、花车夜游等项目,刷爆社交媒体。"夜长沙"的火爆不仅有美食、有网红品牌和"网红打卡点"的加持,更有灯光秀、演出、展览等文化活动的渲染。开封"大宋不夜城"涵盖城墙夜游、景区夜游、街区夜游、大宋御河夜游、"宋都元宇宙"等"立体式"夜游场景,不断适配年轻人的饮食生活和消费习惯。在业态创新方面,贵州台江借助"村 BA"流量,把"村 BA"的热度连接到民族节庆活动中,持续打响台江苗族姊妹节等民族节庆品牌,形成了"村 BA"深山音乐会和"村 BA"深山集市两大品牌。

在模式创新方面,以营销模式创新为例,老君山对营销工作采用全员营销、层层承包的模式,实行包区域、包费用、包任务的奖罚兑现办法。从"1元午餐""空气罐头""李姓免费""凭飞机票免费"到"五一欠条""一穗玉米就是一张老君山门票",老君山景区紧抓热点,持续创新,引领景区知名度和影响力持续提升,多次上榜热门旅游景区榜单。

在服务创新方面,在夜游方面,如北京故宫 600 年来首开夜场,大型灯光秀吸引大量游客。在夜宿行业,传统的酒店、民宿等也紧跟潮流,转型升级,打造赏景度假型民宿、艺术体验型民宿、太空舱民宿，形成主题民宿集群等。

（三）科技赋能加速重塑夜游格局

中共中央办公厅、国务院办公厅印发的《"十四五"文化发展规划》明确提出，实施数字化战略，推进产业基础高级化、产业链现代化，促进文化产业持续健康发展。为此，国家先后出台《"十四五"数字经济发展规划》《国家文化数字化战略实施推进意见》《虚拟现实与行业应用融合发展行动计划（2022—2026）》《深化"互联网+旅游"推动旅游业高质量发展意见》等，为元宇宙项目提供支持。各地市也积极推进相关政策。据不完全统计，17个省份和30多个城市发布了专项规划或支持政策，为元宇宙的发展提供了良好环境。

近年来，在国家战略、数智技术、消费升级和转型发展等因素推动下，文旅行业成为数字技术的重要应用领域。目前，国内文旅元宇宙应用涵盖了演艺、夜游、展览展示及主题街区等四大类新业态。元宇宙通过其高度沉浸的科技手段和营造手法，为文旅企业提供更加专业的技术支持和创意方向。

从城市旅游的角度看，《又见平遥》《知音号》《遇见大庸》《重庆·1949》《只有河南·戏剧幻城》等剧目演出已成为平遥、武汉、张家界、重庆、郑州等所在城市的文化名片和必游项目。以西安"大唐不夜城"、成都的"夜游锦江"为代表的城市街区和水系夜游，也是当地夜游的主阵地和市民休闲的新空间。《天酿》用先进的增强现实（AR）和混合现实（MR）技术为观众带来了令人震撼的体验；《寻梦牡丹亭》运用了先进的全息投影技术、数字影像技术和巨型圆环装置等科技手段，创造出了一个充满梦幻和神奇色彩的游园场景。《夜上黄鹤楼》、长安十二时辰、亮马河国际风情水岸等智慧旅游沉浸式体验新空间，均通过数字技术与文化创意相结合，利用增强现实、虚拟现实、人工智能、全息投影等数字科技，创新利用激光投影、激光动画、前景纱屏、高压水雾等光影技术，打造城市夜间旅游的新亮点和新场所。此外，武汉江汉路步行街的"花Young武汉"樱·舞文创市集、成都玉双路网红街区、温州五马古街、重庆的解放碑商圈、上海迪士尼商圈、长沙五一广场商圈、重庆观音桥商圈、成都春熙路商圈等，都在不同程度上利用先进科技制造卖点吸引游客，促进夜间旅游发展。

2022年以来，国内还涌现出一批新的元宇宙景区、街区和商圈。例如，张家界市首个元宇宙夜游景区九歌山鬼、千岛湖第1079个岛、黄龙洞景区沉浸式夜游"潮汇黄龙·缘份空间"、杭州"BinGo滨次元线上元宇宙虚拟街区"等都是沉浸式夜游的新生力量。随着基于元宇宙应用的新场景崛起，虚实相融的数字世界有望成为人类旅游的"第二空间"，而"元宇宙+文旅"必将重塑夜游格局，为文旅消费和文旅市场主体培育开辟新的空间。

（四）夜游品牌化竞争特征凸显

近年来，许多省市打造了专属的夜间旅游消费品牌。无论是"夜京城""夜青城""粤夜粤美"，还是"古都夜八点""大宋不夜城""龙城夜未央"，都是基于对本地文化的挖掘、提炼、转化、利用。在主题文化选择上，洛阳"古都八点半"、西安"大唐不夜城"等均以盛唐文化为原点，将"汉服""唐文化"融入商业、休闲、娱乐等文旅消费场景中；开封"大宋不夜城"深挖宋文化，营造了浓郁宋文化氛围。这是中华优秀传统文化创造性转化、创新性发展的具体体现，也是发展社会主义先进文化、弘扬革命文化的具体实践，彰显了文化自觉和自信。

从现实逻辑和未来趋势看，旅游目的地在夜间文旅产品打造和业态培育时，植根历史、面向未来、借助科技、挖掘在地文化、彰显特色调性是共同的选择。以景区为例，《只有河南·戏剧幻城》以中原文化和黄河文明为基础。《尼山圣境文化夜游》深入挖掘儒家文化特色，为游客提供全沉浸式的游园观剧体验。黄山市国家4A级旅游景区花山世界通过先进的科技手段巧妙将文化艺术与自然山水融合，打造了《花山世界·花山谜窟》，开创了国内真山真水文化主题娱乐新模式。

以街区为例，"长安十二时辰"是全国首个沉浸式唐风市井生活街区，项目以影视IP《长安十二时辰》为创意主题，将唐风市井文化巧妙融合其中，还开发了九大系列108个复古场景和体验项目，开启"唐潮人"新时尚新玩法；沈阳市沈河区立足"延续文脉、四态交融、文旅赋能"的新定位，有序推进沈阳中街改造提升，通过盘活老建筑、老胡同、老字号、老故事等特色资源，打造体验式、沉浸式等商旅文新业态。

以剧目实景演出为例，《大宋·东京梦华》通过八阙宋词生动真实地再现了北宋京都汴梁的盛世繁荣，成为开封夜游的金字招牌；《知音号》以大汉口长江文化为背景，讲述20世纪二三十年代的大汉口老码头故事；《遇见大庸》通过挖掘大庸历史，讲述保家卫国的故事，传递了大庸文化的精髓；《重庆·1949》通过发生在磁器口、渣滓洞、白公馆等地的故事浓缩了解放重庆的历史过程。

以夜游景观带为例，成都的"夜游锦江"通过深挖历史底蕴，全面展示锦江河畔"酒、茶、禅、食、船"五大在地文化，塑造了具有"老成都、蜀都味、国际范"的历史文化场景；北京朝阳亮马河沿线立足北京历史文化，以全息投影+cave 技术讲述亮马河的前世今生与大运河文化带的深厚底蕴。SoReal 平遥科技艺术博物馆结合平遥深厚的文化底蕴和丰富的人文旅游资源，利用 XR、多媒体互动投影技术、反重力喷泉装置等前沿科技手段，重现山西平遥世界文化遗产千年以前的盛况。此外，《飞越长白山》《飞越清明上河图》《夜上黄鹤楼》等影片均是利用数字科技，360°全景画面呈现长白山风光全貌、裸眼 3D 版《清明上河图》、黄鹤楼变迁等故事场景。从长远看，以文化强化产品属性，以内容塑造 IP，以内涵提升产品显示度和识别度，提升了夜游产品的核心竞争力，推动夜游产业向品牌化发展，有利于形成品牌化竞争的良好格局。

（五）本地化主导特征将更加凸显

夜间经济的"烟火气"主要源自本地人消费，是具有强大的韧性和生命力的重要原因，本地化主导是其重要特征。疫情冲击下，不过是让人们对这一特征看得更加清楚。综观环球的不夜城，夜间经济之所以发达，很大程度上是由于本地居民率先撑起夜间经济，形成生活场景和消费习惯，才推动夜间经济进一步成为游客追逐和体验的热点。从国内看，成都、重庆、长沙三个城市的夜间经济并非只在节假日需求旺盛，其平日的夜间消费也占到 55%，当地的夜间经济消费因为有更多本地人习惯性体验而更加活跃。自 2022 年以来，受疫情的影响，游客对于跨省游、出国游等长途旅行的选择更加谨慎，对微度假、城郊游、市内游、City Walk 等的短距离出游意愿进一步加强，各地夜游市场的需求更加趋于本地化。

从历史和现实看，一个旅游目的地城市要想长盛不衰，首先必须是本地旅游休闲消费必须旺盛，如此才能有稳定且繁荣的本地旅游消费市场，同时在旅游季吸引游客到访，形成旅游季消费。从供给体系看，表现为平时服务当地居民，旺季服务异地游客，形成主客共享、平季旺季兼顾的文旅经济。夜游发展离不开当地的夜生活文化。例如，开封的夜市源自北宋时期的东京城，有上千年的历史传承，已经融入当地人的生活。"吃夜市"是一种生活方式，是一种独特的文化现象和消费方式，在吸引外地人加入体验的过程中形成品牌长盛不衰，扩大了知名度，成为当地的特色夜间经济"城市 IP"。成都"安逸"的城市调性，同样源自成都人爱娱乐、会享受的闲散生活方式，在吸引外地人参与体验消费的过程中形成了品牌；长沙的夜生活，多是本地年轻人参与，进而吸引外地游客参与；深圳作为知名"夜猫子"城市，也是有大量的年轻群体消费，支撑了本地夜间经济和夜游市场，进而吸引外地人参与。

相对而言，在消费分级和跨地区旅游整体"缩水"的大背景下，那些单纯面向外地游客或者以外地游客为主要消费群体的夜间旅游项目和业态，如大型旅游演艺、高端旅游民宿、离境退税商店等，则面临较大挑战。当然，如果能够应对得当，并注重挖掘本地市场"成功突围"，将是城市旅游发展的重要增量。未来，要更加重视本土消费的基本盘，把握本地化主导特征，兼顾本地居民、外地游客的不同兴趣和消费需求，区分存量市场和增量市场、主要市场和辅助市场，刚性消费和弹性消费、长期消费和短期消费、高频消费和低频消费，既抓人才红利，又抓人口红利，在为本地居民的休闲娱乐需求提供更多选择的同时，为游客的夜间旅游提供个性化服务，做好食、住、行、游、购、娱相关的功能配套，满足人民群众对美好生活的向往。

（六）夜游逐步向乡村拓展

我国农耕文化底蕴深厚、乡村风光秀丽多彩、乡村民俗资源丰富，具备发展乡村旅游的天然优势。目前，我国已有全国乡村旅游重点村镇 1597 家，拥有浙江余村等 8 家联合国世界旅游组织认定的"最佳旅游乡村"，数量世界第一。在乡村振兴战略深入实施的大背景下，坚持"农文旅"深度融合，大力发展乡村旅游能够把"美丽乡村"转化为"美丽经济"，带动群众就业，助农增收致富，是巩固拓展脱贫攻坚成果同乡村振兴有效衔接的重要抓手。作为乡村旅游的重要组成部分，乡村夜游能够丰富游客旅游体验，增加游客在乡村的逗留时间，释放乡村旅游消费潜力，促进农民增收农业增效农村增加颜值，发展前景广阔。

从理论上讲，夜食、夜演、夜景、夜购、夜宿、夜养等城市夜经济的几大板块，都能在乡村因地制宜地发展。从实践上看，以陕西礼泉袁家村为代表的乡村美食、浙江安吉余村为代表的乡村民宿，以河南栾川夜爬老君山为代表的夜间乡村体育健身活动，以榕江"村超"、台江县台盘村"村BA"为代表的乡村体育赛事节会，都是拉动当地夜间旅游发展的重要内容。尤其是兴起于2022年的贵州省黔东南苗族侗族自治州榕江县所举办的"村超"比赛，2023年持续火爆，成为现象级事件，入选"2023年十大流行语"；"村BA"网络曝光量也超过450亿次。除贵州省外，北京、天津、河北、辽宁、吉林、黑龙江、江苏、山东等地也举办类似比赛。"村超"大放异彩，"村BA"（乡村篮球比赛）、"村排"（乡村排球比赛）等，也以惊人的能量和独特的魅力快速"出圈"。"村"字头的农村体育赛事的火爆出圈，不仅丰富了人们的精神生活、激活了乡村资源，也增加了农民收入、提升了地区人气。

从业态上看，与城市夜游相比，乡村夜游在夜间演出、夜探和夜间节会等业态发展上有独特优势。目前，我国演艺产业项目发展的主要方向就在乡村地区。夜探是乡村夜游的新兴板块。不同于城市的灯火通明，乡村有"天然的暗夜保护区"，尤其是山区，生物资源丰富，远离光污染，适合开展夜间探险活动，可开发星空观测、夜间研学、自然探索等夜游产品。以南京灵谷寺萤火虫节、四川天台山萤火虫观赏基地等为代表的探险项目已成为新的名片产品。在夜间节会上，可依托自然人文资源，策划举办乡村露营节、音乐节、美食节、火把节、荷花节、葡萄节、萤火虫节、非遗市集、灯会等夜游节事活动，打造富有体验感的夜游场景，展示乡村美好形象，聚集人气，带动农产品销售，盘活乡村"夜市场"。可以预见，随着文化产业赋能乡村振兴战略的深入实施，乡村夜游将成为一片新蓝海，拥有巨大的增长空间，成为乡村文旅高质量发展的主引擎之一。

第三节　夜间旅游发展案例

（一）深圳光影艺术季

深圳光影艺术季作为深圳特色夜间经济品牌活动，每年确定不同的主题。活动时间横跨12月至次年2月，地点覆盖全市各区公共空间、商圈、街区、景区等场所，围绕光影艺术作品展、光影配套活动、商业联动活动三个圈层展开，展现来自多个国家及地区的光影艺术作品。艺术季活动时间内会举办作品征集、作品评奖、光影论坛、光影欢乐购、光影嘉年华、摄影大赛、媒体推介等丰富多彩的主题艺术活动。

目前，深圳光影艺术季已经成功举办三届。2020深圳光影艺术季以"深临其境"为主题，2021深圳光影艺术季以"光遇未来"为活动主题，2022光影艺术季以"共觅流光"为主题，活动三年累计落地光影艺术作品近700件，举办艺术与商业主题活动超260场，近50家商圈参与其中，联动商圈活动期间总营业额超100亿元，线下总人流量超5000万人次，线上抖音话题播放量达4.6亿。2022深圳光影艺术季活动举办期间，深圳欢乐海岸人流量环比增长107%，同比提升20%，营业额环比提升53%，近2万人前往观赏光影艺术作品，客流转化达30%；深业上城人流量环比增长51%，营业额环比增长59%；坪山创新广场人流量环比增长50%，营业额环比增长66.67%。

深圳通过光影艺术季的举办，形成光影艺术与夜间文化、生活、休闲、娱乐、购物等多元消费场景良性互动的格局，激发了夜间经济新活力，提升了城市魅力和国际影响力，助力打造国际一流的光影艺术品牌和光影之都城市名片。深圳光影艺术季的成功，有以下几个启示：

一是注重国际性的基本原则。深圳光影艺术季通过面向全球公开征集艺术作品，邀请国内外知名专家、策展人与艺术家倾力合作的形式，以国际视野结合当地文化，打造具备前瞻视角的高品质光影艺术作品。前两届据统计共有400多个来自全球的光影艺术作品。2023年第三届光影艺术季吸引了来自日本、荷兰、澳大利亚、西班牙、美国等数十个国家的艺术家参加。

二是注重多重群体的跨界合作。光影艺术季通过聚合全市商圈、景区资源，联动艺术家、机构、企业、品牌等多重群体进行跨界合作，于线上、线下全面铺开，协力打造光影欢乐购、光影嘉年华等多元光影主题商业活动，打造与光影艺术结合的多元夜间消费场景，以商业活力点亮城市夜光，推动夜间经济发展。第三届光影艺术季涉及深圳25个商圈，包含35个活动地点、68场主题活动、78组来自多个国家和地区的217件光影艺术作品。

三是注重让游客参与亲身感受。深圳光影艺术季的主旨是"每个人都是城市的发光体"，它运用空间艺术展品制造城市中流动的光影，活动地点遍布公园、广场、街区、商圈、景区等各场域，构成特有的夜间文化景观。让居民和游客漫步在香蜜公园的小径、布吉河的沿线、海上世界的街区等多元城市场域，欣赏一场"家门口"的光影视觉盛宴。人们在这场共觅流光的过程中共融共生，在共创中互为风景。

（二）德天跨国瀑布"奇妙·夜德天"

"奇妙·夜德天"项目位于广西德天跨国瀑布国家 5A 级旅游景区，地处中国与越南边界，山水相连，形成了自然山水风光的边境旅游线路。近年来，热播剧《花千骨》和《三生三世枕上书》均在此取景。这也是该景区首次以夜游模式呈现，开启"白+黑"15小时不打烊边境旅游新体验。

"奇妙·夜德天"是德天跨国瀑布景区产品 2.0 升级的新业态，也是亚洲首个沉浸式跨国夜游互动体验项目，项目总投资约 1.2 亿元，项目配套设施包含丛林栈道、德天寺广场等，游览动线中设定多个互动体验区。该项目通过挖掘壮族先民的生活习俗、文化渊源传承，并借助高科技的声、影、动画、游戏互动、故事情节演绎等手法还原当时的先民生活遗迹。其中，夜游故事传承动线由 11 幕构成。"奇妙·夜德天"的成功，有以下启示：

一是科技创新。《奇妙·夜德天》演艺秀以壮乡民族中蛙神的崇拜为基础，通过蚂拐节、寻蛙神、唤蛙神、创神迹等一幕幕剧情体验，借助先进科技的声、光、电、游戏互动、剧情演绎等手法还原当时的情境，让游客在行进中体验故事情景。

二是文化创新。通过挖掘广西壮族先民的生活习俗与文化传统，将传统文化主题化、演艺化，并以"光影秀+IP角色故事+轻演艺+交互体验+艺术灯光+大型情景演艺"的组合，实现了融主题 IP、剧情动线、沉浸式体验、互动游戏为一体的主题夜游特色。

三是模式创新。"奇妙·夜德天"项目在 IP 策划设计、视频内容更新、文创衍生品、设备运维等方面创新文化 IP 开发，丰富德天瀑布景区夜游体验业态，延长游客逗留时间，抓住夜间黄金六小时，为景区产品的创新供给、创新营收模式提供了样例。

（作者简介：张英俊，中国旅游研究院文化旅游研究基地特约研究员，开封市文化广电和旅游局四级调研员；郭玉龙，中国旅游研究院文化旅游研究基地研究助理）

第十三章　文化旅游数字化营销发展分析与展望

周　密　王春燕

2022—2023年是文化产业和旅游产业跨越疫情阴霾的重要时期，同时也是文旅产业数字化转型的关键时期。以人工智能、增强现实、虚拟现实、区块链、卫星定位技术、5G通信技术等为代表的新一轮数字技术革命浪潮，在疫情无接触服务需求的助推下，迅速涌向拥抱创新生产力的文旅产业。文旅数字营销不仅推动了文化旅游体验朝着更无缝、无摩擦、高质量融合的方向发展，并且促进了疫后文旅产业的重启与创新，为应对未来复杂的市场环境挑战与文旅消费需求转变提供了领先的技术支持与战略指引。

第一节　文化旅游数字化营销的发展框架与模式

（一）文化旅游数字化营销的发展框架

自20世纪中叶国际航空业率先启用全球分销系统（GDS）开始，文化产业和旅游产业一直属于全球数字化营销的领航产业之一。经过数十年的技术发展与变革，文旅数字营销也经历了从Web 1.0阶段（以旅游网站营销为主），到Web 2.0阶段（以社交媒体互动营销为主），再到Web 3.0（以大数据、物联网技术为代表）以及Web 4.0（以人工智能技术为代表）的全新阶段。目前的文旅数字营销呈现出技术多元化、场景多样化、全方位参与、多模式并行的发展态势：在数字技术方面，以电子商务、移动支付及物联网技术为交易基础，以社交媒体及流媒体技术为主要宣传渠道，以元宇宙、人工智能及仿生机器人技术提升产品与服务吸引力，并利用大数据技术获取旅行数据、分析消费行为，为文旅数字营销的开展提供科学指引；在消费场景方面，利用数字营销途径将消费者文化旅游需求与社交及娱乐媒体消费、网络与移动消费、信息搜索及人机互动等常用数字消费场景紧密结合，启动全方位触点促进文旅数字营销发展；而在数字营销模式方面，也形成了电子商务营销、社交媒体营销、短视频营销、移动营销、直播营销、虚实互联营销及人工智能营销七大模式，有力地助推了文旅产业数字化进程快速发展（见图13-1）。

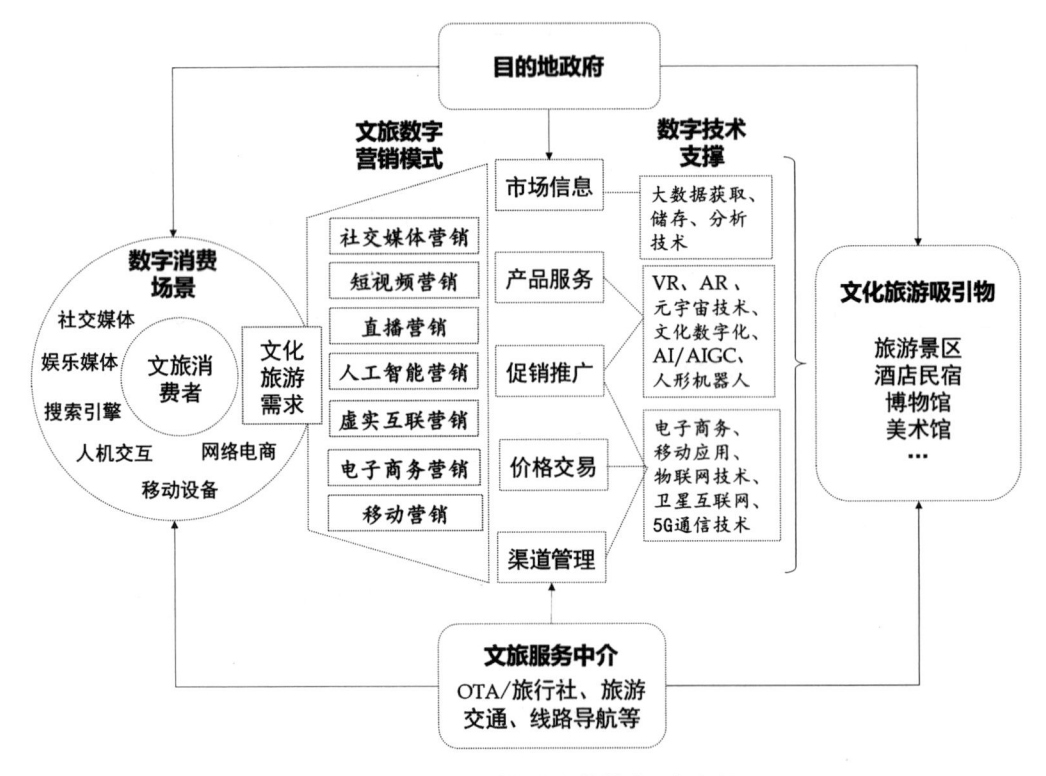

图 13-1 文化旅游数字化营销发展框架图

（二）文化旅游数字化营销的发展模式

1. 文旅电子商务营销模式

电子商务营销是最早出现的数字营销形式，是通过包括互联网在内的计算机网络来实现购买、销售或交换产品、服务以及信息的过程。电子商务目前依然是文旅数字化营销最普遍采用的形式，并且呈现出以下特征：（1）综合性特征。由于文化旅游服务的特殊性，文旅电子商务往往综合采用B2C（企业向顾客提供文旅服务）、

B2B（企业向企业提供文旅服务）、C2C（顾客向顾客提供文旅服务，如提供住宿或讲解服务）、C2B（顾客向企业提出个性化文旅需求）以及O2O（线上与线下相结合）等多模态运营方式；（2）集成性特征。随着数字营销技术与场景的发展，文旅电子商务平台逐渐对接移动营销、社交媒体营销、直播营销、人工智能营销等新兴营销模式，形成更具综合性功能的交易平台。

2. 文旅社交媒体营销模式

社交媒体营销是建立在Web2.0技术上建立起来的，通过创造和交换用户原创内容（UGC）而产生经济效益或传播效应的营销模式，其形式包括内容社区、论坛、微博、微信、博客、播客等社交网络途径。文旅社交媒体营销从在线旅游社区/论坛的最初形式开始，经过了20多年的发展历程，目前除了较为主流的微博、微信营销之外，流媒体社交网络（抖音、快手、小红书、B站等）的发展也加速了文旅社交媒体营销发展的进程。

3. 文旅短视频营销模式

文旅短视频营销是通过一般时长在一分钟左右的视频形式进行网络推广的营销方式。因其时间碎片化的特征，文旅短视频营销伴随着移动通信网络的快速发展，在手机等移动终端上发挥出了巨大的传播效应。加之大数据技术的广泛运用，使得文旅短视频营销更加精准化、基于兴趣化，可以将旅游目的地及文旅企业品牌信息直接推送给潜在顾客群体，并在兴趣群体间形成"病毒式"的快速传播效果。

4. 文旅移动营销模式

移动营销是基于定位技术、可移动电子设备及移动通信网络进行的，通过个性化定制及消费者互动，在企业与消费者之间建立及时沟通的营销途径。移动营销有基于地理位置提供服务（Location based service，LBS）的优势，这一特性与文化旅游营销自然而然地紧密融合，跟随游客的地理位置变化可以实时提供交通、游览、住宿、餐饮等服务信息，并通过移动电子商务应用（App）及在线支付为游客提供购买选择，极大地解决了旅游营销信息传递的滞后性与不对称性。

5. 文旅直播营销模式

直播营销是近年来快速兴起的，通过流媒体在线互动向消费者宣传促销，并提供在线购买选择途径的营销方式。文旅直播营销往往能突破时间与空间限制，使消费者身临其境地感受到旅游目的地的优美风光或风土人情，从而提升旅游目的地的吸引力，促进消费者及时进行旅游决策。

6. 新兴文旅数字营销模式

伴随着元宇宙技术与人工智能技术的发展，文旅数字营销又逐渐进化出了虚实互联与人工智能营销等新兴模式。文旅虚实互联营销在原有虚拟/增强现实技术的基础上，又进一步融入了物联网区块链、数字孪生与虚拟人等高新技术，打造成为突破原有时空限制，互联互通，三维立体的元宇宙文旅体验场景。而文旅人工智能营销则进一步在大数据营销的基础上，结合生成式人工智能、人机互动以及仿生机器人等技术，打造文旅营销的数智平台。

第二节 文化旅游数字化营销发展现状

（一）文旅电子商务营销发展现状

国内旅游电子商务网站从1996年出现至今已经进入一个成熟发展的阶段，目前国内具有一定旅游咨询能力的网站已达到5000多家，其中专业旅游网站有300多家。据中国互联网络信息中心发布第52次《中国互联网络发展状况统计报告》报告显示，截至2023年6月，我国在线旅行预订用户规模达4.54亿人，并且在疫后呈现出快速上升趋势。

与此同时，旅游电子商务市场竞争已经呈现出较为清晰的竞争态势，头部市场主要以携程、同程、去哪儿、途牛、飞猪、美团等电商品牌为代表，并且携程集团随着陆续收购或控股去哪儿、同程、途牛等品牌，已经形成了较为强势的品牌竞争力。

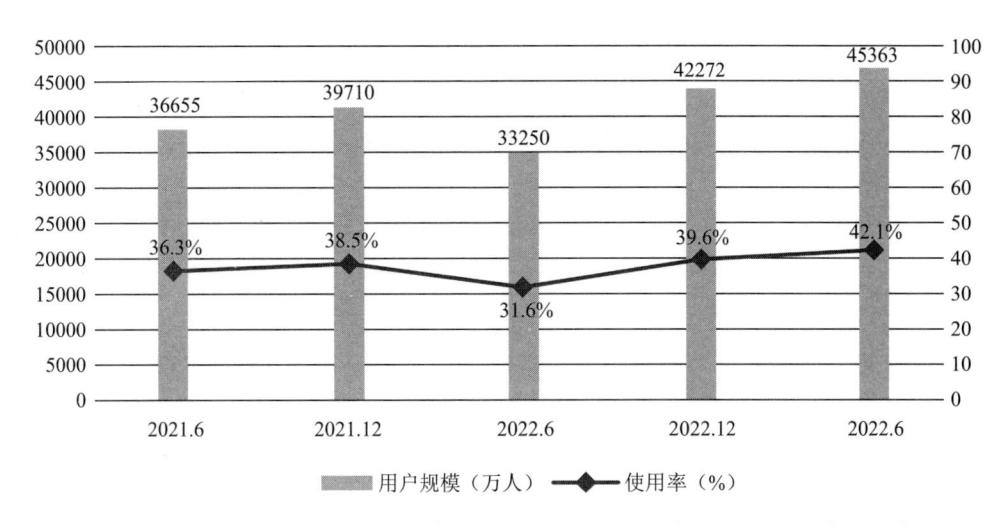

图 13-2　中国在线旅行预订用户规模及使用率（2021年6月—2023年6月）

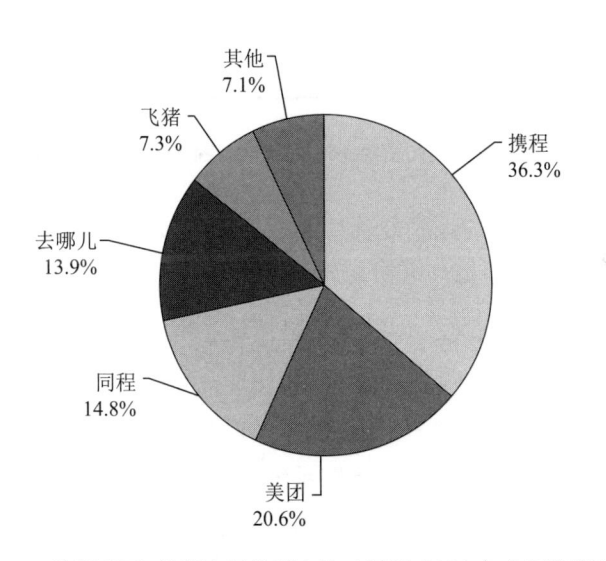

图 13-3　旅行OTA头部市场份额占比（基于2021年市场数据分析）

携程作为中国目前最大的在线旅行服务商，服务面向国内中高端旅游市场、出境旅游市场及国际入境旅游市场，业务范围涵盖酒店预订、机票预订、旅游度假、商旅管理、特约商户、旅游资讯服务等方面。尽管疫情带来的全球旅游业重创也让携程的在线旅行服务业务损失惨重，但随着全球旅游市场的放开，从2022年第三季度起携程相关业务（尤其是海外市场业务）便开始扭亏为盈，并且国内外业务在2023年呈现出强劲复苏态势。据携程2023年第二季度财报显示，国内酒店的预订业务同比增长170%，较2019年疫情前同期增长超过60%。出境酒店和机票预订量恢复到2019年疫情前同期水平的60%以上，尽管国际航空业客运量仅恢复到37%。公司国际OTA平台的机票预订量同比增长超过120%，近两倍于2019年疫情前同期水平。

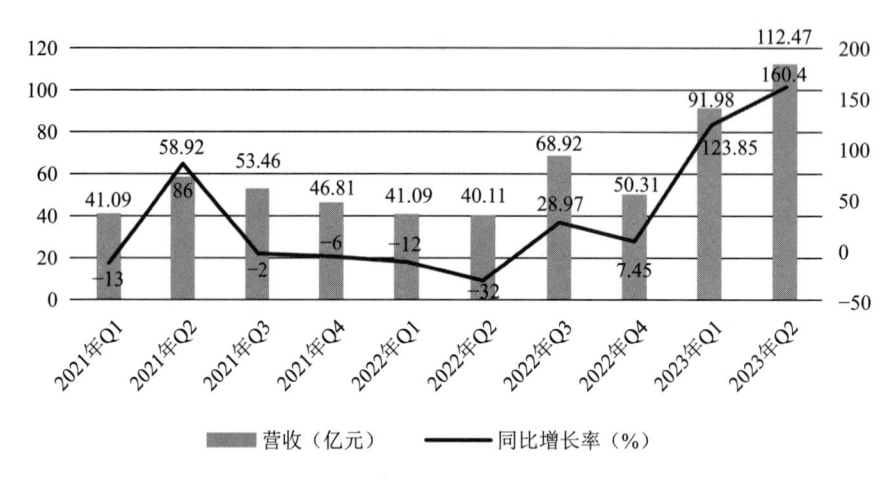

季度	营收（亿元）	同比增长率（%）
2021年Q1	41.09	−13
2021年Q2	58.92	86
2021年Q3	53.46	−2
2021年Q4	46.81	−6
2022年Q1	41.09	−12
2022年Q2	40.11	−32
2022年Q3	68.92	28.97
2022年Q4	50.31	7.45
2023年Q1	91.98	123.85
2023年Q2	112.47	160.4

图13-4 携程营业收入及同比增长率（2021年1月—2023年2月）

携程在疫后所展现出的强劲复苏应当得益于在疫情期间持续的技术研发投入，以及深耕行业20多年来积累的海量旅行数据。2018年至2022年，携程在产品研发费用上的投入累计达452亿元。即使是在疫情最严峻的2020年，携程产品研发的费用占营业费用的比例也还比疫前要高出10个百分点；2022年其产品研发费用达到83.41亿元，占净收入的42%。这些技术及产品研发投入如今转化成了覆盖全国31省、自治区和直辖市的"旅行足迹"系统，将确认时长从3.49分钟缩短到31.01秒的酒店语音自动化机器人以及旅游行业首个垂直大模型"携程问道"。"携程问道"与一般通用人工智能模型不同，是经过200亿高质量非结构性旅游数据，并结合现有精确的结构性实时数据以及携程历史训练的机器人和搜索算法，进行了垂直模型训练后形成的。目标是为有明确需求的用户提供查询和引导预订的服务，并直接提供线路和产品选择；而对于尚未确定自身需求的用户情况，只需要说出模糊的需求词汇就可以进行智能化的出行推荐服务。这一生成式人工智能技术（AIGC）在旅游行业的深度应用，将引领旅游电子商务服务走向崭新的数字智能化发展阶段。

（二）文旅移动营销模式发展现状

据 QuestMobile 最新数据显示，截至 2023 年 9 月，全国移动互联网活跃用户规模已达到 12.24 亿，近一年月增速稳定在 2%~2.7%。而在 9 月份的行业活跃用户规模净增中（与去年同期相比）位居前三的分别是：火车服务类净增 8602 万用户，增速 74.3%；地图导航类净增 8587 万，增速 9%；在线旅游净增 5017 万，增速 44.4%。具体到移动应用增速，活跃用户规模净增排名前四的也是高德地图、铁路 12306、百度地图及携程等旅游出行类 App。虽然这一数据受到"十一"假期出行需求的拉动，但由此也不难看出文旅产业已经在移动营销中占据重要地位。

由于文旅移动营销极大增强了旅游在线交易的及时性与便捷性，目前绝大多数旅游电子商务企业都已推出了自己的移动应用软件，中小型企业也会开发应用小程序抢占移动营销市场。据 2023 年 3 月的数据显示，旅游服务类 App 活跃用户数已达到 1.36 亿，同比增长 36.4%。其中携程以 8300 多万用户数量排名第一，其次是去哪儿与飞猪（见图 13-5）。

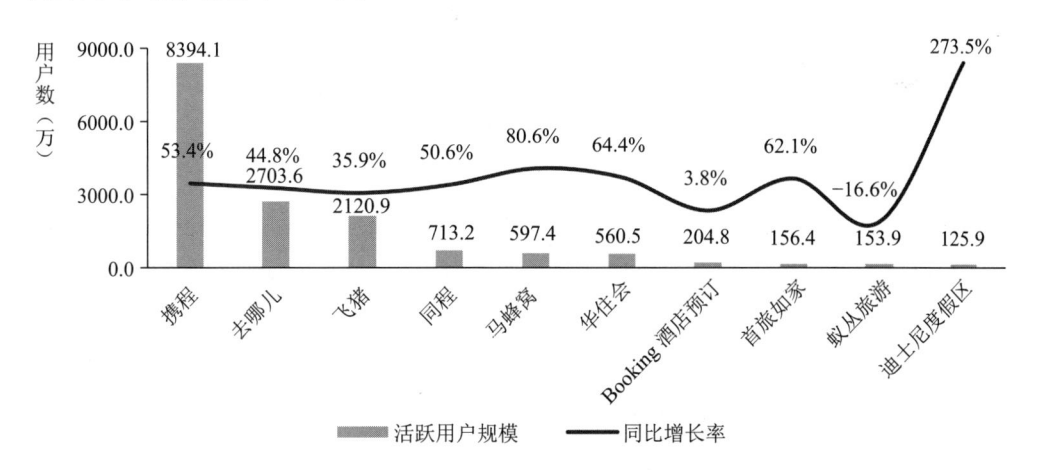

图 13-5 旅游服务类 App 活跃用户规模排名前 10 位（2023 年 3 月）

而交通出行类 App 排名第一的是高德地图，其次是百度地图与铁路 12306。2023 年 9 月，高德地图推出新一代技术引擎"奇境 MAX"，融合了北斗卫星导航定位、神经渲染、人工智能、数字孪生等技术，可以让用户通过高德地图软件看到目的地的立体场景模型，感受跨时空、沉浸式的"临场感"，并提前了解景点的相

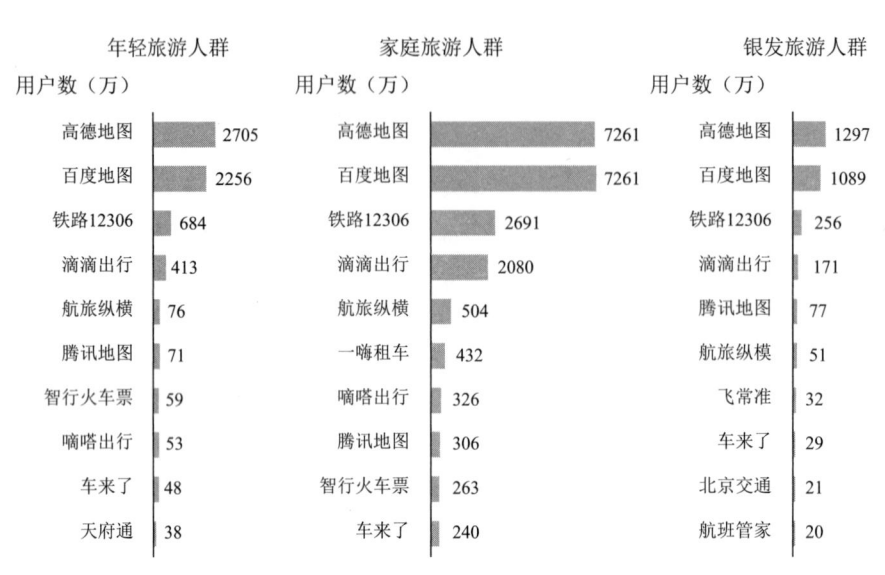

关介绍和购票信息，促进旅游消费行为转化（见图13-6）。

年轻旅游人群 用户数（万）		家庭旅游人群 用户数（万）		银发旅游人群 用户数（万）	
高德地图	2705	高德地图	7261	高德地图	1297
百度地图	2256	百度地图	7261	百度地图	1089
铁路12306	684	铁路12306	2691	铁路12306	256
滴滴出行	413	滴滴出行	2080	滴滴出行	171
航旅纵横	76	航旅纵横	504	腾讯地图	77
腾讯地图	71	一嗨租车	432	航旅纵横	51
智行火车票	59	嘀嗒出行	326	飞常准	32
嘀嗒出行	53	腾讯地图	306	车来了	29
车来了	48	智行火车票	263	北京交通	21
天府通	38	车来了	240	航班管家	20

图13-6　不同群体出行服务类App活跃用户规模排名前10位（2023年3月）

百度地图经过18年的发展，也积累了丰富的旅行服务功能经验，可以为用户提供导航、打车、代驾、酒店、机票等多方位服务。2023年10月，百度地图发布了全球首个AI原生地图。该地图上线"AI向导"功能，用户只需通过自然语言对话，即可一步唤醒地图中各种旅行服务功能，进一步提升出行和决策效率。同时，它还具备人格化的数字人形象，除了系统推荐的默认形象外，用户可以通过上传图片，生成自己的专属数字人。基于用户使用反馈和深度学习能力，AI向导能在不断地使用过程中，可以自主学习成长，逐步加深对用户出行偏好的理解，真正成为未来出行的得力助手。

（三）文旅社交媒体营销发展现状

在Web2.0技术的推动下，文旅社交媒体营销开始进入微博、微信等基于移动设备的主流社交媒体平台。目前，微博旅游积累的兴趣用户已达到2亿多人；微博旅游头部博主账号达到11000个以上，文旅微博营销可通过具有个人影响力的橙V账号助力，实现广泛曝光、圈层渗透、本地覆盖和公信力提升；此外，微博旅游机构类蓝V账号已达到6万多个，微博旅游生态覆盖文旅产业链全链条，为各类文旅营销主体提供了更为广阔的市场平台。目前，各省市旅游政务部门基本已建立了自己的官方微博账号。以 2023 年 8 月为例，省级文化和旅游政务部门微博传播力指数排名第一的是文旅山东，8 月共发布微博 1080 条，其中原创微博 1072 条，获得转发近 8.17 万次，评论近 5.9 万条，总点赞数超 9 万次，形成了较广泛的传播效果（见图 13-7）。

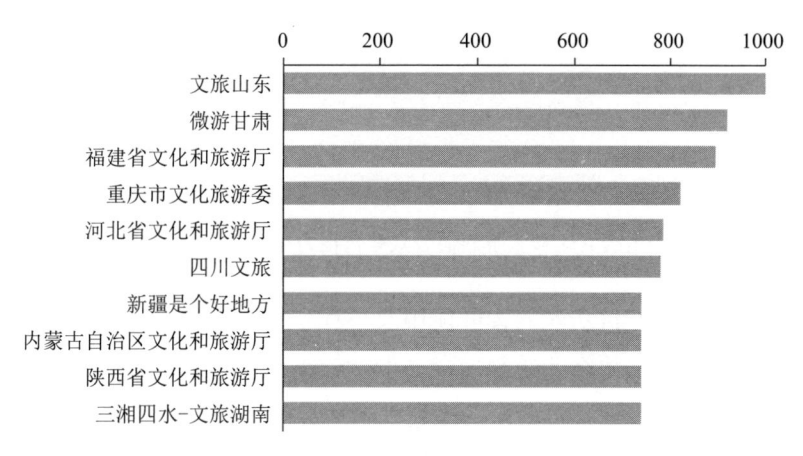

图 13-7　全国省级文化和旅游政务微博传播力指数 TOP10（2023 年 8 月）

微信作为一款在移动互联网时代推出的即时通信软件，一上市就形成了势不可当的发展趋势，2022 年活跃账户数量已达 12.99 亿。作为大众普遍使用的通信软件，其首要优势在于既可以形成一对一的紧密联系，也可以形成一对多的广泛传播效果。旅游企业及行政部门利用微信营销基本会采用官方公众号的形式进行信息传播，目前微信公众号的传播力也成为文旅行政部门的政绩考查指标。从《中国旅游报》发布的 2023 年 9 月全国省级文化和旅游政务微信传播力指数来看，湖北文旅之声综合排名位列第一，共发布文章 93 篇，总阅读量 54 万余次，总点赞数 1603 次。此外，全国各省级文化和旅游微信公众号 9 月共发布文章 4471 篇。河南省文化和旅游厅、内蒙古自治区文化和旅游厅、青海文旅、乐游上海、文旅北京发文均超过 200 篇，而其中阅读总量最多的是乐游上海，超 65 万次（见图 13-8）。

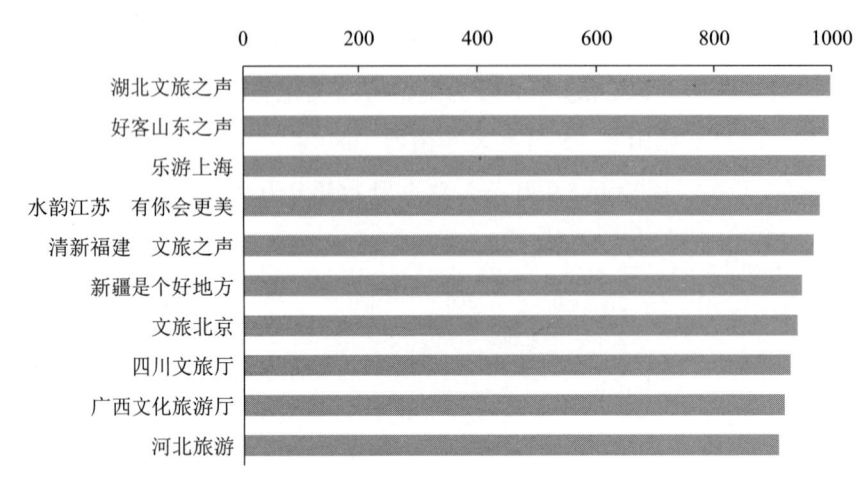

图 13-8　全国省级文化和旅游微信公众号传播力指数 TOP10（2023 年 9 月）

另外，随着微信支付功能的普遍使用及小程序的不断引入，微信也成为移动电子商务的主要战场，文旅企业纷纷通过开发微信小程序抢占移动端的市场份额。目前，旅游服务及交通预订（机票、火车票等）小程序活跃用户规模已达到 2.95 亿与 0.42 亿，比 2022 年同期增长 80.4% 与 149.4%。随着微信短视频平台"视频号"的开发，文旅微信营销又出现了新的赛道。2023 年微信视频号 TOP10000 账号中，文旅类账号占比 10%，其中包括景区、度假区、公园、导游、旅行社等等。超过六成国家 5A 级旅游景区已经入驻视频号宣传特色旅游资源，全国各地 50 余家博物馆也在视频号展示其馆藏奇珍异宝，增强文化传播力与吸引力。

与此同时，小红书、抖音、B 站等以短视频为主的新兴社交媒体也纷纷加入文旅数字营销愈发激烈的市场竞争中。目前，小红书的月活跃用户已达到 2.6 亿，其中文旅板块的高活跃用户画像是 19~35 岁的居住在一、二线大城市的女性群体，这一目标群体几乎是生活时尚的代名词。因此，小红书所遵循的"种草—消费—体验—分享"的内容生产逻辑，与充满美好生活向往的文旅产品不谋而合。根据克劳锐发布的《2023 旅游消费内容研究报告》显示，目前，82% 的旅游者会在出行前上网搜寻旅游信息，而小红书已经后来居上，位于旅游攻略类信息平台浏览时长的榜首。能在与马蜂窝、携程等老牌旅游攻略平台的竞争中脱颖而出，小红书不仅借助了综合性社交平台的优势，也与其快速向流媒体短视频平台拓展有着密不可分的关系。

（四）文旅短视频营销模式发展现状

近年来，文旅短视频营销成为文旅产品及品牌快速病毒式传播的最有效途径。据中国互联网络信息中心（CNNIC）发布的第 52 次《中国互联网络发展状况统计报告》显示，截至 2023 年 6 月，我国网民规模达 10.79 亿人，其中短视频用户规模达到 10.26 亿人，用户使用率高达 95.2%。因此，高用户率、高传播率是短视频营销的最基本特征。最早推出的短视频平台是快手，定位为记录和分享大家生活的平台。快手目前已拥有 3.66 亿平均日活跃用户，目标用户画像是三四线城市和农村的用户，其中 25~34 岁的用户最多，占比 43%，男女比例比较协调，分别为 42.2% 和 57.8%。据数据显示，2023 年一季度，有超 2 亿用户曾在快手消费过区域热点资讯，其中具有地方特色的生活、美食、旅游内容消费占比超七成。

抖音在短视频领域可称为后来居上者，2016 年上市，2019 年即超过快手成为国内短视频用户数量排名第一的平台。截至 2023 年 5 月，抖音月活跃用户规模已达到 7 亿多，月人均使用时长达到 36.6 小时。而与此同时，抖音也成了文旅短视频营销的主要阵地。据《2023 抖音旅游行业白皮书》数据显示，2023 年第一季度抖音旅游兴趣用户数量达到 4.07 亿；抖音平台"旅行"相关内容发布人数占抖音全行业比重第二位，比 2022 年同期提升 7.3%；此外，占比第一的是文化教育相关内容，发布人数也比去年同期提升了 11.8%。文化旅游是抖音用户最感兴趣的内容板块，也因此吸引了大量旅游企业及机构进驻。截至 2023 年 3 月底，各类型旅游企业账号数量平均增速超过 20%，其中酒店住宿、商旅票务代理和旅游景点账号数量增速最为强劲，同比增速分别为 61.5%、46.0% 和 35.5%。

除此之外，B 站、优酷、爱奇艺、芒果 TV 等流媒体视频平台也纷纷推出文旅相关内容，借助短视频或网络视频流量在文旅营销中占据一席之地。B 站联合中国国家地理景观共同推荐了"100 个兴趣必游之地"，并在全国千余家景区立起拥有 B 站标识的粉色兴趣路牌。优酷结合热播影视剧 IP 推出《长月烬明》《沉香如屑》《少年歌行》等影视旅游线路，甚至还推出了根据《甄嬛传》剧情线索定制的故宫"嬛球影城"打卡指南，增加游客在游览故宫时的剧情体验感和兴趣感。芒果 TV 推出了《花儿与少年》《快乐再出发》《地球之极》《爱的修学旅行》《妻子的浪漫旅行》《我的家乡好美》等一系列旅游综艺节目，不仅获得了较高的收视反响，并且将以往不为人知的旅游目的地通过明星与综艺的光环推向大众视野。

（五）文旅直播营销模式发展现状

文旅直播营销目前已成为疫后发展速度最迅猛的数字营销模式。据第52次《中国互联网络发展状况统计报告》数据显示，截至2023年6月，我国网络直播用户规模达7.65亿人，较2022年12月增长1474万人。其中，电商直播用户规模为5.26亿人，较2022年12月增长1194万人；真人秀直播用户规模为1.94亿人，较2022年12月增长657万人。而文旅直播营销目前所采用的形式基本属于以上两类：一是通过旅游电商直播进行旅游产品直接销售；二是通过旅行真人秀直播分享旅行经验，宣传旅游线路风光或目的地风土人情。

但是，由于文旅产业主体的多元化，文旅直播的平台及主播类型呈现出多样化的态势。从直播平台来看，除了综合类电商平台（如淘宝、京东、拼多多等），还加入了社交媒体及短视频平台（如小红书、抖音等），此外也有旅游企业自有的直播平台（如携程、马蜂窝等）。从主播类型来看，既有电商直播常用的专业主播，也有旅游企业或政府部门权威人士（如各地方文旅局局长）进行直播，还有通过旅行达人等KOL（关键意见领袖）进行推荐直播的方式。

总体看来，在疫后经济复苏期，直播营销为文旅行业所带来的经济效益十分可观。据携程的官方直播数据统计，2021年携程直播的观众人数同比增长171%，44%的用户在观看直播后的24小时内下单了直播间商品；携程官方直播间预售产品核销率超过30%，超过5000家酒店核销率超50%；而2022年上半年携程直播平台成交的交易转化率环比增长62%，官方直播预售交易额环比2021年下半年增长近50%。抖音直播的数据也显示，2022年1月至3月旅行类各类企业号通过抖音短视频及直播形式助力下单880万次，其中95%的成交额是由直播形式带动的。此外，直播形式因其真实的临场感能为旅游企业或目的地带来显著的宣传效应。2022年以文化为品牌核心价值的东方甄选开设"东方甄选看世界"抖音账号，开始涉足文旅直播。仅在2023年11月的东方甄选河北专场直播中，观看人数就突破了1.5亿次，抖音话题播放量突破1.4亿次，相关话题8次登上微博热搜，全网曝光量超过7亿次，并在观众评论中自发形成了"这么近，那么美，周末到河北"的旅游宣传口号。

第三节　文化旅游数字化营销发展趋势

当前Web3.0、4.0时代已经来临，5G/6G、VR/AR、大数据/云计算、物联网区块链、生成式人工智能等数字化技术突飞猛进，为文旅数字化营销提供了飞速发展的引擎动力，数字化发展战略将成为文旅行业未来发展的必由之路。数字技术加持下营销环节的资源整合和流量转化快速实现，将不断革新营销方式、提升营销效率，实现文旅营销效果的优化，为文旅创造更先进的营销管理手段和服务手段（见表13-1）。

表13-1　文旅数字化营销发展的变革趋势

类型	释义
虚拟现实体验	通过虚拟现实技术，将旅游景区或城市进行数字化模拟，让游客摆脱空间限制体验到不同地方的风光和文化，提供了一种全新的旅游方式和体验
人工智能交互体验	通过AI互动式地图、智能导览、服务机器人等技术，为游客提供更加便捷、智能化的出行服务与旅游体验，使得游客可以通过自然语言交互更便捷地制定旅游线路，更深入地了解旅游目的地的地理、文化、风土人情等信息
数字化艺术体验	通过数字化技术将艺术作品进行再创作和展示，如数字化画作、雕塑、摄影等，让观众可以从不同角度欣赏和了解艺术品的内涵和表现形式
数字化历史体验	通过数字化技术将历史文化遗产进行复原和保护，如数字化文物、古建筑、古遗址等，让宝贵的历史文化遗产能够永久保存传承下去
元宇宙沉浸式体验	通过数字化技术及脑机接口技术将虚拟与现实中的文化旅游体验进行深度融合，打造身临其境虚实互联的沉浸体验

资料来源：根据公开资料整理。

（一）文旅人工智能营销发展趋势

1. AIGC技术飞速发展，并向文旅产业拓展

生成式人工智能技术（AIGC）的快速发展推动人工智能进入了2.0时代。尤其是2022年年底，ChatGPT等高智能自然语言聊天机器人的出现，使得数字行业乃

至整个社会经济迎来了新的技术变革。目前，国内外的科技企业都在AIGC技术的扩展与应用方面摩拳擦掌。例如，ChatGPT是由OpenAI公司开发的大语言模型，它在识别和理解包括英语、法语、德语、西班牙语在内的多种自然语言上都极具优势，可以回答各种问题、提供各种建议，并与人类进行自然的对话，可以根据用户的反馈和输入不断优化自己的表现，学习新的知识和技能。目前已应用于智能客服、写作、翻译等场景。Midjourney则是基于图像训练的AIGC工具，只需一些简短的文字描述或相关提示词，它便可以将想象快速转化为图像现实。谷歌公司推出的Bard是基于谷歌自己的LaMDA模型建立，其特点是将广泛的世界知识与大型语言模型的强大功能和创造力结合起来，例如，可以利用谷歌地图的数据为旅行者提供一站式的旅游咨询服务。

目前，国内的大语言模型也在飞速发展：百度的文心一言具备跨模态、跨语言的深度语义理解与生成能力，拥有中文理解、文案创作、数理逻辑等方面的强大能力，并已融入百度地图等旅游服务软件，为游客提供全方位的智能旅行咨询服务；阿里巴巴的通义千问是目前国内最大的中文预训练模型之一，包含1000亿个参数，可以实现多种自然语言处理任务，如文本分类、命名实体识别、情感分析等，在商业数字化应用中有着丰富的场景；腾讯推出的混元AI大模型基于自然语言处理、计算机视觉及多模态等基础模型和众多行业领域模型，在文字视频等多领域表现优异，目前已在社交、广告、游戏等多场景落地。

除了以上通用人工智能模型可以由上至下向文旅产业渗透，基于文旅行业专业数据的垂直人工智能模型也逐渐形成。携程正在研发基于自身庞大的旅游数据库训练的旅游垂直人工智能大模型——携程问道，该模型要经过200亿个旅游相关参数的专业训练，才能对旅游者的需求意图有更精准的理解，并实现快速有效的响应。马蜂窝随后也提出将与人工智能开发企业合作，发布专属旅游行业的垂直人工智能模型。由此可见，生成式人工智能技术落地文旅营销场景的目标指日可待，并且会引发旅行及服务方式的新一轮变革。

2. 数字人技术崭露头角，助推文旅产业发展

科技正以前所未有的速度拓展人们的认知边界，虚拟数字人介入文旅，将不断延展文旅的体验空间，也将不断拓展文旅的营销边界。通过搭建数字人IP体系为文旅营销提供新动能，以可视化的数字形象加强文旅标签。通过数字人IP定制专属IP

文创产品，赋予文化属性，推出联名周边，让文旅拥有全新品牌表达。同时，IP 虚拟人可以作为文旅的形象代言人，提升游客对景区和文化的认知。以中国国家博物馆为例，推出了数字人"艾雯雯"和数字员工"仝古今"，两位虚拟数字人不仅是中国博物馆的形象大使，还是称职的讲解员，当游客走进景区，唤醒导览 BOT 数字人，就可以即刻开启"提问回答游"。以数字科技促进新型文博业态发展，链接过去、现在和未来，为人们提供更加丰富的文化体验，打破了人们对文旅的体验边界。

可以说，未来利用数字人深入挖掘文化符号内涵，用现代数字的讲述方式，述说当地文旅故事，让更多的受众以多媒体渠道了解当地文旅资源，为文旅发展引流将成为重要的文旅营销途径（见表 13-2）。

表 13-2 文旅虚拟数字人 IP 营销类型

类型	案例
数字人 IP 代言	广州虚拟动力联合南都、N 视频共同研发的湾区民间博物馆数字人"岭梅香"，融合了宋朝、清朝的服饰特征，设计了"南宋圆领袍 + 盘龙髻""清代氅衣 + 蚌珠头"，服饰中增加"木棉花"粤绣，彰显了岭南风情。立足于湾区历史文化，依托数字人孪生技术，通过骨骼绑定、动作捕捉、布料毛发解算等技术，让数字人 IP 从服饰材质、布料暗纹到毛发鬓角等细节中展现湾区文化属性超写实虚拟形象
数字人 IP 文创	中国国家博物馆"艾雯雯"身穿"新青年"T 恤，字样来源于国博馆藏陈独秀创建的《新青年》封面，展示了新时代新青年的精神信仰。其佩戴的珍珠耳钉创意源于国博馆藏"海晏河清尊"，都是国家博物馆文创产品之一
数字人 IP 活动	广州虚拟动力使用 3D 数字人虚实同屏，在主题快闪店、主题打卡点设置绿幕互动区，由真人穿戴动作捕捉设备 VDSuit Full，通过实施虚拟直播系统 UE Live 实时驱动数字人 IP，游客通过站在绿幕区，结合绿幕抠图形式实现真人与数字人 IP 同屏互动，进行拍照打卡，通过线上电子相片或线下打印的方式获取照片
数字人 IP 动画	数字人 IP 动画逐渐成为推动文旅、城市、品牌宣传的一大重要环节，通过裸眼 3D 影片、剧情类影片、文化公益短片、文博宣传片、舞蹈音乐 MV 等多种形式，增加曝光度和话题度，实现文旅大范围传播。例如超写实虚拟人 IP 剧情类影片《AI 谜局》、虚拟分身文化公益短片《姑苏琐记·天仙子》、国潮虚拟人 IP 舞蹈音乐 MV 影片《我们》

资料来源：根据公开资料整理。

（三）文旅虚实互联营销发展趋势

2022—2023 年，元宇宙不断升温。文化和旅游部等多部门联合印发了《虚拟现实与行业应用融合发展行动计划（2022—2026年）》《元宇宙产业创新发展三年行动计划（2023—2025）》等文件。各地政府部门也纷纷进行元宇宙产业发展布局，并积极推动文旅元宇宙产业的发展，把增强现实、虚拟现实和混合现实与文旅产业布局相融合，进一步重塑文旅产业数字化发展新方向。在元宇宙相关技术的加持下，文旅将迈入数字化、平台化、IP化的跨界融合，各地政府以及景区纷纷布局"文旅+元宇宙"的新业态。

中国文化传媒集团目前正在建设"中国国家博物馆多感官交互式情景体验空间"，这是文旅中国元宇宙项目中的一项重要产品。该项目精心选择有代表性的馆藏文物精品，综合运用跨学科的理论知识打造数字化文旅体验新内容；运用VR、AR、MR等信息技术手段打破文物活化与传播在空间和时间上的限制。项目计划在中国国家博物馆馆内落地，并在浙江杭州落地首个融合互动教室、数字展厅、多功能厅、配套服务等为一体的"文旅中国元宇宙数字艺术中心"暨国家博物馆"多感官交互式情景体验空间"良渚分空间。

厦门为了更好地宣传鼓浪屿的品牌形象，打造了元宇宙鼓浪屿项目。物理映射鼓浪屿1.88平方公里场景，复刻实景—在线云游—实地打卡—自发种草—带动潜客。云游之外，元宇宙鼓浪屿集生活、休闲、娱乐、消费功能于一身，再造数实店铺，各种文旅周边、地方特产、数字藏品等商品，用户可以边逛边买，助推厦门构建了文旅业高速增长的数智飞轮。

此外，四川自贡中华彩灯大世界云观灯项目，充分运用5G的网络优势，结合天翼云计算、4K、VR、AR、CDN（内容分发网络）加速超高清直播、慢直播等技术，为观众带来全新的"元宇宙"体验。线上观众可以借此身临其境地感受灯会现场的热闹氛围，夜游极致的彩灯盛宴，打造了一场"沉浸式线上云观灯"。线下通过5G+AR/VR技术，融合灯会传统文化，线下游客可以通过场馆相关设备，感受与凤凰一起共舞、与不倒翁在平安树下祈福、与宇航员在一起遨游太空，还可以与元宇宙景观合影拍照留念。

无论是数字虚拟人，生成式人工智能，还是虚拟与增强现实，抑或是元宇宙技术的拓展，文旅行业的发展正通过新的技术融合去嫁接与消费者之间的联系，让更多的文旅大IP通过沉浸式的呈现，去触达不同用户的需求。在数字科技、特色服务、创新场景等方面均展现出强大实力，为传统文旅产业带来数字化营销转型的成功案例和实践经验，解决和系统性地回答传统旅游如何由低频转向高频，由传统内容转向科技化年轻化，由极致单品转向可复制产业的行业难题。世界远在天边，世界近在眼前。将数字技术融入文旅行业，是数字化生态进程中重要的一环，也是拉近了人们与旅游吸引物之间的距离，给体验者带来强烈的现场感和参与感，让文旅产业焕发出新的生命力。

第四节　文化旅游数字化营销典型案例

（一）"淄博烧烤"——社交媒体及短视频营销案例

2023年3月，很多山东大学生去淄博吃烧烤，学生们纷纷发抖音、小红书或微信朋友圈。于是，淄博烧烤就有了第一波流量。那批山东大学生，成为淄博烧烤的"种子客户"。后续，大学生在淄博开启了"特种兵式旅游"，分享淄博打卡之旅，比如"24小时16顿饭吃遍淄博""两天三夜淄博旅游攻略"等，喊出了"青春没有售价，疯狂就在脚下"的旅行口号和行动意义。

"淄博烧烤"火爆出圈，不仅源于一个春天的约定，也源于大学生群体与淄博市政府的双向奔赴，更源于新媒体、自媒体、网络媒体的助力加油、"沉浸式"互动、前瞻性引领。

一是抓住"年轻人"这个最活跃的群体。青年群体朝气蓬勃、自带流量、激情四射，有着强烈的创新求异心理，新生事物接受能力强，不甘于寂寞，喜欢尝试探索。同时，擅长使用"两微一抖"等新媒体平台，传播表达能力极强。可以说，年轻人关注什么、追捧什么，流量自然就到哪里，是文旅营销不二"主力军""急先锋"。

二是用好社交媒体+短视频营销的传播载体。截至2023年4月25日，抖音话题"淄博烧烤"的视频总播放量为102.8亿次，全国13亿人平均每人看七八遍，可以说"全网围观"；话题"淄博"播放量112亿次；小红书上"淄博烧烤"笔记已经超过96万条；微博上，两个月内淄博霸榜18次。反观淄博烧烤出圈现象，大学生打卡成为视频流量引爆点，网络传播成功放大了"网红效应"，淄博依托互联网实现定向营销，将潜在购买力转化为现实购买力。

三是练好"运营力"这个最基本的本领。"爆红"只是开始，"长红"才是本事。如何能让"走红"变"长红"，稳稳接住流量，考验着城市的运营能力。2023年3月8日，"大学生组团坐高铁去淄博撸串"登上抖音同城热搜，3月10日淄博市政府立即召开了新闻发布会，推出举办烧烤节、发放烧烤券等7项措施，为淄博烧烤"出圈"拾柴添火、加持能量。结合大学生周末作息时间，运用一切力量，协调国铁济南局每周五加开"烧烤专列"。淄博文旅部门走进烧烤专列开展推介活动，淄博市文化和旅游局带领区县文旅局以及热门景区代表向乘客推介文旅资源。网民分享坐高铁被文旅局"投喂"的视频再度带动传播热度，网民直言看到淄博这样的文旅局局长"羡慕忌妒但不恨"。政府一波又一波的组合拳持续引发关注，网民纷纷表示"这操作太圈粉了""看得目瞪口呆"，淄博市的"顺势而上、主动作为"成为不亚于特色烧烤的另一道城市风景，稳稳占据舆论话题。

淄博烧烤的爆火是具有一定偶然性的，但是淄博烧烤爆火的背后却也是蕴藏着短视频营销爆发的一种必然性。短视频新闻作为现代信息社会的一种主流化、大众化传播媒介形式，顺应了一定的发展规律，顺应了人类传播媒介大融合的时代。

（二）新东方文旅——文旅直播营销案例

2023年6月5日，浙江俞你同行旅行社有限公司在杭州成立，投资者是浙江新东方培训学校有限公司。最早10条新东方文旅的团队游线路产品就是由这家新成立的旅行社在运营。2023年7月21日，新东方官宣再创业，开拓面向中老年人的文旅事业，提供"有文化幸福感、有知识获得感、有个人追求感的高品质文旅服务"。不管是新东方文旅自身的宣传，还是业界各路观察者的讨论中，把旅途变课堂，加上一位知识储备深厚、讲解能力高超的老师，是新东方文旅的线路产品的最大卖点。在旅游途中，老师变身能讲课的导游，给游客深度讲解景点相关的知识。

新东方进军旅游市场，定位在"文化＋旅游"，希望通过挖掘旅游活动中文化内涵的传承和发展，通过文化体验活动、艺术创作交流的方式，激发中老年人的创造力和热情，满足中老年群体的文化幸福感需求。

新东方的核心竞争力是老师和讲课，新东方的老师也因为讲课而被家长喜欢。换句话说，就像老师可以将自身表达能力迁移到直播电商主播身份一样，老师也能迁移到擅长讲解景点的导游角色上。这其中的核心竞争力，恰恰是人才的竞争，和普通的"叫卖式"带货主播相比，文旅产品需要更专业的知识储备和更强的叙事能力，而不是仅仅记住简单的几个商品参数就能够把控。在这一点上，有着丰富教学经验的新东方老师们，董宇辉、七七、明明等一众主播都得到了成功的验证。直播和短视频的风行，正在改变未来的旅游行业玩法，千篇一律的线路介绍、旅行社的门店组团以及依靠组团社才能派单的司机导游等传统模式，正在受到极大的冲击。自媒体凭借短视频流量，正在大量获取有出游需求的用户，加上"内容＋电商"的完美融合，促成用户在线上直接预约甚至成交，甚至有别于传统OTA平台的交易方式。

（三）谷歌旅行助手——移动与人工智能营销案例

谷歌推出了一系列以旅游为重点的功能和更新，利用AI和机器学习，谷歌可以深度了解游客旅行偏好，预测未来的旅行目的地，为游客推荐优惠航班和酒店，甚至比航空公司更早地通知游客航班延误信息。目前，谷歌的旅游产品涵盖了从航班和酒店搜索到活动推荐、旅行优惠、目的地指南和地图服务等方面。

那些看似随意的、一时兴起的搜索，比如"墨西哥城最好的玉米饼"，或者"如何在马背上做瑜伽"等，为谷歌提供了极好的线索。谷歌的搜索引擎正在使用这些搜索来归档"潜在的旅行目的地"，里面有关于受众以前针对特定目的地研究过的酒店、餐馆和活动的信息。

"如果你最近开始查看洛杉矶的酒店或活动，但还没预订任何内容，我们将在Your Trips里面将这些信息整理出来，包括针对该目的地的搜索、跟踪航班，以及更多旅行小贴士。"谷歌产品部门副总裁理查德·霍顿解释说，这个工具将帮助旅行者在旅行计划被推迟的情况下继续旅行。"我们希望用户将这个工具视为他们的旅行愿望清单。在搜索时，可以轻松访问并利用之前所做的与目的地相关的任何研究。"

由于与Zagat和Infatuation等饮食网站建立了合作关系，谷歌对餐厅有了很多了解：从餐厅有多拥挤或多嘈杂，到它们如何能与特定的饮食需求产生共鸣。它总是根据游客去过的地方（或者研究过的地方），把喜欢的东西串联起来。打开Match Score，它会结合所有信息来预测游客在一个特定的地方享受美食的可能性。这一功能未来还会拓展到对酒店及其他旅行服务的智能选择中。

（四）风起洛阳——文旅虚实互联营销案例

以热播影视剧《风起洛阳》影视剧 IP 为核心打造的全球首个国潮元宇宙主题乐园让受众穿越到唐朝盛世闯关冒险，体验一场沉浸式的时空穿越之旅。X·META ｜超感时空·元宇宙主题乐园是由机遇星球与爱奇艺共同发起并联合推出的沉浸式文化娱乐品牌，是全球首家元宇宙主题乐园。年度巨献产品《唐次元之风起洛阳》，融合了国潮 IP 内容、超感 VR 体验和沉浸互动演艺，为潮流文化消费人群呈现超感沉浸的时空穿越之旅。

由洛阳文旅集团引进并打造的《风起洛阳》沉浸式全感 VR 项目，是在 2021 年底播出的古装剧《风起洛阳》基础上的改编和延展。《风起洛阳》一经播出，受到全网追捧，剧中呈现出来的盛唐时期洛阳的繁华景象以及隋唐洛阳城的历史文化底蕴让人直呼惊艳。网友纷纷表示，恨不得立即穿越回千年盛唐，"打卡"彼时浪漫奇幻的"洛阳世界"。

《风起洛阳》播出后，爱奇艺对剧集 IP 进行了内容形态的深度开发，借助 VR 技术与内容的创新融合，为用户带来全新的娱乐体验。2022 年，洛阳文旅集团与北京爱奇艺签订《风起洛阳》沉浸式全感 VR 项目合作协议，该项目是继《风起洛阳》《登场了！洛阳》《神都洛阳》之后，洛阳 IP 宇宙系列的又一重磅产品。《风起洛阳》沉浸式全感 VR 项目通过全域沉浸项目结合实景、角色扮演、真人演绎等多元形式，打造虚实融合的线下"全感"沉浸式 VR 娱乐体验。玩家通过 VR 穿戴设备，扮演剧中角色，跨越整个神都大地，破解天象之谜并与反派组织对抗，开展一场沉浸式体验国风朋克的神奇之旅。

（五）百度数字化技术全方位助推文旅数智转型

百度作为拥有强大互联网基础的领先 AI 公司，在 AI 等核心技术领域不断深入探索，通过"文化旅游＋科技"的结合，为政府管理革新、景区品质发展和游客创新体验等场景提供全方位技术和应用支持，助推文旅行业数智化转型发展，为文旅行业"上云、用数、赋智"赋能。

百度数字人最早在 2019 年 7 月由百度和浦发银行联合发布，智能云曦灵数字人平台是一次应时而动的整合，以 AI 技术赋能的特色，顺应数字人智能化的趋势。百度智能云曦灵平台中，主要运用了百度四大引擎，包括人像驱动引擎、智能对话引擎、语音交互引擎、智能推荐引擎等，着重解决了数字人表情、语言理解力、交互以及面向用户的场景服务能力等方面的问题，从而实现了数字人的"能听、能说、可互动"，让百度智能云曦灵成为一个整体上更接近全链路实现 AIGC 的数字人平台。

结合"数字人+AI 能力"，百度面向文旅行业提供了多模态、全流程的数字人解决方案。曦灵数字人平台融合了语音、视觉、NLP（自然语言处理）、增强现实、大模型等全栈 AI 技术，提供了面向城市、景区、MCN（多频道网络）、互娱等一站式的虚拟导游、品牌代言人、虚拟讲解员、虚拟客服等创建与运营服务。该平台采用人工智能算法驱动快速制作数字人，打造高辨识度的 IP 形象，进一步降低数字人应用门槛，实现人机可视化语音交互服务和内容生产服务，为观众带来线上线下多场景的沉浸式体验。

百度希壤作为首个国产元宇宙产品，依托百度领先的 AI 能力和百度智能云的强大算力，利用虚实相交的技术能力打造系列文旅元宇宙标杆场景，打通线上与线下，虚拟与现实的体验结合推动文化产业和旅游产业升级和数字化转型。用户可以跨越时空界限，获得沉浸式、强互动性、个性化的游玩新体验。迄今为止，百度希壤已成功打造了韩国旅游发展局体验馆、桂林象鼻山元宇宙景区、西子·元杭州、邯郸·中国成语典故之都等多个文旅元宇宙场景，构筑生动的智慧文旅新图景。

［本文系高端外国专家引进计划"基于数字技术的黄河国家文化公园高质量发展与黄河文化国际传播研究"研究成果］

（作者简介：周密，中国旅游研究院文化旅游研究基地研究员；王春燕，中国旅游研究院文化旅游研究基地助理研究员，郑州商学院工商管理学院教师）

第十四章　文化旅游服务发展分析与展望

王书丽　张　野

党的二十大报告指出，高质量发展是全面建设社会主义现代化国家的首要任务。文化旅游的高质量发展，离不开文化旅游服务的重要支撑。当前，文化旅游企业需要加快转型升级，提高服务质量管理水平；行业组织需要进一步发挥质量文化宣传培育作用，为高质量发展营造良好氛围；行政部门需要完善服务质量提升体系，创新质量提升手段，建立完善市场导向的质量体系。文化旅游服务质量的整体提升，将推动我国文化旅游的高质量发展。

第一节　文化旅游服务发展现状

当前，文化旅游市场快速恢复，文化旅游运行态势向好，文化旅游服务需求日益个性化、多样化、品质化，文化旅游服务环境进一步优化，旅游企业的服务质量意识进一步增强，文化旅游服务呈现良好的发展现状。

（一）服务规范逐步加强

政府重视提升文化旅游服务质量，文化旅游服务相关规范逐步加强，尤其是标准化为旅游服务质量设立了规范和衡量尺度。2022年，文化和旅游部等18部门联合印发《进一步提高产品、工程和服务质量行动方案（2022—2025年）》，进一步优化制度体系，增强旅游服务质量合力。据统计，截至2023年12月31日，现行的国家、地方、行业旅游标准有988项。现行的其他相关标准中，涉及文物166项、博物馆36项、图书馆89项、遗产67项、演艺55项。

各地加大地方标准制定力度，制定了一大批旅游服务质量规范。截至2023年

10月底，在地方标准服务平台搜索到2022—2023年各地政府出台旅游服务的相关标准有25项。例如，陕西《温泉旅游服务质量规范露天温泉区功能布局》、安徽《农耕体验休闲旅游服务规范》、山西《研学旅游服务规范》、辽宁《温泉旅游服务规范》、江西《自然古法康养旅游服务规范》《红色旅游服务示范景区评定规范》等标准，这些标准的出台不断完善着地方旅游服务标准体系（见表14-1）。

表14-1　2022—2023年旅游服务地方标准

序号	省份	标准号	标准名称	发布时间
1	山西	DB14/T 2928—2023	研学旅游服务规范	2023-12-12
2	山西	DB14/T 2926—2023	冰雪旅游服务规范	2023-12-12
3	山西	DB1402/T 05—2022	云旅游服务规范	2022-12-22
4	山西	DB14/T 2520—2022	智慧景区旅游服务规范	2022-08-10
5	山西	DB14/T 2514—2022	自驾车旅居车营地旅游服务指南	2022-08-10
6	山西	DB14/T 2510—2022	乡村生态旅游服务规范	2022-08-10
7	辽宁	DB21/T 3882—2023	温泉旅游服务规范	2023-11-30
8	辽宁	DB21/T 3883—2023	生态旅游服务规范	2023-11-30
9	辽宁	DB21/T 3885—2023	乡村旅游服务规范	2023-11-30
10	辽宁	DB21/T 3657—2022	学子旅游服务和管理规范	2022-11-30
11	辽宁	DB21/T 3656—2022	亲子旅游服务和管理规范	2022-11-30
12	吉林	DB22/T 3577—2023	雪乡（村）旅游服务等级评定规范	2023-09-28
13	黑龙江	DB23/T 3377—2022	乡村旅游服务基本规范	2022-11-25
14	江苏	DB3210/T 1132—2022	扬州漆艺旅游服务规范	2022-08-10
15	安徽	DB3402/T 51—2023	农耕体验休闲旅游服务规范	2023-12-18
16	安徽	DB3401/T 302—2023	自由行旅游服务通则	2023-12-15
17	江西	DB36/T 1645—2022	自然古法康养旅游服务规范	2022-09-26
18	江西	DB36/T 1611—2022	红色旅游服务示范景区评定规范	2023-06-23
19	山东	DB37/T 4223.10—2023	政务信息资源　数据元　第10部分：旅游服务	2023-05-11
20	广西	DB4502/T 0039—2022	柳州螺蛳粉文化旅游服务规范	2022-04-22

续表

序号	省份	标准号	标准名称	发布时间
21	四川	DB51/T 3059—2023	残障人士旅游服务规范	2023-04-28
22	贵州	DB5203/T 38—2023	特色酒庄旅游服务等级划分与评定	2023-03-27
23	西藏	DB54/T 0274.5—2023	地球第三极品牌评价体系 第5部分：西藏旅游服务品牌评价要求	2022-07-01
24	陕西	DB61/T 1773—2023	温泉旅游服务质量规范 露天温泉区功能布局	2023-12-22
25	陕西	DB61/T 1616—2022	温泉旅游服务质量规范 温泉标识使用	2022-10-12

资料来源：全国标准信息公共服务平台。

这些标准进一步加强了文化旅游服务的规范性，提高了文化旅游服务质量，提升了旅游服务的满意度，增强了行业发展的科学性。

（二）信息服务不断完善

目前，依托数字经济，国内文化旅游信息服务不断完善。在旅游信息咨询方面，2022—2023年报告期内，各地多个景区推出线上线下相结合的咨询服务。例如，2023年烟台围绕文化旅游服务需求，融合城市欢迎短信、12345热线等信息供求交互功能推出信息服务体系建设，利用小程序、网站、App、手机网等多终端，搭建了精准智能文旅信息服务"一站式窗口"，开发分时预约、景区监控、安全生产等系统，实现文旅监管服务数智化。

投诉处理效率显著提升。例如，2023年"五一"期间，福建提供畅通12315和12345旅游投诉渠道，24小时专人值守，全天候为游客提供旅游咨询。及时受理投诉，实施"一口受理""快速办结""先行赔付"的方案，依法依规维护经营者和游客合法权益。24小时内主动联系投诉人，极大地提高了旅游投诉处理效率。

在旅游公共信息导向标识方面，泰山景区利用小度AI导游、一键智能游、POI地图线上服务等内容展开，形成景区AR电子导览系统百度地图。山东省内实现A级旅游景区VR云导览、全程语音讲解全覆盖，"咨询+预约+消费"全过程服务。这种让数据多跑路、企业少跑腿、游客不跑腿的信息服务方式，帮助旅游企业完善信息服务平台，提高了服务效率，也帮助游客提升了出行体验。

在旅游公共信息网站旅游预订方面，各地以数字化驱动旅游服务质量提升变革。上海推广"数字酒店扫码入住"模式；江西出台推动数字文旅产业高质量发展的实施方案，推进旅游业"上云用数赋智"；内蒙古建成"游内蒙古"平台，实现549家国家A级旅游景区和文化场馆预约服务功能。

（三）交通服务逐步多元化

旅游公共交通是推动旅游服务高质量发展的重要引擎。各地加快旅游公共交通服务体系建设，推动交通与旅游融合发展。在2022—2023年报告期内，各地从不同方面完善公共交通服务。

从出行方式上看，多地加强建设多元化公交出行服务系统。例如，西安优化调整常规公交线路，积极探索公交多元化服务，先后推出了定制公交、社区巴士等服务，不断满足公众日益增长的差异化公交出行需求。泉州提出"构建多元化公交出行系统"，打造了由常规公交"小蓝"、古城观光车"小白"、微循环公交"小灰"三类服务方式组成的公交出行系统。

从交通服务项目上看，多地着力完善交通接驳体系。济宁以游客中心为节点，充分发挥游客中心交通接驳功能，实现景区与游客中心无缝连接。济宁游客服务中心立足济宁，辐射周边，与济宁交运集团联合开通了济宁与其他县市区重点景区的直通车线路，形成了旅游交通服务网络。曲阜游客集散中心开通"优礼程"旅游景点大巴环线、4条旅游公交专线，提升约车租车、线路定制等旅游运输服务项目，改善游客的出行体验。

在自驾游设施方面，京津冀三地将联手打造"自驾驿站"，为自驾游提供停车、购物、热水供应、快餐等服务；设置新能源汽车充电装置，汽车维修点等服务。搭建信息服务平台为公众提供自驾驿站的位置、交通、停车、餐饮、住宿等信息查询、咨询和预定服务驿站地点。

从外部大交通看，2023年10月，文化和旅游部、交通运输部等6个单位共同遴选出第一批交通运输与旅游融合发展十佳案例10个、典型案例36个。首批典型案例主要集中在山东、江苏、重庆等地，涵盖了公路、水路、铁路、航空、邮政、交通文化、交旅融合信息服务平台等方面（见表14-2）。

表 14-2 交通运输与旅游融合发展十佳示范案例

序号	案例名称	申报单位	推荐单位	案例类别
1	"千里山海"自驾旅游公路	威海市文化和旅游局、威海市交通运输局、威海市公路事业发展中心、威海文旅发展集团有限公司等	山东省文化和旅游厅、交通运输厅	干线旅游公路
2	溧阳1号公路	溧阳市文体广电和旅游局、溧阳市交通运输局	江苏省文化和旅游厅、交通运输厅	乡村旅游公路
3	天空之桥"桥旅融合"服务区	贵州亨达公路资产运营管理有限公司、贵州省公路开发集团有限公司	贵州省文化和旅游厅、交通运输厅	公路旅游产品
4	长江三峡旅游产品（重庆长江三峡省际游轮、湖北"两坝一峡"旅游产品）	重庆冠达世纪游轮有限公司、重庆长江黄金游轮有限公司等；湖北三峡旅游集团股份有限公司	重庆市文化和旅游发展委员会；湖北省文化和旅游厅、交通运输厅	水路旅游产品
5	"新东方快车"旅游专列	乌鲁木齐铁道国际旅行社有限责任公司、中国铁路乌鲁木齐局集团有限公司	新疆维吾尔自治区文化和旅游厅	铁路旅游产品
6	横店"航空+影视+旅游"交旅融合案例	浙江横店机场有限公司、中国民用航空华东地区管理局	浙江省文化和旅游厅	航空旅游产品
7	碧色寨滇越铁路历史文化公司	蒙自市人民政府、蒙自市文化和旅游局、蒙自市交通运输局、云南碧色寨文化旅游发展有限公司	云南省文化和旅游厅、交通运输厅	交通文化旅游产品
8	庐山西海旅游度假服务区	江西省交通投资集团有限责任公司	江西省文化和旅游厅、交通运输厅	拓展旅游服务功能的交通设施
9	12306铁路旅游融合服务平台	中国铁道科学研究院集团有限公司铁路12306科创中心	中国铁道科学研究院集团有限公司	交旅融合服务平台
10	四川邮政熊喵邮局	中国邮政集团有限公司四川省分公司	四川省文化和旅游厅、邮政管理局	主题邮局

资料来源：《中国旅游报》。

此外，山西省修建的1号公路，海南省修建的环岛旅游公路等，都为游客提供了优美的旅游环境，进一步形成"内外通、城景通、景景通、城乡通"的"快旅慢游深体验"旅游公路网络。

（四）安全服务保障更加健全

旅游安全是旅游业的生命线，是旅游服务的首要责任。目前，各景区从加强监管、智慧化管理、提升安全意识、配备安全设备等方面进一步健全文化旅游景区的安全服务保障。例如，山东淄博周村，因景区内文物古迹众多，便借助物联网、大数据、云计算及新兴技术，建立新的火灾防控体系，最大限度做到"早预判、早发现、早除患、早扑救"。山东省泰安市通过不断增强工作人员服务意识，实行"贴心服务"，从细节中关注游客安全，打造安全放心的旅游环境。湖北省荆州市文旅系统建立健全政府主导、部门协作、企业参与、社会齐抓共管的联防联控工作机制，筑牢防溺水"生命线"。通过领导实地督导，检查安全警示标识、标语、警示标牌设置及救生绳、救生圈等应急救援设施放置，充分发挥安全员的作用，广泛动员全员参与，加大对景区内各类水域的巡查力度，切实筑牢安全屏障。

（五）导游服务智能化

导游服务是文化传播的重要途径之一，对游客的旅游体验具有重要影响，在文化旅游服务中有着至关重要的作用。目前，各文化旅游景区景点不仅提供人工导游，同时提供智能化导游服务。

腾讯云计算有限公司在实现覆盖景区的点位信息采集和收回地图绘制基础上，通过小程序的方式提供数字化导游服务。数字化导游服务通过小程序呈现全方位景区地图体系，展现景区内景点及公共设施情况，展示景区的地形、位置，推荐游览线路，让游客实现"自在"游览。数字化导游导览服务不仅可以提供客流引导服务，还可以提供旅游向导服务。景区通过新媒体向游客告知景区的人流和车流状况，根据旅游资源的分布提供线路向导服务，利用语音系统提供"一对一"的导游介绍服务。目前，智慧导览解决方案已落地数百家景区、旅游目的地，包括北京故宫博物院、北京环球影城、龙门石窟等景区，为众多游客提供免费的线上地图导览、景点讲解服务，全面提升了景区服务质量与管理效能。

（六）特殊人群服务人性化

当前，针对老年、儿童、残障人士等特殊人群的文化旅游服务逐步趋于便利化、人性化。2023年9月，《中华人民共和国无障碍环境建设法》实施，从法律层面为特殊人群提供了保障。更多景区关注老年人、儿童、残疾人等特殊人群需求，提供线下预约和预订窗口，完善旅游公共场所和旅游景区的轮椅、儿童手推车服务，推动旅游企业不断完善便利特殊人群的设施、设备和服务，保障特殊人群的旅游权益。例如，西宁市在所有主城区、主干道的过街天桥和地下通道都安装了无障碍电梯，进入电梯的通道上有缓坡和盲道，方便各类人群进入电梯。在新疆阿克苏市行政服务中心，聚焦老年人、残疾人等群体日常生活涉及的高频事项，这里进行了"舒适化改造"，提供低位服务台、老人专座、老花镜、放大镜、医药箱等便民设施，设置爱心通道，安排服务人员专门服务。临沂市天蒙山景区设有无障碍步行道，实现了残障人士和老年人坐着轮椅游沂蒙山的梦想。在与儿童交流时，采用换位思考，不仅语言生动，还蹲下来用平等的姿态与儿童沟通。

第二节　文化旅游服务存在的问题

（一）信息服务不健全

目前，我国文化旅游服务还面临着信息服务不全的问题。许多文化旅游景区仅提供一些简单的地图和手册，景区信息介绍不够详尽，缺乏实用性的旅游建议和路线规划，缺少电子设备查询系统，导致游客难以获得实时信息。网上购票信息及景区景点介绍不全面，针对特殊人群的购票方式不易操作、信息获取不畅通等，造成游客集聚在游客中心，排队等候买票时间过长。部分景区中的信息显示设备陈旧、不够充足、显示效果不佳等，难以达到良好的效果。部分夜间旅游景点不能为游客提供便捷的交通设施、明亮的路灯、显眼的提示牌、易识别的卫生间等。随着大数据和人工智能技术的发展，游客对于个性化信息的需求日益增加。然而，目前文化旅游信息服务在满足个性化需求方面仍有不足，如推荐旅游线路、特色餐饮和购物等信息的精准度仍有待提高。

（二）景区讲解服务一般

景区讲解服务是文化旅游服务的重要一环。目前，国内许多文化旅游景区的讲解还存在着服务意识不强、服务态度不好、知识储备不够、讲解水平一般等问题。例如，博物馆内导游讲解系统分为付费导游、志愿者讲解、租赁设备讲解等不同的讲解形式。设备讲解容易出现时效性差的问题，讲解效果容易受到网络、地理位置等因素的影响。另外，部分游客需要语言服务和翻译支持，但目前导游人员或讲解系统并不能满足游客对语言的需求。

（三）各部门缺乏协同合作

文化旅游产业涉及多个领域和部门，需要加强协同合作。目前，政府、企业和社会组织之间的合作不够，缺少跨领域的合作机制和信息共享平台，缺乏资源共享和协同发展。主要问题有以下几个方面：

第一，信息孤岛现象。各部门之间的信息不对称，导致资源无法共享。这表现为数据收集、存储和传播的分散化，缺乏统一的数据标准和共享机制，影响文化旅游服务的整体效率和质量。

第二，缺乏协同机制。文化旅游服务涉及多个部门，如文旅、公安、交通、环保等。各部门之间缺乏协同机制，导致资源整合困难，服务链断裂。例如，在旅游规划中，若交通部门与旅游部门缺乏沟通，可能导致旅游线路设计不合理，影响游客体验。

第三，服务水平参差不齐。由于缺乏统一的服务标准和监管机制，导致各地区、各景区、各环节的文化旅游服务水平参差不齐。如在景区服务中，游客接待、解说、餐饮等环节存在较大差距，影响游客的满意度。

第三节 文化旅游服务发展趋势

（一）文旅服务数字化

在"数字中国"的国家战略引领下，数字经济正在推动旅游服务的高质量发展。数字经济颠覆了目的地和企业的信息服务方式。游客与目的地的互动正以技术设备为依托，在人机交互下共同创造服务体验。例如，在景区导览方面，可以通过虚拟现实、增强现实等技术为游客提供沉浸式的游览体验。2022年，广西文旅景区数字藏品通过线上首发，为世界文化遗产增加了一种全新的展示手段。AR智能景区导览可根据游客游览过程分为"行前""行中"两个部分，充分展现大型实景AR呈现能力，为用户提供沉浸式游览体验产品，是国内首个AR智能导览景区。

在旅游预订方面，可以通过大数据分析和预测游客消费偏好和行为特征，提供个性化的旅游推荐服务，利用数字技术优化文旅服务的各个环节，提高服务效率。例如，通过在线预订系统、自助服务设备等，缩短游客在购票、入园、就餐等环节的等待时间，提高服务效率。

在景区管理方面，可以通过物联网、人工智能等技术实现智能化景区管理，提高景区运营效率。数字技术赋能文旅，可以实现景区资源一张图监控，设备一张图管控，服务一张图管理，提升管理水平、服务质量、运营能力，实现为游客提供高效能、智慧型、人性化的服务。

（二）交旅融合常态化

近年来，在生态文明建设、全域旅游发展、文旅融合发展引领下，国内掀起风景道建设热潮，涌现出了318国道、皖南川藏线、江淮分水岭风景道等一批主题鲜明、特色各异的风景道。风景道因其串珠成链、整合"小散特"资源的优势，成为践行交旅融合重要抓手，具有产业道、生态道、景观道、游憩道等多道合一的功能。

2023年3月，交通运输部、文化和旅游部联合发布《关于加快推进城乡道路客运与旅游融合发展有关工作的通知》，就提高交通网络衔接效能、完善节点设施服务功能、丰富旅游出行服务供给等工作作出部署，从政策方面支持了交旅融合发展。而现代交通技术的发展，如智能交通系统、大数据、云计算等技术的应用，为交旅融合提供了技术支持，使得交通服务更加个性化、智能化，进一步满足游客出行的多样化需求。

交旅融合不仅能够有效改善区域交通条件，提高区域可达性，还能够吸引更多旅游投资，带动区域经济发展。未来，交旅融合将不断深入，为我国旅游业和交通业的发展提供新的动力。

（三）信息服务体系完善化

信息服务是评价文化旅游服务质量的重要指标，全面的信息资料不仅可以提升游客的体验感和满意度，还可以帮助游客更好地了解旅游目的地。未来，文化旅游目的地会更加关注信息服务体系的建设，从旅游咨询、门票预订、景点介绍、交通转换、投诉转接便民服务等多方面，完善信息服务体系。例如，进一步优化空间结构和功能布局，构建多层级线下旅游公共信息服务体系。完善旅游咨询集散中心建设，制作旅游地图、明信片、宣传折页、系列丛书、旅游指南等多语种旅游宣传品，通过各类展会、咨询集散中心、旅游信息岛等渠道对外发放。

（四）文旅服务个性化

随着文化旅游形态的多样化和科技应用的常态化，传统的文化旅游方式已经无法满足游客的需求，游客越来越倾向于追求个性化的文化旅游服务。

首先，智能化技术为游客提供更加便捷的个性化服务。游客可以通过智能助手进行旅行规划，预订机票、酒店和景点门票等。智能助手将根据游客的个人喜好和需求，为其提供定制化的旅行方案，从而使游客的旅行更加顺利和愉快。

其次，不同地区不同景区的历史、文化、自然景观等资源各具特色，为个性化旅游服务提供了丰富的素材。通过深入挖掘和整合地方特色文化资源，旅游企业可以为游客提供更多具有特色和差异化的文化旅游服务。

最后，在市场竞争的驱动下，旅游企业需要不断创新服务方式，满足游客的个性化需求，通过制定一系列个性化措施来提升文化旅游服务质量，进而提高市场竞争力和盈利能力。

第四节　文化旅游服务典型案例

（一）故宫博物院的一站式服务

北京故宫博物院是世界知名的文化旅游景区。故宫的成功离不开故宫服务，尤其是诚心、清心、安心、匠心、称心、开心、舒心、热心服务观众、服务游客的理念和措施。故宫的服务理念和服务举措，为全国文化旅游提供了一个可借鉴的范本。

第一，完善公共文化服务体系。在公众教育方面，故宫不断探索数字内容和媒介技术，满足不同人的文化需求，设计面向青少年的活动，如故宫知识讲堂、设置故宫电子图书馆，纳入60万册古籍图书文献，制作了《故宫专家讲国宝》系列专题片等。

第二，多维举措实施疏导。《故宫保护总体规划（2013—2025）》中明确要求实行科学合理的分流限流措施。故宫结合数据分析，加强观众服务与流量控制，细化观众定向引导措施；改善院内微循环，避免集聚拥堵；完善安全检查制度，改善安防设施，排除观众人身安全隐患。例如，故宫博物院淡旺季票价不同，开闭馆时间也有调整。故宫疏导关键环节，优化排队管理。增加售票检票窗口，减少排队拥堵；在经常拥堵地段实行局部分流；针对性缓解排队长问题；增加女士厕位，缓解卫生间拥挤。以门票优惠方案引导客源分流，制定年票、主题免费开放日、单日内分流等分流措施。优化参观线路，以展览带动分流。增大开放区域，有效疏散客流。调整展柜位置，增加容客空间。

第三，运用数字技术提升服务效果。其一，采用"一站式"数字服务的轻量型媒介平台。故宫主要聚焦移动端主流媒介App及微信小程序，建设"一站式"数字服务平台。"数字故宫"小程序于2020年8月正式上线。该小程序全面整合故宫在线数字服务，融文物数字化成果、新文创产品、知识普及及功能性导览为一体，用户无须在故宫其他数字平台上跳转，即可"一站式"实现在线购票、查询地理位置和游览须知，并能"云"游故宫各大建筑，饱览百万件珍稀藏品，在线逛展了解故宫"冷"知识，"一键查询"故宫的数字资源。其二，数字技术手段满足个性化需求。故宫充分利用现代科技手段，如虚拟现实（VR）、增强现实（AR）等技术，为游客提供丰富多样的数字化体验。例如，"数字故宫"项目通过网络、手机 App 等多种渠道，提供故宫的详细介绍、高清图片、3D 模型等。此外，故宫与互联网企业合作，推出故宫相关游戏、动画等。故宫还可以通过大数据分析游客的行为和喜好，进一步优化服务内容和方式。

第四，一站式线下服务模式。故宫博物院设有一站式"观众服务中心"，将原来分散在端门和午门广场四周的票务窗口、寄存窗口、咨询窗口进行了集中整合，以服务参观游览为目的，向广大观众提供进入故宫博物院前的票务咨询（包括老年票服务）、行李寄存、便民咨询等便捷服务。为优化入院参观秩序，故宫在 2023 年暑期针对未成年人团队制定了快速预约和检票措施。

第五，多语种服务。故宫建设多语种网站，可以为全世界更多语种人群提供便捷服务，有助于促进中华优秀传统文化的国际传播。故宫官网有图书馆、视听馆、故宫旗舰店、全景故宫、V 故宫等模块，利用数字技术，结合史料记载，呈现三维空间立体场景，并提供汉语、俄语、英语、法语、西班牙语等语种讲解。

第六，以"零投诉"为目标，完善故宫服务体系。故宫围绕"零投诉"目标，采取了一系列举措。其一，强化制度保障，及时解决矛盾和纠纷。一线人员切实负起责任来，建立有效解决矛盾和纠纷的"首问制"。游客出现投诉时，工作人员会及时出现为观众排忧解难，而投诉电话、渠道和方式也会在网站、售票处、参观咨询、安检、购物场所等处显示。其二，完善基础服务设施。故宫增加了售票窗口和安检通道，在观众流量大时增加临时厕位，增加保洁人员并增设垃圾箱，增设安保人员维持参观秩序并疏散观众。故宫增加对文物建筑无害化的照明，让观众能够更方便地看到展品和内设；建设观众服务中心，为参观者提供讲解咨询、自助查询、饮水休息、多种类轮椅等服务；增设座椅，便于观众休息。其三，建立多样化的信息沟通渠道。向社会公众尤其是入院观众及时通报展览信息和参观注意事项，除了前期在媒体上加大宣传力度之外，还会在故宫官网公布，并在院内外增设告示牌。其四，提高工作人员素质。例如，全员参加"提升文明礼仪与素质形象"培训；开展"争当最美开放人"评比活动和"夸夸我身边的开放人"演讲比赛；开展"院规处规学习月"活动；员工随身携带和学习"修身养性"和"班前 8 问，班后 8 思"

工作卡片；修改完善"开放工作30个怎么办"，下发每个员工学习掌握；利用每周组织考核时机，现场随机提问岗上员工有关应知应会常识；经常开展以"经验小交流、现场小观摩、业务小研讨、岗上小评比"为主要内容的"四小活动"；建立微信群，通报工作期间的正反典型；统一文明用语和岗上动作；坚持早点名和每日清场封门后工作情况讲评等。

（二）云台山景区"五员一体"服务模式

云台山景区位于河南省焦作市修武县境内，是全球首批世界地质公园，是享誉全国的国家5A级旅游景区。云台山景区不仅是山岳型景区，也是发展中的文化旅游景区。长期以来，云台山景区将提高服务质量作为景区的核心工作，向着一流服务的目标不断迈进。在服务理念上，云台山景区提出"不让每一位游客受委屈"的服务理念；在服务设施上，云台山景区以游客需求为中心，严格按照国家5A级旅游景区管理服务标准，全面实施温馨服务工程；在服务标准上，在全国率先实现了旅游标准化管理，专门成立了质量标准化管理办公室，建立了涵盖服务质量、安全卫生、环境保护等658项标准的《云台山风景名胜区服务标准化体系》；在服务品牌上，先后创建了国家级服务业标准化试点单位、全国旅游标准化示范单位等重量级荣誉。多年来，云台山坚持追求服务质量的初心，探索出了"五员一体"服务模式，赢得了良好的服务口碑。

1. "五员一体"服务内容

"五员一体"服务模式以"游客为本、服务至诚"为核心，以"感动每一位游客"为愿景，以"一岗多责，一专多能"为引领，建立职工人人都是安全员、服务员、保洁员、救护员、宣传员的"五员一体"服务模式，以标准化做好优质服务，以"一专多能"的服务素质向游客展示景区的服务质量。

在"五员一体"服务模式中，人人都是安全员，强调基础保障服务；人人都是服务员，强调核心内容服务；人人都是保洁员，强调优质环境服务；人人都是救护员，强调生命尊重服务；人人都是宣传员，强调美好形象服务。

2. "五员一体"服务制度体系

围绕"五员一体"优质服务，云台山景区逐渐形成了一整套制度体系，重点包括"三大系统"（支持系统、要素系统、管理系统）、"五心导向"（放心、动心、舒心、安心、顺心）、"五条路径"（全天候实施、全区域布局、全要素支撑、全客群覆盖、全过程协同）以及300多个服务规范和系列政策文件。其中，"五员一体"岗位服务规范包括《售票员工作标准》《验票员工作标准》《驾驶员工作标准》《环卫人员工作标准》《随车讲解员工作标准》《旅游厕所管理员工作标准》等50多项规范。

云台山景区围绕"五员一体"完善景区的标准化建设，建立了以"五员"为核心的标准化服务体系。为进一步推广"五员一体"服务模式，景区编制了《云台山"五员一体"服务模式》手册，明确"五员一体"服务模式的核心内涵、实践路径、基本要求，完善了"五员一体"标准体系。

3. "五员一体"服务落实保障

云台山景区秉持"以点带面、总结经验、全面推广"的原则，逐步切实推进"五员一体"服务落实到位。云台山景区制定了《关于推进"五员一体"服务模式的实施办法》《关于全面落实"五员一体"服务模式工作方案》等文件，明确了"五员一体"优质服务的任务目标、内涵意义、工作要求等内容，严格要求各部门实现定岗、定责、定人，确保责任明确、任务具体、措施到位，切实将"五员一体"服务模式落到实处。

云台山景区狠抓督促落实，建设了"五位一体"督查体系，形成景区督查、部门检查、职工自查、游客评价、第三方检查的督查工作机制，形成齐抓共管的工作局面。通过"五员一体"服务模式的实施，云台山景区提升了员工素养，提高了服务水平，提升了游客满意度，树立了景区品牌形象。

（三）蓬莱阁景区的标准化服务模式

蓬莱阁景区位于山东省烟台市蓬莱区西北的丹崖山上，现为国家5A级旅游景区。蓬莱阁景区从优化标准、彰显特色、追求卓越入手，成功打造了"规范化、个性化、亲情化"的"仙境蓬莱阁"服务特色。

1. 优化标准，保证服务的规范化

规范化服务是旅游服务的基础，也是"仙境蓬莱阁"服务的根本。景区通过优化服务标准、开展经常化的业务培训、严格考核督查制度等方式，使服务迅速从简单粗放走向了规范有序。

景区将《旅游景区（点）细微服务标准》和ISO 9001国际质量管理体系有机结合，对每个岗位的服务标准、服务行为和工作流程都做了详细的规定，使每个服务岗位都有章可依、有规可循。例如员工服务必须做到"三坚持"和"四一样"。"三坚持"，即坚持微笑服务，坚持戴证服务，坚持意见卡服务。"四一样"，即领导群众服务一个样，天气好坏服务一个样，生客熟客服务一个样，淡季旺季服务一个样。

业务培训是贯彻标准，实现旅游服务品牌化、规范化的重要手段。景区通过"走出去、请进来"的方式，聘请高校人力资源专家教授做指导，编制了《蓬莱阁景区员工培训教程》，制定了科学合理的岗位培训计划，先后选送60多位骨干到大学深造，同时结合旅游旺季开展"百日优质服务竞赛活动"，通过"服务标兵""服务示范岗""微笑天使"等一系列评优树先活动，以榜样示范带动景区服务质量提升。

2. 彰显特色，突出服务的个性化

景区时刻以"游客的需要、市场的需求"作为风向标，优化服务方式和服务技巧，努力探索服务的个性化。

景区个性化服务的基本内涵是服务为游客"量身定做"，让游客充分感受"上帝"的感觉。景区向所有员工提出了"游客一时不离开，服务一刻不停止"的服务座右铭。

景区重视产品多样化和服务个性化，提供免费导览图，配备语音导游机，完善景区标识牌和景点介绍牌的数量及语言种类，建设现代化的游客服务中心，根据不同类型游客的不同需求，设计了12条旅游线路。

3. 追求卓越，实现服务的亲情化

景区服务追寻的终极目标是亲情化服务，以游客为本，视游客为亲人，时刻关注游客需求。景区以"主动、热情、耐心、周到"八字为服务标准。景区追求用真诚、热情的服务来塑造"仙境蓬莱阁"服务品牌，营造一种充满爱的温馨氛围，让每一位游客切身感受到"人间仙境"的有形魅力。

（作者简介：王书丽，郑州升达经贸管理学院教师，中国旅游研究院文化旅游研究基地助理研究员；张野，中国旅游研究院文化旅游研究基地研究员）

专题篇

第十五章　黄河国家文化公园重点建设区现状分析

——以河南重点建设区为例

王笑天

党的二十大报告明确提出，要"建好用好国家文化公园"。黄河国家文化公园是国家文化公园体系的重要组成部分，建设黄河国家文化公园是深入贯彻落实习近平总书记关于保护传承弘扬黄河文化和国家文化公园建设的重要指示精神、打造中华文化标识的重大举措，推动新时代文化繁荣发展的重大工程。自2021年12月国家《"十四五"旅游业发展规划》中表示，要将黄河国家文化公园河南段确立为国家文化公园重点建设区之一以来，河南省立足省情，高度重视黄河国家文化公园的建设发展。在文旅文创融合战略等指导理念下，综合考虑整体布局、功能区分布等情况，"以保护传承、研究发掘、环境配套、文旅融合、数字再现五大工程项目为抓手"，以中华文明演进历程中的关键时期、关键区域为重点，组建专班团队，整合黄河现行河道及历史故道沿线重大文物和文化资源，充分考虑中原城市群内部文化地理关系、城镇结构体系、经济社会联系，印发《黄河国家文化公园（河南段）建设保护规划》《河南省黄河文化保护传承弘扬规划》等一系列政策文件，对黄河（河南段）文化的发展基础、目标定位、重点任务、保障措施等进行了较为全面、清晰的规划设计，对未来河南省黄河文化的保护、传承和弘扬具有重要的指导意义。

第一节　河南黄河国家文化公园重点建设区建设进展

（一）切实提高政治站位

河南省委书记楼阳生在2023年全省文旅文创发展大会上就黄河国家文化公园建设作出重要安排，提出以保护传承弘扬黄河文化为主题，加快建设黄河国家文化公园、郑汴洛国际文化旅游目的地，推出黄河文化研学之旅。河南省委省政府将国家文化公园建设作为"十四五"期间河南文旅文创融合战略的重点工作之一，组建河南省国家文化公园建设工作专家咨询委员会，调整了河南省国家文化公园建设工作领导小组工作职责。河南省文化和旅游厅、河南省发展和改革委员会结合黄河流域生态保护和高质量发展规划、黄河文化保护传承弘扬规划等，完成《河南省黄河国家文化公园建设保护规划》。相关省辖市（区）按照多规合一要求，以国土空间规划为依据，严格落实国土空间用途管制制度和环评要求，同步推进编制省辖市（区）级黄河国家文化公园建设保护规划。

（二）优化国土空间布局

目前，河南省已在普查勘验、系统摸底的基础上，完成黄河沿线7051处不可移动文物普查，识别具有重大价值的遗产资源488处，并按照黄河沿线不同点段文化文物资源规模、特点和保护要求，科学划定管控保护区，实施重大修缮保护项目。河南将通过建设伊洛河、淇河等14条集中展示带，建设隋唐洛阳城、北宋东京城等50个核心展示园、160个特色展示点、30个黄河国家文化公园文旅融合示范区、一批黄河文化驿站和20条黄河文化线路，高水平打造中华文明连绵不断的探源地、实证地和体验地，形成"一核三级、一廊九带"的国家文化公园建设总体布局（见表15-1）。

表 15-1 黄河国家文化公园（河南段）各地市四大主体功能分区数量

地市	管控保护区	主题展示区 核心展示园	主题展示区 集中展示带	主题展示区 特色展示点	主题展示区 合计	文旅融合区	传统利用区
郑州市	27	11	2	23	36	5	29
开封市	10	4	2	10	16	2	8
洛阳市	24	8	3	20	31	5	12
平顶山市	7	2	1	6	9	1	11
安阳市	10	4	3	9	16	3	12
鹤壁市	6	1	0	5	6	1	4
新乡市	6	1	0	8	9	1	4
焦作市	9	3	1	8	12	3	8
濮阳市	10	2	1	6	9	2	5
许昌市	6	1	0	7	8	1	3
三门峡市	8	5	2	7	14	3	7
商丘市	10	2	1	9	12	3	2
周口市	8	4	0	8	12	2	1
济源示范区	8	2	2	4	8	1	4
跨区域	2	0	2	0	2	0	0
合计	151	50	20	130	200	31	110

第一，一核引领。立足河南作为"华夏文明主根、国家历史主脉、中华民族之魂"的战略地位，建设以郑汴洛三地为依托的大河文明传承创新核心区。依托郑州、开封、洛阳黄河古都群集聚优势，确立郑州"华夏文明之源、黄河文化之魂"主地标战略地位、开封"一城宋韵、千年梦华"主地标战略地位、洛阳"千年帝都、河洛之心"主地标战略地位，以保护传承弘扬黄河文化为主线，以共建郑汴洛黄河文化国际旅游目的地为战略抓手，共同叫响"三座城四百里五千年"品牌，共同打造黄河文化主地标城市，共同建设具有国际影响力的黄河文化旅游带示范段。

第二，三级支撑。以黄河文化为纽带，以河洛文化为原点，联动关中文化、三晋文化、齐鲁文化、燕赵文化、楚汉文化等地域文化，突出省际文化旅游协同发展,体现黄河国家文化公园建设打破行政边界的目标要求,打造豫晋陕、豫晋冀、豫皖苏黄河文化联动发展三大跨省域黄河文化联动发展增长极,构建黄河中下游地区跨省域文化旅游圈。

第三,一廊九带联动。"一廊"即黄河干流文化旅游大走廊。以黄河干流为主廊道,西起灵宝豫灵镇,东至台前吴坝乡,全长711公里,并在此基础上南北分别延伸100公里、70公里,串联三门峡、洛阳、济源、焦作、郑州、新乡、鹤壁、安阳、开封、濮阳9市1区。以重要支流、黄河故道、山川形胜为支脉,打造伊洛河、贾鲁河、古济水—沁河、洹河、漳河、黄河南北流故道、沿豫北太行山、沿豫西秦岭余脉等9条展示支脉。

(三)阐述文化时代价值

河南省积极构筑战略思维,促进黄河文化的时代转化。围绕黄河文化的保护与开发,河南省接连推进重大考古项目开展和大遗址保护开发,"考古中国·夏文化研究项目"获批,二里头遗址等6项主动性考古发掘项目稳步开展。目前,河南省以三门峡庙底沟、渑池仰韶村、洛阳二里头、偃师商城、汉魏洛阳城、隋唐洛阳城、郑州商城、郑州大河村、安阳殷墟、内黄三杨庄等已经建成或立项的国家考古遗址公园为代表的大遗址为依托,正积极勾勒中华文明起源、形成、发展、繁荣的核心历史图景,为充分诠释、展示黄河文化提供了丰富多彩的支撑和平台。

近年来,河南省先后发起成立了沿黄九省区黄河之旅旅游联盟、黄河流域博物馆联盟、黄河流域非物质文化遗产保护传承弘扬联盟,在推动黄河沿线文化旅游协同发展方面发挥着越来越重要的作用。积极推进省文物考古研究院重塑性改革,打造全国一流、具有世界影响力的考古院所。整合省内外研究黄河文化的优势资源,依托夏文化研究中心、黄河文化研究院、黄河国家文化公园研究院、黄河考古研究院等,进一步加强黄河文化研究力量。《唐宫夜宴》《洛神水赋》《龙门金刚》等系列节目持续出圈,成为弘扬黄河文化的精品力作。出版《黄河记忆》《运河与开封》等文化专著,加快编制《河南大运河图录》等学术研究著作,成功举办黄河文化高层论坛、"黄河学"高层论坛等学术交流活动。

各地市积极开展沿线资源普查,对所在区域的文化和旅游资源进行了全面梳理,对其遗产价值进行了系统研究,对其保护现状及利用潜力进行了科学评估。开封州桥及古汴河遗址考古发掘成果丰富，已揭露出汴河故道、金元河堤、州桥部分桥面；新乡百泉书院遗址发掘基本结束，正在开展资料整理与研究；会通河台前段遗址揭示出"滚水坝"标志，为全国同类设施中少见；完成焦作武陟古石坝及河道遗址考古勘探，发现疑似河堤、水坝。

（四）完善环境配套设施

目前，河南省依托沿黄生态廊道，建设700余公里黄河生态和文化旅游复合廊道，规划建设总长3359公里的沿黄1号旅游公路。自2019年以来，河南省三门峡市深入实施黄河流域生态保护和高质量发展战略，在全省率先建成沿黄复合型生态廊道，域内18条黄河一级支流实现"清水入黄"，240公里复合型沿黄生态廊道基本贯通，生态系统功能不断增强，实现了"河畅、水清、岸绿、景美"。2021年，287.5公里的洛阳市沿黄生态旅游公路全线贯通，不仅惠及沿线村村民的出行，同时带动周边群众就业，让农民在家园增绿的过程中增收致富，实现了生态效益、经济效益、社会效益的统一。郑州市聚焦生态保护与黄河安澜、水资源节约集约利用、产业转型升级和创新、开放合作、保护传承黄河文化、基础设施互联互通、民生保障等领域，大力实施生态保护修复工程，完成沿黄生态带绿化提升1685亩，造林绿化2.4万亩，打造全长76.5公里的沿黄生态廊道。2020年年初，开封市谋划黄河生态廊道建设项目，并于2020年3月开工建设开封黄河生态廊道示范带，2023年9月，全长87.7公里的绿色长廊已实现贯通，在防风固沙、保持水土、涵养水源、抵御灾害天气方面发挥了重要作用。

（五）加强文旅深度融合

截至2023年12月，河南围绕黄河文化，积极构建"红色研学＋绿色发展＋户外运动"的公共文化载体，开发具有河南特色的红色研学项目，联动绿色生态旅游项目，现已设计推出不同类型的文化旅游精品线路30余条，涵盖"英模精神、红色印迹"等红色精品线路，"非遗文化、历史文脉"等文化传承线路以及"古城新景、城市场馆"等现代文化体验线路。洛阳"古都夜八点""古都新生活""河洛文化大集"等活动品牌效益明显，有力促进文旅消费。河南广播电视台《中国节日》系列持续爆火，河南省博物院考古盲盒供不应求，只有河南·戏剧幻城火爆开城。同时，河南省抢抓数字经济新机遇，研发推出"黄河之礼·老家河南"非遗数字馆、沿黄九省（区）黄河数字资源专题库等数字平台，遴选117处黄河国家文化公园重大标识性项目并面向社会征集数字化创意设计方案，加快实现科技赋能，提升数字化保护水平。

第二节　河南黄河国家文化公园重点建设区发展条件分析

利用SWOT-PEST分析模型对河南省黄河国家文化公园发展的内外部因素进行研究，将黄河国家文化公园发展的内部优势与劣势、外部机会与挑战，从经济、政治、社会、技术四个角度进行具体分析，并结合我国国家公园和国家文化公园的理论与实践提出发展对策，以期为河南省黄河国家文化公园的建设与发展提供借鉴参考。

（一）优势

1. 政治方面

当前，河南省正处于一系列外部政策带来的机遇叠加期：国家公园和国家文化公园建设、中部地区高质量发展、黄河流域生态保护和高质量发展、文旅文创融合等战略，为河南建设黄河国家文化公园提供了重大优势；七大战略区和"一带一路"倡议为依托构建河南高质量发展的支撑体系；国家"一带一路"倡议也为河南省建设黄河国家文化公园提供战略发展机遇。

2. 经济方面

河南是黄河沿线经济社会发展增长极和文化旅游大省，以13.01%的黄河河道长度、5.66%的流域面积，养育了黄河流域省份26%的人口，创造了20%的国内生产总值。郑州是黄河流域两大国家中心城市之一，洛阳是黄河中上游经济总量最大的非省会城市。河南是承东启西、连南贯北的重要交通枢纽，米字形高铁基本成形，高速通车里程位列黄河流域首位，郑州入选国际性综合交通枢纽城市，洛阳、商丘、南阳入选全国性综合交通枢纽城市建设名单。2022年，河南GDP达到6.13万亿元，居民人均可支配收入2.82万元，常住人口9872万，居黄河流域省份前列。河南文化产业及相关产业增加值连续5年保持9%以上增长，2022年共接待国内游客人数4.36亿人次，实现旅游综合收入3160亿元。

3. 社会方面

国际经验表明，当人均GDP达到1万美元时，文化娱乐消费需求将出现爆发性增长。当前，我国人均GDP已突破1万美元，已逐步迈入后工业化时代，消费领域的"文化跃迁"现象显现，居民在文化、旅游、体育、康养度假等体验及精神文化领域的需求快速增长，河南文化和旅游将进入弯道超车的黄金机遇期。目前，河南省成为黄河国家文化公园重点建设区，54个（总投资174亿元）重大项目纳入国家盘子。此外，河南省是人口大省，并且近两年河南省的劳动力输出逐年回流，返乡就业转业农村劳动力比率呈现增加趋势，劳动力供给充足，在吸引产业投资方面具有优势。

4. 技术方面

目前，河南省成立夏文化研究中心、黄河文明与可持续发展研究中心、黄河国家文化公园研究院等科研机构，为加强文物保护利用和文化遗产保护传承，推动中华优秀传统文化创造性转化、创新性发展，进而推动河南黄河国家文化公园建设提供良好的技术支持。近年来，河南积极依托沿黄九省（区）黄河之旅旅游联盟，召开2021黄河流域文化旅游创新大会。世界旅游城市市长论坛、世界古都论坛等落户河南。黄河流域博物馆联盟、沿黄九省（区）黄河之旅旅游联盟、黄河流域非物质文化遗产联盟等发起单位或秘书处均设在河南，这些都成为黄河文化与世界文明交流互鉴的重要平台。

（二）劣势

1. 政治方面

目前，河南虽已编制完成《河南省黄河文化保护传承弘扬规划》《河南省"十四五"文化旅游融合发展规划》《黄河国家文化公园（河南段）建设保护规划》，但在如何建设黄河国家文化公园并落实具体工程项目方面，推进力度仍有不足，特别是部分县市，工作安排和负责机制不完善，造成黄河国家文化公园进展相对缓慢。目前，河南省文物和文化资源、旅游资源的一体化管理机制尚未形成。文物建筑开放、大遗址保护利用与人民群众的期待还有差距。文艺院团、博物馆等激励机制仍不健全。此外，河南文化和旅游投融资机制不灵活，缺乏省级大型文化旅游投融资集团的引领，加之资源资产化、资产证券化的进程缓慢，导致文旅文创企业融资难度加大，不利于黄河国家文化公园相关项目建设。

2. 经济方面

没有强大的文旅企业，就没有强大的文旅产业。由于缺乏转化主体，河南厚重的文化遗产资源优势没有转化为发展优势，黄河文化相关的大遗址展示利用手段单一，文物建筑开放利用不足，非遗保护传承与人民群众特别是青少年的生活脱节。在2022年中国旅游集团20强榜单中，河南没有一家旅游企业上榜，没有一家主板上市企业。全省共有文化贸易类企业80余家，但不论是规模还是质量效益，与发达地区相比，差距都很明显。

3. 社会方面

目前，河南旅游发展存在"资源向产品转化不足""有建设缺运营""有吸引物缺目的地"等问题。旅游景区仍未摆脱"门票依赖"，多数文旅项目建成开业后持续盈利能力不强，多元化、高品质的文化和旅游服务配套不足，缺乏具有世界影响力的文化旅游目的地品牌。多数民营企业由于自身实力不足，仍旧停留在"圈山圈水圈门票"的初级阶段，资源开发品位较低，造成同质化产品遍地开花。涉旅企业集团仍处于探索阶段，标志性产品有待突破。

4. 技术方面

目前，河南黄河国家文化公园重点建设区的基础设施不够完善，重点体现在黄河沿线通航能力、公路连通性较差，旅游景区可进入性需要改善，城乡经济差距大，生态环境保护力度不够等方面。河南遗产展示利用手段单一，开发利用不足，科技、创意等对文旅融合赋能不够。近年来，河南通过多平台引进人才，获得了显著成绩，引进和培养了一些行业领军人才、高技能型人才和中高端创新型人才，但是从整体上来看，河南省依然缺少高素质、高水平人才。此外，河南的研发经费和研发人员投入相对全国平均水平较低，缺乏对技术升级和产业转型的战略思维。人才、科技等劣势造成河南黄河国家文化公园建设提供支撑力度不足。

（三）机会

1. 政治方面

黄河流域生态保护和高质量发展上升为重大国家战略，为黄河国家文化公园建设带来战略机遇。以习近平同志为核心的党中央将黄河流域生态保护和高质量发展作为事关中华民族伟大复兴的千秋大计，习近平同志多次发表重要讲话、作出重要指示批示，为工作指明了方向，提供了根本遵循。党的二十大报告强调："加大文物和文化遗产保护力度，加强城乡建设中历史文化保护传承，建好用好国家文化公园。"《河南省"十四五"文化旅游融合发展规划》中提出，河南省应高标准打造黄河国家文化公园重点建设区，彰显华夏文明主根、国家历史主脉、中华民族之魂战略地位，建设中华文明连绵不断的探源地、实证地和体验地，并提出国家文化公园建设保护行动。

2. 经济方面

国家发改委提出，"中国经济回升向好的趋势必将进一步巩固"。2023年前三季度，河南GDP达47785.44亿元，同比增长3.8%，整体呈现出加速恢复、企稳向好的态势。受疫情影响，大量出境旅游需求被限制挤压到国内甚至省内市场，旅游消费者个性化、高品质需求觉醒，为河南省文旅、文创市场发展创造了一次历史性的机遇。相关研究分析认为,"十四五"中期,河南省第三产业比重将超过50%,旅游业综合贡献占GDP比重将超过12%,文化产业增加值占GDP比重将超过5%,"文化转向"将成为"十四五"期间河南省文化和旅游发展的标志性特征。此外,当前河南正处于工业化中期和城镇化加快发展阶段,郑州航空港经济综合试验区、中国(河南)自由贸易试验区、郑洛新国家自主创新示范区等战略平台加快建设,中原城市群战略、乡村振兴战略等深入推进,新型基础设施建设及新兴产业投资需求巨大。内需潜力将会推动产业链加速调整重构,新产业新动能将迎来爆发式增长。

3. 社会方面

人民群众对美好生活的需求牵引文化旅游供给侧结构性改革。境外消费回流倒逼文化旅游消费升级,文化旅游供应链迈向中高端。文化体验成为广大旅游者最重要的出行动机。"Z世代"成为文化旅游消费主力军。高颜值、高品质的文化创意和休闲度假业态广受追捧。符合未来审美需求的个性化、定制化产品大行其道。文化消费成为群众日常生活的基本组成部分,融入衣食住行游购娱等各个环节。旅游成为人的基本权利和生活方式,休闲街区、度假社区、主客共享性公共文化空间等生活方式型文化体验旅游目的地发展迅速。基于当地居民的社区营造、乡村建设等,成为重要的旅游吸引物。微度假、深体验型文化旅游广受欢迎。这些都为黄河国家文化公园建设奠定了良好的社会基础。

4. 技术方面

当今世界正处于百年未有之大变局,新一轮科技革命和产业变革深入发展。随着我国已开启全面建设社会主义现代化国家新征程,社会主要矛盾变化带来新特征新要求。文旅产业的需求、业态、模式等将进入快速迭代期,呈现国际化、创意化、数智化、品质化、生活化5个方面的趋势,特别是在数字文旅的趋势下,推动区域双循环,实现本区域与相关区域之间的协同发展。数字文旅区域双循环的实现,有助于推动河南黄河国家文化公园形成集聚效应,补齐创新短板,形成核心竞争力。此外,河南完备的产业供给体系和能力,能够满足黄河国家文化公园重点建设区规模经济和集聚经济需求,可以有效提升以国内大循环为主的经济效率。

（四）挑战

1. 政治方面

对于河南黄河国家文化公园重点建设区而言，有中央和河南政府出台相关政策予以大力支持，但是由于国家文化公园的建设处于起步阶段，仅有部分省份对其他三大国家文化公园建设出台了相关的法律政策，对于黄河国家文化公园建设，并没有完善的法律体系。2022年1月，国家部署启动长江国家文化公园建设，自此，河南不再是兼具四大国家文化公园建设任务的唯一省份，文化旅游融合发展的先天优势在一定程度上受到削弱。由于长江国家文化公园和黄河国家文化公园在一些层面具有较为明显的相似性，因此，未来河南打造黄河国家文化公园重点建设区，在如何考虑其与长江国家文化公园的关系，保持自身独特性等方面势必会面临一定的压力。

2. 经济方面

河南拥有大量文化遗产资源，文化旅游资源丰度高且分布集中，在全国范围内优势明显。但目前河南文化产业增加值占GDP比重为4.19%，落后于全国平均水平（4.5%），在中部六省中排名第四，不及湖南、湖北和安徽，文化强省建设任重道远。旅游经济体量也相对较小。核心城市支撑较弱的问题依然存在，郑州、洛阳、开封作为河南省旅游经济的龙头，2022年三地旅游接待量之和不足2.5亿人次，国内旅游收入为1132亿元、221亿元和605亿元，显著低于同为古都的西安、杭州等地。

3. 社会方面

目前，河南黄河国家文化公园建设由河南省文化和旅游厅牵头，但在国家层面则是由国家发改委牵头，在相关建设推进时容易造成相关责任不明确等隐患。河南省文化和旅游厅在资源处加挂国家文化公园专班，现有的对黄河国家文化公园建设的管理人员以办公室的形式存在。但是，办公室人员流动性强，不利于形成稳定的管理体系。

4. 技术方面

目前，河南依旧缺乏对黄河文化的深入研究与阐释，对黄河文化蕴含的人文精神、时代价值等研究不够，在夏文化研究等重大领域有待突破，缺乏具有全国影响力的黄河文化舞台艺术精品力作。随着文化科技融合进入数字文化经济时代，VR、AR、MR、AI等新技术在文化旅游领域充分应用，大数据、移动互联网等加快驱动文化旅游数字化转型，催生更多新业态、新场景和新模式，也造成文化旅游的资源观、时空观、产品观均将重构，数字文旅成为文化和旅游业未来发展方向。这些趋势将进一步造成河南省科技、创意对文旅产业赋能不足的劣势变得更加明显，不利于推动黄河国家文化公园重点建设区的发展（见表15-2）。

表15-2 河南省黄河国家文化公园SWOT-PEST分析

		PEST 分析			
		政治方面	经济方面	社会方面	技术方面
内部环境	优势（S）	一系列相关战略表明政府对黄河国家文化公园建设高度重视	经济发展势头良好，文旅产业融合发展活力涌动，承东启西、连南贯北的交通区位优势	"文化跃迁"现象的出现；劳动力输出逐年回流和返乡就业现象开始出现	文化底蕴深厚，文化旅游资源极其丰富；科研机构和黄河文化与世界文明交流互鉴平台建设
内部环境	劣势（W）	对黄河国家文化公园发展的扶持能力不足，相关的政策法规待完善	黄河文化遗产资源优势尚未转化为经济发展优势，科技、创意等对文旅融合赋能不够	黄河文化资源关注不够、开发不足，文化和旅游服务配套不足	基础设施不完善；缺少高水平人才；研发经费和投入较低；缺乏转型升级的战略思维
外部环境	机会（O）	黄河流域生态保护和高质量发展上升为重大国家战略；建设黄河国家文化公园重点建设区	"文化转向"带来的巨大驱动力；当前河南正处于工业化中期和城镇化加快发展阶段	文化旅游供应链迈向中高端；国际知名度与影响力进一步提升	数字文旅区域双循环的推动；完备的产业供给体系和能力
外部环境	挑战（T）	政府在协调衔接黄河与其他三个国家文化公园关系上存在挑战	文化产业增加值较低，文化旅游经济体量较小	管理机制不完善；人口流失严重，人才匮乏；社会开放程度不足	没有成熟经验可以借鉴；缺乏对黄河文化的深入研究与阐释

第三节 河南建设黄河国家文化公园的典型案例

（一）郑州：建设国际级黄河文明寻根胜地

郑州地处黄河中下游分界线，具有"雄、浑、壮、阔、悬"等诸多独特的地理特征，构成令人赏心悦目的大河风光和自然、人文景观。郑州市历来重视黄河文化保护传承弘扬，依据《郑州市文物博物馆事业发展"十四五"规划》，到2025年，全面谋划启动《郑州市黄河文化遗产保护传承弘扬专项规划》《郑州市全域文物保护利用示范区总体规划》，"两带一心"城市文化格局粗具规模，黄河国家文化公园主体建成，郑州市在黄河流域生态保护和高质量发展国家战略中的引领性示范作用全面显现。为对接《黄河国家文化公园（河南段）建设保护规划》，郑州市出台《加强文物保护利用改革实施方案》，提出以"一带三核"（打造黄河文化带和"天地之中"文化核心展示区、黄帝文化核心展示区、郑州商代王城文化核心展示区）为抓手，以"华夏文明之源、黄河文化之魂"为主题，深入挖掘黄河文化蕴含的时代价值，建设黄河文化带、黄河国家博物馆等一批精品博物馆和国家考古遗址公园，全力建设国家黄河历史文化主地标城市和黄河国家文化公园。近年来，郑州市举办了世界大河文明论坛，积极参与中华文明探源工程、"考古中国"和河南省"考古中原"重大研究，推进"寻找中国丝绸之源——双槐树遗址、青台遗址、点军台遗址"和大河村国家考古遗址公园等重点项目考古发掘、科研转化及保护展示，积极打造展示黄河文明重要窗口、国际级的黄河文明寻根胜地和中华优秀传统文化观光体验目的地等中华文明标识。

2019年12月，郑州市黄河生态旅游风景区管理委员会更名为郑州黄河文化公园管理委员会。郑州黄河文化公园以郑州市丰富的文化底蕴和旅游资源为依托，整合铸造黄河文化公园品牌体系，推动文化和旅游在更广范围、更深层次、更高水平上实现融合发展，为国家文化公园建设提供了良好的实践经验。郑州黄河文化公园是国家级风景名胜区、郑州黄河国家地质公园、国家4A级旅游景区、国家水利风景区，位于河南省会郑州市西北20公里处黄河之滨，拥有雄浑壮美的大河风光，源远流长的黄河文化。它是黄河地上"悬河"的起点、黄土高原终点、黄河中下游的分界线，是黄河的最佳观赏地，此段黄河以"悬、险、荡、阔"等一系列独特的地理特征形成了博大、宏伟、壮丽、优美的自然景观。目前已开放面积20多平方公里，已经建成并对外开放的有五龙峰、岳山寺、大禹山、炎黄二帝塑像、星海湖等五大景区，分布着"炎黄二帝塑像"、"哺育像"、中华百位历史名人像、黄河碑林、万里黄河第一桥、毛泽东视察黄河纪念地等40余处景点。

（二）开封：打造黄河文化旅游带东部龙头

开封地处黄河"豆腐腰"最脆弱位置，是距离黄河最近的城市之一，城市发展已与黄河大堤连为一体。开封拥有最能代表黄河中下游自然特征的奇观之一——悬河以及最能代表河与城兴衰关系和中原人民坚韧不拔斗争精神的遗址之一——城摞城遗址，在守护母亲河、展示文化河、建设幸福河上拥有独特优势和条件。开封市将黄河国家文化公园开封段打造成为黄河国家文化公园示范段为目标，以黄河文化核心展示区、水生态文明建设先行区、黄河流域大都市区文旅融合高质量发展示范区和新时代弘扬焦裕禄精神传承基地"三区一基地"为主功能定位，以"悬河摞城，梦华开封"为主题形象，构建以"开封悬河""城摞城""北宋东京城（汴京城）""焦裕禄精神"为支撑的黄河文化IP体系。

"地上悬河"一直都是开封黄河文化的标签。为全面展示黄河的历史、现状和"悬河"这一世界奇观，2021年12月，黄河悬河文化展示园项目开工建设。该项目旨在保护、传承、弘扬黄河文化，通过揭示"悬河"和"城摞城"的关系，展示八朝古都开封"依水而生、因水而兴、因水而衰"的城河历史文脉和新中国成立以来治理黄河的巨大成就。

（三）洛阳：凸显河洛文化展示核心区地位

洛阳位于黄河中下游的河洛地区，不仅是黄河文明的核心地区，是三皇五帝及夏商周文明的中心地区，作为我国长期以来的政治、经济、文化、交通的中心之一，也是文化荟萃之地。数千年前，广袤的中原大地在仰韶、龙山等史前文化的孕育和影响下，得地利之便、气候之宜，催生出了二里头文化这样的集大成者，成了中国历史王朝时代的开端、中华文明总进程的核心与引领者。近年来，洛阳市依托黄河流域洛阳段丰富的文化资源以及河洛文化处于中原黄河文化的中心地位等优势，以建设国家文化和旅游消费示范城市为契机，叫响"最早中国""隋唐洛阳城""东方博物馆之都""东亚文化之都""研学洛阳、读懂中国"等一批具有国际影响力和吸引力的文化旅游品牌，打造彰显文化自信、体现文化软实力的中原黄河文化核心展示区。

2023年2月，黄河国家文化公园形象标志在隋唐洛阳城和二里头国家考古遗址公园主入口正式亮相，这不但是提升黄河国家文化公园形象辨识度的积极尝试，也是黄河国家文化公园建设保护的重要成果。黄河国家文化公园形象标志设计理念立足黄河"几"字弯地理特征，同时融入"红飘带"和"龙图腾"的造型特征，传达出中华文明起源、形成、发展的历史进程，象征着中华民族的生生不息以及新时代的崛起与腾飞。该形象标志主要以导览图形式呈现，包括黄河国家文化公园（河南段）总览图、核心展示园（含重大遗址）简介、园区及周边信息咨询等相关内容，为公众走近、了解、认识黄河国家文化公园提供了良好的信息载体。

（四）三门峡：弘扬"中流砥柱"精神

三门峡市是黄河入豫第一站，蜿蜒200公里的黄河赋予这座城市得天独厚的生态资源。三门峡大坝是新中国成立以后，在黄河干支上修建的第一座大型水利枢纽工程，被誉为"万里黄河第一坝"。三门峡市也是因为三门峡枢纽而生，因黄河而兴的一个新兴的城市。近年来，三门峡市以黄河流域生态保护和高质量发展为主线，依托丰富的历史文化和自然生态资源，努力建设全国知名的旅游目的地城市和黄河文化高地。为进一步推动黄河文化保护传承弘扬，三门峡市积极建设仰韶文化传承保护区文化地标，打造函谷关历史文化旅游区、三门峡大坝黄河文化旅游区、陕州地坑院景区3个重要文化IP，完善渑池义马、灵宝、卢氏、中心城区4个以大遗址大考古、黄帝文化等为突出特色的全域文旅组团，叫响"黄河三门峡·美丽天鹅城"城市品牌，打造中华民族文化自信的精神地标。

2023年5月，由河南省文化和旅游厅、河南省发展和改革委员会主办，三门峡市政府、中国旅游报社承办的黄河国家文化公园建设保护会议在三门峡召开。会议以"建好用好黄河国家文化公园"为主题，旨在促进做好黄河流域生态保护和高质量发展工作，大力弘扬黄河文化，凝聚推动黄河国家文化公园建设的磅礴力量。会议最终达成《建好用好黄河国家文化公园（三门峡）共识》，明确提出：要通过建好用好黄河国家文化公园，推进黄河文化遗产的系统保护，世世代代守护好老祖宗留给我们的宝贵遗产；展现中华文明的人文底蕴和精神特质，让其成为读懂中国的一扇窗口；研究阐释黄河文化的时代价值，用创意、科技让黄河文化活起来，打造高品质文化体验空间，建设具有国际影响力的黄河文化旅游带，做大做强中华文化重要标志，共同讲好新时代"黄河故事"。

（五）安阳：打造特色鲜明的黄河流域文化发展新高地

安阳历史悠久，文化底蕴极为深厚，从旧石器时代起人类就在此繁衍生息，创造了绵延不断、独具特色的地域文化。安阳在黄河文化形成与发展过程中扮演了极为重要的角色，是中国早期文明的诞生地，也是黄河流域悠久历史的重要参与者。为全方位向世人展示殷墟丰富的文化内涵，帮助公众更深刻地理解殷商文化对中华文明乃至世界文明的贡献，安阳市以将殷墟遗址真正建设成为可持续发展的世界遗产地典范为目标，深化中华文明探源工程、打造国家文化地标、提升中华文化国际传播能力。

2020年11月，殷墟遗址博物馆新馆破土动工，成为殷墟国家考古遗址公园的核心工程和灵魂工程、黄河国家文化公园重大工程，并被纳入《国家"十四五"时期文化保护传承利用工程项目储备库》。开馆后，通过殷墟遗址博物馆将通过探索商文明展厅、车辚辚 马萧萧——殷墟车马遗迹展厅、王畿与四方展厅、伟大的商文明展厅、子何人哉——殷墟花园庄东地甲骨特展厅、长从何来——殷墟花园东地亚长墓专题厅、世界的商文明展厅、沉浸式数字化体验厅、精细考古实验室等，全方位向世人展示殷墟丰富的文化内涵，帮助公众更深刻地理解殷商文化对中华文明乃至世界文明的贡献。

第四节 河南黄河国家文化公园重点建设区建设经验

（一）建设黄河文化旅游带

作为黄河文化的核心展示区和文化旅游资源大省，河南在抢抓发展机遇、落实相关指示精神过程中，先后在省委十届十次全会和河南省文化旅游大会上，提出要充分运用中部地区崛起、黄河流域生态保护和高质量发展两大国家战略带来的发展机遇，发挥河南在黄河流域的独特优势，以黄河文化为主线，规划建设黄河文化遗产保护廊道，城河互动、区域协同，打造具有国际影响力的郑汴洛黄河黄金文化旅游带。河南省以形成黄河文化旅游带命运与利益共同体为目标，立足"华夏文明主根、国家历史主脉、中华民族之魂"的战略地位，实施"黄河IP孵化计划"，系统梳理具有重大价值、突出影响、关键意义的文化资源，集中打造中华文化重大标识，叫响"黄河之旅——中华民族之魂"品牌，形成"黄河文化+"产业格局。

（二）打造世界级黄河大遗址公园走廊

为实现黄河流域生态保护和高质量发展，让人民群众共享黄河流域生态文明建设的成果，黄河流域九省区都试图将规划沿黄生态文化旅游廊道作为积极推进黄河国家文化公园建设的"先手棋"。河南省在黄河沿岸建设复合型生态廊道的同时，充分发挥其作为黄河流域生态保护和高质量发展重大国家战略的重要承载地的作用，通过统筹黄河沿线不可移动文物和可移动文物的系统性保护和展示以及非物质文化遗产的保护和传承，构建虚实结合的黄河文化遗产保护展示体系，构建三门峡—洛阳—郑州—开封—安阳世界级大遗址公园走廊，勾勒出中华文明起源、形成、发展、繁荣的核心历史图景，为推进黄河国家文化公园建设打下了坚实的基础。

（三）打造黄河文化博物馆群落

河南省以人文黄河为内涵，以人河关系为主线，集中打造以河南博物院为龙头的国家级博物馆群落，建成国际一流都市文博区。以郑州为核心，以象湖片区为中心，推动河南博物院新院建设，在象湖周边聚合已有的河南科技馆，规划河南自然博物馆和河南农耕博物馆建设。充分发挥开封中原城市群核心区中心城市和洛阳省域副中心城市的文化文物资源优势，打造博物馆群落，形成"双翼"联动，协同发展的良好格局。利用安阳、驻马店、信阳、濮阳、平顶山、许昌、三门峡、南阳文化文物集聚优势，突出区域特色，打造博物馆主题文化群。

（四）建设国际知名考古旅游目的地

河南作为华夏文明的重要发祥地，遗址遗迹众多，依托这些资源，河南加快世界级大遗址公园建设，打造了一批知名考古旅游目的地，见证了中华文明的形成与发端。依托二里头、殷墟、夏商都城遗址、隋唐洛阳城等，推出夏文化探索之旅、甲骨文之旅、早期中国之旅等专题考古旅游线路。依托郑州、开封、洛阳、安阳四大古都，把郑州环嵩山地区、洛阳"五都荟洛"、开封"城摞城"、安阳殷墟及曹操高陵等打造成为国际知名的考古旅游目的地。依托郑州、开封、洛阳、安阳四大古都和商丘古城、朝歌古城、浚县古城等，保护固态、植入业态、构建生态，打造一批历史文化与现代文明交相辉映的古城，树立古都古城古镇古关古道文旅新地标。

（五）创建黄河文化研学旅行先行区

为讲好黄河故事，增强人民文化自信与获得感，河南省聚焦一条线（黄河），突出两座城（开封、洛阳），打造黄河文化研学旅行基地277个、营地18个，推出6家以黄河文化为主题的中小学生社会实践教育基地。联合河南省黄河河务局，开展"黄河文化千里研学之旅"。2023年10月，"豫见黄河·品读中国"第三届黄河流域研学联盟大会在河南郑州开幕，指出要通过研学实践这根主线，串联起沿黄流域不同区域的特色文化，构建脉络清晰、多元纷呈的黄河研学资源体系，同时深化研学教育、课程研究、人才培养等方面的交流合作，推动研学资源共建共享，辐射带动周边研学实践活动，建好、用好黄河流域研学示范带。

［本文系国家社科基金重大项目"建设黄河国家文化公园研究"（21ZDA081）研究成果］

（作者简介：王笑天，中国旅游研究院文化旅游研究基地研究员）

第十六章　黄河国家文化公园（开封段）建设保护规划分析

张　野　楚小龙　郑　鹏　张　瑞　王　伟　李　昊　王笑天

国家文化公园是传承中华文明的历史文化走廊，是提升人民生活品质的文化和旅游体验空间。开封位于黄河中下游冲积平原的东部，是黄河文化的重要发祥地之一。开封是黄河腹地安澜的枢纽，也是大河古都文化的高地，还是大河治理精神的典范，更是新中国黄河治理的转折。开封具有建设黄河国家文化公园的重要基础，这里黄河文化底蕴深厚，黄河治理贯通古今，黄河遗产灿若群星，黄河城市绽放新彩，黄河文化研究全国领先。当前，黄河流域生态保护和高质量发展、中部地区崛起、乡村振兴、文旅文创融合、郑开同城化等一系列重大战略叠加，成为推进开封黄河国家文化公园建设保护的重要契机，为推动开封黄河文化和旅游融合发展提供了战略指引。

第一节　总体定位与空间布局

黄河国家文化公园（开封段）要坚持"科学统筹，系统保护""挖掘内涵，创新传承""对外传播，交流互鉴""彰显价值，展示形象"等原则，全面推进开封黄河文化遗产的系统保护，推动开封黄河文化创造性转化、创新性发展，提升开封黄河文化的传播力和影响力。

（一）总体定位

黄河国家文化公园（开封段）要以黄河文化主地标城市建设为引领，以黄河、城市、乡村之间的互动为支撑，将黄河国家文化公园开封段打造成为黄河国家文化公园示范段，建设黄河文物保护利用示范区、黄河文化和旅游高质量发展示范区、黄河文化国际交流示范区，形成黄河国家文化公园开封段"一段三区"的定位格局，塑造"悬河摞城，梦华开封"的主题形象。

黄河国家文化公园（开封段）要系统梳理和识别开封具有突出意义、重要影响、重大主题的黄河文物和文化资源，提炼具有国家意义、开封特色的黄河文化IP。黄河国家文化公园（开封段）宜构建"4+6+N"黄河文化IP体系，即：4个一流黄河文化IP，包括"开封悬河""城摞城""北宋东京城（汴京城、汴梁城）""焦裕禄精神"；6个著名黄河文化IP，包括领袖视察黄河处、林公堤、禹王台、镇河铁犀、豫剧祥符调、仓颉造字；N个其他黄河文化IP，包括一系列黄河决口遗址、黄河险工、引黄工程、黄河堤防设施、黄河渡口、黄河运河、黄河建筑、黄河陵墓、黄河桥梁、黄河典籍、黄河绘画、黄河碑刻、黄河非遗、黄河特产、治黄名人等。

（二）空间布局

黄河国家文化公园（开封段）要以"一核"（宋都文化旅游展示城）、"一带"（黄河生态文化旅游带）、"三区"（黑岗口片区、柳园口片区、东坝头片区）、"四轴"（安远门大道、金明大道、西干渠沿线、兰考X006公路）为主体空间骨架，规划建设管控保护区、主题展示区、文旅融合区、传统利用区4类主体功能区，推进黄河文化保护传承弘扬。

首先，"一核"（宋都文化旅游展示城）是展示开封黄河文化的核心区域。该区域以宋都古城为依托，重点推进古城墙文化带、千年中轴线文化带、古都水系文化带"三条文化带"展示利用，推进州桥相国寺、铁塔阳光湖、繁塔禹王台、包公湖、开封府博物馆"四大片区"保护改造，推进清明上河园与周边景区景点联合展示宋都文化。该区域要加强宋都古城历史文化传承，以点带面逐步实现古城整体风貌塑造，充分彰显古城独特的精神品质和文化内涵。

其次，"一带"（黄河生态文化旅游带）是展示黄河生态和文化的重要带状空间。该区域以生态为基、文化为魂，沿黄河生态廊道为轴线，依托开封古城丰富的文化旅游资源优势，串联黄河湿地公园、柳园古渡口等重要节点，充分展示黄河开封段的独特性、代表性，打造融绿色生态、文化展示、休闲娱乐、科普研究、红色教育为一体的黄河生态文化旅游带。

再次，"三区"（西部黑岗口片区、中部柳园口片区、东部东坝头片区）是展示黄河文化的重点特色片区。西部黑岗口片区为开封市重要的引黄灌溉区与防洪屏障，以黑岗口险工为核心，打造集生态景观、防洪保安、娱乐休闲等多功能于一身的黄河生态绿化景观。中部柳园口片区以柳园口险工展示、柳池保护展示、林公堤展示为基础，以黄河悬河展示园为核心，以仓颉汉字文化园为拓展，做好黄河文化的创意展示。东部东坝头片区以兰考县为主体，以传承弘扬焦裕禄精神为主旨，活化红色文化和治河文化，推进黄河生态游、红色旅游高质量发展。

最后，"四轴"（安远门大道、金明大道、西干渠沿线、兰考 X006 公路）是展示黄河文化的重点交通轴线。以安远门大道、金明大道、西干渠沿线和兰考 X006 公路为轴线，完善交通衔接线，串联"一核""一带""三区"，布局黄河文化展馆、文化长廊、文化驿站、景观小品、旅游集散中心、骑行步道、公交场站等，打造"河"与"城"之间的黄河文化展示轴、黄河文化和旅游公共服务示范轴。

第二节　四大主体功能区

（一）管控保护区

黄河国家文化公园（开封段）管控保护区由文物保护单位保护范围、历史文化名城名镇名村以及中国传统村落的核心保护范围组成，对文物本体及环境实施严格保护管控，对濒危文物实施封闭管理，建设保护第一、传承优先的样板区。

管控保护区包括 24 处全国重点文物保护单位、2 处国家级水利风景区、65 处省级文物保护单位、26 处市级文物保护单位保护范围，34 处市级以下重要资源点、1 处国家级历史文化名城、1 处国家级历史文化名镇、1 处国家级历史文化名村已划定的核心保护范围；新发现发掘文物遗存，在未被公布为文物保护单位以前，应参照文物保护单位保护范围划定要求，及时划定临时保护区。为突出黄河国家文化公园文物资源代表性，从开封市现有全国重点文物保护单位、国家级水利风景区、省重点文物保护单位、市重点文物保护单位、市级以下重要资源点、国家级历史文化名城名镇名村等能彰显黄河文化深厚底蕴、展示黄河历史演进脉络、契合黄河流域生态保护需要的重要项目，作为开封市黄河国家文化公园重点保护管控对象。

第一，依法严格保护。按照相关法律法规，对各级文物保护单位和非物质文化遗产进行严格保护。明确管理规定，落实主体责任，推进生态、文物、景观风貌、非遗、民俗传统等整体保护。

第二，明确保护区划。及时划定并公布各类保护对象的保护范围和建设控制地带，对文物本体及历史环境实施严格保护和管控，对濒危文物实施封闭管理。对黄河沿线的历史文化名城名镇名村、传统村落等，划定相应保护范围界线，明确各区域建设管控要求。针对濒危文物实施封闭管理，尚未核定的文物保护单位应加快推进文物保护身份认定，并划定相应保护范围。

第三，加强原貌保护。注重原址原样保护文物，尽可能采取原工艺、原材料、原做法，严防拆真建假。加强历史城区整体格局风貌保护，协调好文物保护与周边环境整治，协调好文物原貌保护与利用发展。

第四，实施挂牌保护。对所有列入管控保护区内的文物资源，加强清单管理，设立保护标牌，明确保护责任主体；对濒危文物实施抢救性保护，设置封闭管理区；实施分期分批保护，及时消除安全隐患，确保文物安全；对新发现的重要文化遗产，及时组织开展价值评估，依法认定、公布为不可移动文物；建立保护后评估制度，由第三方机构定期开展文物保护工程评估工作。

第五，实行动态管理。动态更新文物保护单位、历史文化名镇名村、传统村落名录，对管控保护区实施动态管理。针对新发现、尚未核定为文物保护单位的历史文化遗存，划定临时保护区，按照文物保护单位保护范围的保护管理规定执行。

第六，加强保护研究。开展黄河文物资源登记备案工作。推进黄河文物属性信息全方位采集，建设黄河文物资源数据库。全面加强黄河文物和非遗保护研究，实施开封黄河文化基因解码工程，建立开封黄河文化基因库。

（二）主题展示区

黄河国家文化公园（开封段）主题展示区包括核心展示园、集中展示带、特色展示点三种形态。

第一，核心展示园。依托一系列内涵突出、价值重大、主题鲜明的国家级文物和文化资源，统筹考虑资源保存状态、开放展示条件、区位交通基础、综合发展潜力等因素，宜确定北宋东京城核心展示园、地上悬河核心展示园、黄河生态核心展示园、朱仙镇核心展示园、中国共产党治黄故事核心展示园、焦裕禄红色文化核心展示园、兰考民族乐器核心展示园、黄河故道葡萄酒文化核心展示园 8 处核心展示园。

第二，集中展示带。以核心展示园为基点，以集中体现黄河文化的重要线性空间为串联，依托黄河干流及与黄河文化联系最为紧密的支流水系、黄河南流故道，宜形成宋风雅韵集中展示带、黄河大堤集中展示带、古镇遗产集中展示带、黄河险湾集中展示带、故道富民集中展示带 5 条集中展示带。

第三，特色展示点。特色展示点是位于核心展示园、集中展示带以外，具有重要文化价值并与黄河文化相关的重要文化展示节点。依托具有一定规模，在相关历史或资源类型等方面有其独特性和代表性，具备一定建设基础和文旅发展潜力的文物和文化资源，宜选择 29 处特色展示点（见表 16-1）。

表 16-1 黄河国家文化公园（开封段）特色展示点

区县	数量	特色展示点
龙亭区	4	开封城墙、山陕甘会馆、开封府文庙棂星门（学宫康熙御笔碑）、孟子游梁祠
禹王台区	3	国共"黄河归故"谈判旧址、老井沿街古井、禹王台
鼓楼区	3	延庆观、大相国寺、祥符文庙大成殿
顺河回族区	4	刘青霞故居、河南留学欧美预备学校旧址、开封东大寺、河南贡院碑
祥符区	3	朱仙镇大石桥、汴河故道陈留段、明清黄河大堤
兰考县	12	铜瓦厢古镇、三义寨渠首闸、黄河安澜、人民治黄展示馆、兰考 1952 文化园、毛主席视察杨庄小学旧址、四明堂黄河险工、黄陵岗堵口遗址、35 号坝抗洪抢险纪念地、黄陵岗塞河功完碑、张良墓、梦里张庄

（三）文旅融合区

黄河国家文化公园（开封段）文旅融合区主要包含主题展示区范围内以及周边就近就便和可游可览的文化资源，延伸管控保护区和传统利用区内的各类文化旅游资源，依托资源本底，挖掘文化价值，活化文化利用，打造文旅精品，创新文旅业态，建设黄河文化和旅游高质量发展示范区和国家文化产业和旅游产业融合发展示范区。

黄河国家文化公园（开封段）文旅融合区以黄河文化、宋文化、红色文化、民俗文化等文化资源为载体，宜确立宋都文化展示项目、黄河文化生态廊道项目、乡村振兴村落项目、非遗与旅游融合项目、文化旅游新业态项目、节事活动项目六大类别文旅融合项目。

第一，增强文旅融合力度，形成联动发展格局。坚持"以文塑旅，以旅彰文"，推进开封段黄河沿线文化和旅游全方位、深层次、宽领域融合，通过创意、技术等手段增强文旅融合力度，从交通互联、游线设置、共塑品牌等方面形成全域联动发展态势。

第二，提升文旅产业质量，协同互补产业链条。以文旅产业高质量发展为目标，对现有文旅产业实施创意引领、产品提质、服务优化、科技赋能，全面提升产业质量。通过"文旅+""+文旅"延伸产业链条，让文化产业更具市场活力，让旅游产业更具文化魅力，构建产业链深度融合和协同互补的产业价值链。

第三，培育新型文旅业态，创新服务要素供给。加强数字牵引和创新驱动，积极发展黄河文化数字创意、数字艺术、互联网旅游、云旅游等新业态。对接市场新需求，发展休闲度假、康养健身、文化演艺等新业态。实施智慧旅游，实现内容个性定制、景点导览互动、消费在线支付、体验即时分享等服务要素新供给。

第四，保护生态环境优先，因地制宜地适度开发。始终将保护放在第一位，以保护黄河文化为前提，依法合规推进文化资源合理适度利用。衔接协调开封黄河沿线相关保护规划，坚持适度、适量，做到宜林则林、宜农则农、宜旅则旅，因地制宜统筹好自然生态环境、文化生态环境以及农业环境。

（四）传统利用区

黄河国家文化公园（开封段）传统利用区包括当地居民集中居住、开展传统生产以及当地居民生产生活所必需的公共管理、公共服务、交通运输区域。主要包括黄河沿线历史文化街区、历史文化名镇、传统村落以及与黄河历史、文化、生态有紧密关系的村、镇、社区等，是黄河历史文化与地方传统文化生态融合发展的典范区。

黄河国家文化公园（开封段）要保护好沿黄村镇社区生物多样性、生态环境和文化资源，深入挖掘沿黄非物质文化遗产和民俗特色文化，以非遗赋能为主线，推动社区经济和社会事业的发展，实现非遗文化保护与资源利用的平衡。以非遗展示为核心，以黄河国家文化公园整体品牌形象为引领，推动建设一批沿黄非遗传承场所，打造一批黄河文化特色体验区（点），讲好开封黄河故事。结合宋都古城申遗和国家文物保护利用示范区创建工作，加大对历史文化名城、名镇、名街保护力度。通过微更新、微扰动方式，提升双龙巷、书店街、马道街等历史文化街区以及朱仙镇等特色村镇社区人居环境，注重非遗展演，彰显非遗特色。改善居民出行条件，重点建设古城核心区，构建"公交＋慢行"为主的出行方式，完善城市基础设施，补足社会事业短板。改建一批黄河文化主题展示馆并向群众免费开放，增加黄河主题公共文化空间。改善老旧小区环境，开展老城区老旧小区、背街小巷环境综合整治提升。

黄河国家文化公园（开封段）要培育一批非遗特色村镇、街区。活化乡村传统业态，结合现代生产生活方式，利用闲置房屋改造黄河非遗展示空间，让黄河非遗"活起来"，让乡村"见人见物见生活，留人留魂留乡愁"。积极开展"非遗在社区"工作，创建一批"非遗在社区"示范点。加强传统村落历史遗迹、民俗文化的保护传承与开发利用，将非遗与村镇特色产业紧密结合，结合自然环境和沿黄生态廊道的总体空间布局，打造风格多样化的黄河非遗组团。加强朱仙镇西街村、估衣街村、杞县空桑村等传统村落非遗保护，培育传统村落非遗保护优秀实践案例。凸显沿黄区域生态特色，开发精、特、优的现代化农业，走"优质特色、高端品牌、三产融合"发展之路，推动沿黄区域农业产业现代化发展。

第三节　七大重点工程

（一）保护传承工程

黄河国家文化公园（开封段）要加强河道水体、生态环境、重点文物、重要点段、沿线村落、生产生活、民俗文化等整体性保护，统筹山水林田湖草沙一体化管控工作，协调推进"人水城农文产"保护利用和高质量发展，高品质打造开封段黄河沿岸绿色生态保护空间和文化生活生产空间。在生态环境保护管控方面，加强山水林田湖草沙保护，加强生态环境智能监测保护。在重点文物修缮保护方面，加强遗迹普查认定工作，加强重点文物修缮保护，推进宋都古城申遗。黄河国家文化公园（开封段）要实施历史文化传承弘扬工程，加强历史风貌区文化传承弘扬，加强名镇名村名景更新，加强非遗传承弘扬。

（二）研究发掘工程

黄河国家文化公园（开封段）主要以黄河文化、宋文化、红色文化、生态文化、民俗文化为核心，重点研究挖掘独具开封特色的主题文化、地理个性、时代特征以及八朝古都重要历史节点故事、北宋东京梦华盛境、大宋文明"辉煌史"、黄河水灾"苦难史"、新中国治沙"奋斗史"，以此构建支撑开封建设黄河国家文化公园的基因谱系。实施宋文化基因研究工程、宋文化 IP 品牌塑造工程、宋式美学生活业态研究工程和考古研究及成果转化工程。

（三）文旅融合工程

黄河国家文化公园（开封段）要以黄河文化、宋文化、红色文化、生态文化、民俗文化等资源为载体，实施文旅融合工程，包括大宋不夜城建设工程、国家级旅游休闲街区群建设工程、黄河生态文化旅游融合发展工程、东部红色文化旅游融合发展工程、交旅融合廊道建设工程、宋式美学文化旅游产品开发工程、文博馆群建设工程等。重点推进古城墙文化带、千年中轴线文化带、古都水系文化带"三条文化带"的夜游体系建设。提升宋都皇城旅游度假区、鼓楼特色文化街区、清明上河园、大宋御河、万岁山大宋武侠城、汴梁小宋城、开封城墙等重点区域的夜间文旅品质，推进国家级和省级夜间文化和旅游消费集聚区建设，叫响"大宋不夜城"品牌。依托开封城区七盛角、双龙巷、书店街、马道街、鼓楼街等，谋划建设一批具有北宋市井生活气息的特色休闲街，积极申报省级和国家级旅游休闲街区。

（四）环境配套工程

黄河国家文化公园（开封段）要实施环境配套工程，包括生态环境保护修复工程、视觉形象识别系统工程、综合交通网络体系工程、公共服务配套设施工程等。黄河国家文化公园（开封段）要依托"黄河一号"快速旅游公路为纽带，加快推进快速旅游环线路网联通建设。围绕重要区域、景区景点、乡村旅游等打通局部断头路，升级道路等级，建设集自驾旅游、休闲绿道、漫游步道、自行车道于一身的"快进慢游"黄河旅游风景廊道。提升黄河沿线旅游公共服务配套水平，在重要旅游区、旅游节点、重点村镇合理设置游客集散中心、旅游咨询中心和集散点，布局完善旅游标识系统、自驾车营地、黄河文化驿站、旅游厕所等旅游公共服务体系。

（五）数字再现工程

黄河国家文化公园（开封段）要实施数字再现工程，包括数字化再现"悬河""城摞城"工程、数字化再现"黄河三史"文化线路工程、打造"云游黄河、云游东京梦华"体验空间等。黄河国家文化公园（开封段）要加快推动开封段悬河、城摞城遗址重要点段、重点项目、重大工程等数据信息采集，并以5G、大数据、区块链、人工智能、物联网、虚拟现实、元宇宙等科技方式，加强在文化遗产保护传承利用领域的转化应用。

（六）教育培训工程

黄河国家文化公园（开封段）要以黄河文化、宋文化、红色文化、古都文化等资源为载体，秉持"教育性、实践性、公益性、普及性"原则，构建黄河国家文化公园（开封段）完善的教育培训体系，推进国家文化公园与教育事业深度融合和创新发展。黄河国家文化公园（开封段）要打造一批特色研学旅行基地，开发一批精品研学旅行线路，设计一批主题研学旅行课程，培养一批专业研学旅行导师；加强党员干部教育培训，加强文旅从业人员培训，加强社区群众普及教育。

（七）国际传播工程

黄河国家文化公园（开封段）要讲好中国黄河地上悬河成因故事，传播好大宋东京梦华声音，展示真实、立体、全面的宋都古城形象，加强国际传播能力建设，使宋都古城形成与国际地位相匹配的国际话语权。黄河国家文化公园（开封段）要全面提升"东京梦华"国际传播力，建设"东京梦华"国际社交平台，实施海外宋都研究合作项目，加强"黄河学"国际合作研究与交流，依托自贸区推进黄河文化贸易，建设黄河文化旅游国际推广体系。黄河国家文化公园（开封段）要聚焦开封黄河文化主题形象，培育具有国家意义、全球知名的黄河文化旅游精品线路，构建全媒体黄河文化旅游传播体系。用好区域文旅协作平台和重大节事活动，推动黄河文化走出去，增强黄河文化软实力和国际影响力。

第四节　打造"悬河摞城"文化地标

（一）打造"悬河"文化地标

黄河国家文化公园（开封段）要打造"悬河"文化地标，宜建造开封人民治理黄河纪念碑，建设黄河悬河观光塔，建设黄河悬河文化展示园，打造林公堤悬河文化展示廊道，打造悬河大堤特色文化村落群，丰富悬河文化旅游业态，建设悬河文化驿站体系等。

（二）打造"城摞城"文化地标

黄河国家文化公园（开封段）宜设立"城摞城"雕塑，打造千年中轴线文化带，打造"城摞城"遗址展示网，打造国际城市考古交流中心，筹建世界文化遗产展示新地标。黄河国家文化公园（开封段）要结合世界文化遗产申报工作，加强开封城墙、州桥及汴河遗址、北宋东京城遗址的文化展示，统筹谋划建设宋都古城世界文化遗产展示新地标。

(三)建设"悬河揣城"文物主题游径

黄河国家文化公园(开封段)以黄河不可移动文物为主干,以"悬河揣城"主题为主线,有机关联、串珠成链,集中展示"悬河揣城"文化遗产旅游线路,建设不同层级的中国文物主题游径、区域性文物主题游径和县域文物主题游径。

第一,建设"黄河古都"文物主题游径。推动将"宋都古城"纳入"黄河古都"文物主题游径,重点展示"黄河悬河文化展示馆—北宋东京城遗址—开封城墙—祐国寺塔(铁塔)—州桥及汴河遗址—汴梁小宋城博物馆—顺天门遗址—河南城市考古博物馆—繁塔"等文化遗产旅游线路,推进相关文化地标建设。积极推动将"黄河古都"文物主题游径建设成为中国文物主题游径或区域性文物主题游径。

第二,建设"黄河治理"文物主题游径。推动将"焦裕禄治沙"纳入"黄河治理"文物主题游径,重点展示林公堤—黄河悬河文化展示馆—东坝头毛主席视察黄河纪念亭—人民治黄展示馆—焦裕禄纪念园等文化遗产旅游线路,推进相关文化地标建设。积极推动将"黄河治理"文物主题游径建设成为中国文物主题游径或区域性文物主题游径。

第三,建设"黄河工程"文物主题游径。推动将"悬河险工"纳入"黄河工程"文物主题游径,重点展示"黑岗口险工—林公堤—柳园口险工—三义寨渠首闸—东坝头险工"等文化遗产旅游线路,推进相关文化地标建设。积极推动将"黄河工程"文物主题游径建设成为中国文物主题游径或区域性文物主题游径。

第四,建设"黄河城市建筑"文物主题游径。推动将开封重要建筑遗产纳入"黄河城市建筑"文物主题游径,重点展示"开封城墙—祐国寺塔(铁塔)—河南留学欧美预备学校旧址—双龙巷—龙亭公园—州桥遗址—山陕甘会馆—延庆观—相国寺—繁塔—国共'黄河归故'谈判旧址—开封伞塔"等文化遗产旅游线路,推进相关文化地标建设。积极推动将"黄河城市建筑"文物主题游径建设成为中国文物主题游径或区域性文物主题游径。

第五,建设"黄河名人"文物主题游径。推动将开封与黄河文化名人紧密相关的文物和文化遗产纳入"黄河名人"文物主题游径,重点展示"林则徐文化广场—于谦治河纪念碑—仓颉汉字文化园—黄河悬河文化展示馆—翰园碑林—天波杨府—龙亭公园—冯玉祥驻豫办公楼—张钫故居—刘青霞故居—刘少奇在开封陈列馆—开封府—包公祠—禹王台—朱仙镇岳飞庙—阮籍墓—曹植墓—张良墓—焦裕禄纪念园—毛主席视察黄河纪念亭"等文化遗产旅游线路，推进相关文化地标建设。积极推动将"黄河名人"文物主题游径建设成为中国文物主题游径或区域性文物主题游径。

第六，建设"黄河精神"文物主题游径。推动将"焦裕禄精神""林则徐治河精神""于谦治河精神"纳入"黄河精神"文物主题游径，重点展示"焦桐广场—焦裕禄纪念园—毛主席视察黄河纪念亭—于谦治河纪念碑—林则徐文化广场"等文化遗产旅游线路，推进相关文化地标建设。积极推动将"黄河精神"文物主题游径建设成为中国文物主题游径或区域性文物主题游径。

黄河国家文化公园（开封段）要强化顶层设计，推动体制机制创新，形成政府引导、社会多元参与的黄河国家文化公园建设管理机制。黄河国家文化公园（开封段）还要加强资金、金融、土地、科技、人才等政策要素支持和组织保障，强力推进规划落地实施，努力建设黄河国家文化公园的先行区和示范段。

[本文系"河南省高等学校青年骨干教师培养计划"（2023GGJS022）、国家社科基金重大项目"建设黄河国家文化公园研究"（21ZDA081）、开封市文化广电和旅游局委托项目"黄河国家文化公园（开封段）建设保护规划"研究成果]

（作者简介：张野，中国旅游研究院文化旅游研究基地研究员；楚小龙，中国旅游研究院文化旅游研究基地特约研究员，河南省文物建筑保护研究院院长；郑鹏，中国旅游研究院文化旅游研究基地特约研究员，郑州大学管理学院教授；张瑞，中国旅游研究院文化旅游研究基地特约研究员，中原旅游文化产品研发中心主任；王伟，中国旅游研究院文化旅游研究基地研究员；李昊，中国旅游研究院文化旅游研究基地研究员；王笑天，中国旅游研究院文化旅游研究基地研究员）

后　记

国家主席习近平在发表二〇二三年新年贺词回顾2022年时指出："经过艰苦卓绝的努力，我们战胜了前所未有的困难和挑战，每个人都不容易。"[①] 2022年对于许多文旅人来说都是最难熬的岁月，好在2023年我们有了新的转机。

2023年，是中国旅游研究院文化旅游研究基地成立的第六个年头，河南文化旅游研究则走过了十个年头。在中国旅游研究院、河南省文化和旅游厅的坚强领导和大力支持下，基地/研究院入选了中国智库索引（CTTI）来源智库、河南省高校智库联盟单位、河南省文化和旅游研究基地、河南省高校新型品牌智库。基地/研究院以"促进文化和旅游深度融合发展"为建设宗旨，大力开展基础研究、社会服务和人才培养，共承担国家社科基金重大招标项目以及国家社科基金、国家自然科学基金和省部级项目60余项，文化旅游类咨询项目300余项，年度《中国文化旅游发展报告》也得到文旅界越来越多朋友们的肯定和支持，深感荣幸。

《中国文化旅游发展报告2022—2023》是第六部年度报告，分为总论、产业篇、市场篇和专题篇。篇幅虽有增有减，但创作团队基本稳定。本报告得到河南大学"中国式现代化的河南实践研究团队"项目资助，特别致谢。读者朋友们对报告有任何批评和建议，衷心欢迎拨冗来信来函（693082044@qq.com），真诚感谢您的支持与帮助！

[①]《国家主席习近平发表二〇二三年新年贺词》，《人民日报》2023年1月1日。

责任编辑：王　丛　路雅璇
责任印制：冯冬青
封面设计：谭雄军
封面供图：郑州黄河文化公园　安阳殷墟景区

图书在版编目（CIP）数据

中国文化旅游发展报告 . 2022—2023 / 中国旅游研究院文化旅游研究基地，河南文化旅游研究院编著 . -- 北京：中国旅游出版社，2024.5
ISBN 978-7-5032-7328-5

Ⅰ . ①中… Ⅱ . ①中… ②河… Ⅲ . ①旅游业发展－研究报告－中国－ 2022-2023 Ⅳ . ① F592.3

中国国家版本馆 CIP 数据核字 (2024) 第 098122 号

书　　名：	中国文化旅游发展报告2022—2023
作　　者：	中国旅游研究院文化旅游研究基地 河南文化旅游研究院　编著
出版发行：	中国旅游出版社 （北京静安东里6号　邮编：100028） http://www.cttp.net.cn　E-mail:cttp@mct.gov.cn 营销中心电话：010-57377103，010-57377106 读者服务部电话：010-57377107
排　　版：	北京旅教文化传播有限公司
经　　销：	全国各地新华书店
印　　刷：	三河市灵山芝兰印刷有限公司
版　　次：	2024年5月第1版　2024年5月第1次印刷
开　　本：	787毫米×1092毫米　1/16
印　　张：	20
字　　数：	338千
定　　价：	68.00元
ＩＳＢＮ　978-7-5032-7328-5	

版权所有　翻印必究
如发现质量问题，请直接与营销中心联系调换